*As duas mortes
de Francisca Júlia*

FUNDAÇÃO EDITORA DA UNESP

Presidente do Conselho Curador
Mário Sérgio Vasconcelos

Diretor-Presidente / Publisher
Jézio Hernani Bomfim Gutierre

Superintendente Administrativo e Financeiro
William de Souza Agostinho

Conselho Editorial Acadêmico
Divino José da Silva
Luís Antônio Francisco de Souza
Marcelo dos Santos Pereira
Patricia Porchat Pereira da Silva Knudsen
Paulo Celso Moura
Ricardo D'Elia Matheus
Sandra Aparecida Ferreira
Tatiana Noronha de Souza
Trajano Sardenberg
Valéria dos Santos Guimarães

Editores-Adjuntos
Anderson Nobara
Leandro Rodrigues

JOSÉ DE SOUZA MARTINS

As duas mortes de Francisca Júlia

A Semana antes da Semana

© 2022 Editora Unesp

Direitos de publicação reservados à:

Fundação Editora da Unesp (FEU)
Praça da Sé, 108
01001-900 – São Paulo – SP
Tel.: (0xx11) 3242-7171
Fax: (0xx11) 3242-7172
www.editoraunesp.com.br
www.livrariaunesp.com.br
atendimento.editora@unesp.br

Dados Internacionais de Catalogação na Publicação (CIP) de acordo com ISBD
Elaborado por Odilio Hilario Moreira Junior – CRB-8/9949

M386d

    Martins, José de Souza
        As duas mortes de Francisca Júlia: A Semana antes da Semana / José de Souza Martins. – São Paulo: Editora Unesp, 2022.
        Inclui bibliografia.
        ISBN: 978-65-5711-144-4

        1. Biografia. 2. Francisca Júlia da Silva. 3. Semana de Arte Moderna. 4. Poeta. I. Título.

2022-1908   CDD 920
                                                                            CDU 929

Editora afiliada:

Para Paulo Nathanael Pereira de Souza,
que me sugeriu este livro.

Para Heloisa; Veridiana, Marcelo e Felipe; Juliana, Thiago e Théo,
neste tempo de espera e de esperança.

Sumário

Começo de conversa: em pauta a Semana de 22 . 9

Na antessala vazia do modernismo . 21

Poesia do desencontro e do desencanto . 49

Ser e não ser na incerteza social:
a Semana antes da Semana . 75

Impoética da sujeição feminina . 119

Álbum de Francisca Júlia . 157

Circunstância sem pompa . 169

Dilemas da vida sem métrica . 201

Morte sem rima . 231

A São Paulo de Francisca Júlia . 273

Referências bibliográficas . 285

Índice onomástico . 299

Começo de conversa: em pauta a Semana de 22

Este livro foi em grande parte motivado por meu desconforto de sociólogo em face das muitas simplificações e omissões em várias biografias sumárias da reconhecidamente grande poetisa brasileira Francisca Júlia da Silva (1871-1920). Comecei a arquitetá-lo nas várias ocasiões em que levei meus alunos de Sociologia da Vida Cotidiana, da Faculdade de Filosofia, Letras e Ciências Humanas da Universidade de São Paulo, ao Cemitério do Araçá para uma das minhas costumeiras aulas de final de semana em ruas e cemitérios. Foi em conversas sobre Francisca Júlia e sua obra, diante da escultura *Musa impassível*, de Victor Brecheret (1894-1955), esculpida por encomenda do Governo de São Paulo para o túmulo da poetisa, que se suicidara em 1º de novembro de 1920. No chuvoso dia seguinte, o Dia de Finados, pouco depois do meio-dia, um pequeno grupo de futuros e decisivos participantes da Semana de Arte Moderna acompanhou o féretro da poetisa parnasiana à tumba em que na véspera fora sepultado seu marido.

A narrativa mais comum da história pessoal de Francisca Júlia decorre de pesquisas compreensivelmente incompletas em documentação dispersa e fragmentária. Procurei dar à minha investigação maior amplitude, alargando o elenco de fontes e valorizando sociologicamente dados e referências cuja relevância não é reconhecida em estudos estritamente centrados na obra literária da poetisa. Especialmente no que diz respeito à trajetória de seu pai e à poesia de seu irmão, Júlio César da Silva, cujas biografia e obra são essenciais para a compreensão da história e da obra da irmã.

Sua história verdadeira é a da mulher discriminada e, contraditoriamente, admirada. É, também, a história peculiar da inserção vacilante da mulher interiorana no mundo da grande cultura em esboço na cidade de São Paulo, que deixava de ser caipira e simples para se tornar, rapidamente, a cidade brasileira rica e culta da virada do século XIX para o século XX.

Nesse contexto adverso, foi ela vítima de sua refinada competência para a poesia. Seus sonetos superam em beleza boa parte da produção poética de sua época, inclusive a de alguns dos nomes consagrados de nossa literatura. Não obstante, é minimizada até por aqueles que a admiravam, porque ela, no entender de muitos, não seguia uma "receita" feminina de poeta. Fazia poesia no pleno sentido da palavra, o que, no entender dos críticos, não era próprio de mulher.

É surpreendente e incômodo que os teóricos da literatura brasileira nunca deixem de mencionar e exaltar os parnasianos Olavo Bilac (1865-1918) e Vicente de Carvalho (1866-1924), como é necessário, e se esqueçam, até mesmo, no fato da mera e ocasional referência, de ressaltar a importância que os dois reconheceram em Francisca Júlia, da mesma corrente, o que também seria necessário. Uma lacuna em nossa história literária.

As duas mortes de Francisca Júlia

Não fossem o empenho de Péricles Eugênio da Silva Ramos, na reedição crítica e sistematizada da obra da poetisa de Xiririca, em 1961, e a lembrança de Marcia Camargos em obras recentes, estaríamos em face da decretação de uma nova morte da autora. Um reavivamento de interesse que só começou a ocorrer quarenta anos depois de seu falecimento.

Na mesma linha de correção da omissão injusta, devo a Paulo Nathanael Pereira de Souza a sugestão de fazer uma palestra sobre Francisca Júlia da Silva, pronunciada na sessão de 28 de abril de 2016 da Academia Paulista de Letras. Foi o que me deu a oportunidade e o ânimo de escrever este livro, o que fiz com o ímpeto de um revisor de histórias e da própria História. Sou um professor e, como é próprio de minha profissão, movido pelo afã de combater o desconhecimento e de enfrentar a frequente vulgarização de almanaque de farmácia que domina nosso senso comum pseudoculto de classe média.

Além do que, penso que o retorno à biografia de Francisca Júlia se impõe, também, para situar o que é contraditoriamente próprio da Semana de Arte Moderna e as injustiças e simplificações que em nome das inspirações da Semana foram cometidas.

A Semana acabou sendo entendida por muitos como a novidade que substitui o já sabido, quando foi um acréscimo renovador ao que já se sabia, ao nosso modo de ver e de nos vermos, nosso modo de nos reconhecermos. A Semana, no fundo, propôs a revisão crítica de nossa cegueira colonizada, de nossa alienação de país dependente, em nome de uma consciência estética do nosso possível. Na forma mediadora da expressão literária, artística e mesmo científica que reformula a disfarçada e residual permanência do conteúdo. O acréscimo que subverteu e revolucionou o ponto de vista de uma época, dando novo sentido ao costumeiro. Não podemos esquecer que, frequentemente, as inspirações do nosso futuro estão em nosso passado.

A Semana de Arte Moderna foi uma soma qualitativa e não uma subtração como de modo equivocado entendem aqueles que pensam simplificadamente o conhecimento, a arte, a literatura como mera evolução linear. Uma soma que, no interior de uma coexistência de estilos e inspirações, pelo contraste radical que representava, acrescentou uma orientação nova e superadora no modo de fazer literatura e arte, contrapontística e reveladora. O que só se pode compreender na perspectiva dialética, por meio da qual os desencontros permitem as revelações da totalidade neles pressuposta. É por onde compreendemos como o modernismo se legitima também pela tradição.

Em sua análise do poema "Louvação da tarde", de Mário de Andrade (1893-1945), Antonio Candido (1918-2017) nos mostra que é ele

[...] um exemplo de fusão de perspectivas, épocas, processos, justificando o ponto de vista que este poema é um momento de viragem e maturação não apenas da obra de Mário de Andrade, mas do próprio Modernismo brasileiro, cuja fase de guerra estava começando a se estabilizar. No caso, pela transposição de práticas literárias cuja origem é em boa parte romântica. [...] não se trata de recuo ou apostasia, e sim de uma demonstração de validade do Modernismo por meio do seu entroncamento na tradição.[1]

---

1 Cf. Candido, *O discurso e a cidade*, p.234.

As duas mortes de Francisca Júlia

Nesse sentido, além do modernismo que anunciou, a Semana se inaugurou como episódio do advento, mais do que do moderno, o da modernidade entre nós, na medida em que não foi apenas anúncio de um tempo novo e de nova perspectiva na literatura e na arte.

Esse tempo foi o da convergência desencontrada de temporalidades de diferentes idades históricas, reciprocamente desconstrutivas, diferentes modos de ver, pensar e de expressar o visto e o sentido. Não só os passados, cuja diversidade ainda está aí, em nossa fala, em nossos gestos, em nossa mentalidade. Mas também o futuro possível que as desconstruções revelavam, embutido nas contradições das quais faziam parte. Cultural e expressionalmente, o Brasil é isso e não aquilo.

O modernismo deu sentido à articulação dos diferentes e das diferenças, núcleo essencial da modernidade. No modernismo, o antes não tinha lugar. Na modernidade, sem o antes o modernismo não tinha sentido. Antonio Candido, num depoimento gravado em 2012, a propósito de sua Poços de Caldas, fez considerações de natureza teórica que incidem sobre esse tema: "O romantismo é o advento da liberdade na arte. O modernismo é uma forma moderna de romantismo".[2]

É tempo de ampliar a reflexão sobre os ganhos peculiares e criativos da Semana no confronto com suas perdas decorrentes da crítica autoindulgente, o que já conta com a contribuição de muitos, para compreender seus significativos desdobramentos. A Semana, nas implicações, sabemos todos, foi muito mais do que uma festa literomusical de ocasião.

---

2 Cf. Id., entrevista, Flipoços, 2012. Disponível em: <https://www.youtube.com/watch?v=I_3flaRAkrg>. Acesso em: 14 out. 2018.

Ao lado de sua decisiva importância na emergência e definição de novos modos de ver e de pensar, na origem de arte e de literatura propriamente criativas e brasileiras, a Semana foi mais e até melhor, mas não necessariamente apenas melhor. Dela decorreu uma postura crítica de revisão do existente, mais como objeção do que como compreensão e desvendamento, antes para invalidar do que para desenvolver e superar.

No fundo, foi mais da recusa depurativa de uma identidade incômoda que nos lembrava nossas origens coloniais e as sequelas que da dominação portuguesa permaneceram em todas as manifestações da cultura brasileira. A troça contra elas e os autores que supostamente as representavam foi a técnica de guerra e de arrasamento cultural que daí resultaram. A minimização dos autores que criavam movidos por valores tradicionais foi o modo não raro debochado e cruel de abrir no solo árido do Brasil os alicerces de uma nova cultura, nossa e inventiva, que nos desse a cara que gostaríamos de ter e não sei se até hoje conseguimos. Porque ser macunaímico é de fato não ser. Um ponto de partida e não um ponto de chegada. Busca, mais que achado.

São reiteradas as indicações de que é este um país que frequentemente retrocede na ilusão do avanço. A demolição intencional de tudo que somos passou a ser, falsamente, sinônimo de revolução, modernização e transformação, quando não raro é postura reacionária e fascista. Um evolucionismo pobre e enganador domina nossa concepção de mudança.

Um faz de conta que empobrece nosso modo de ver e pensar. Sim e não, os processos sociais não são apenas processos de ruptura, pois, ao mesmo tempo, são de repetição e de criação e, mesmo, de recriação do já existente no marco do novo. É útil

As duas mortes de Francisca Júlia

buscar inspiração e orientação na obra sociológica renovadora de Henri Lefebvre (1901-1991), que era também poeta.[3] É justo dizer que Oswald de Andrade (1890-1954) foi, provavelmente, quem encarnou bem essa concepção renovadora da cultura e da própria identidade brasileira. É nessa contradição que está a dialética do nosso possível e da nossa competência no campo do conhecimento.

Voltar a Francisca Júlia é, sobretudo, voltar à circunstância social da criação de conhecimento artístico e literário do complexo período de transição de uma sociedade fundada no trabalho escravo para uma sociedade fundada no trabalho livre. E às mudanças de convivência, de organização social e de mentalidade que essa transição radical engendrou. O eixo das referências sociais em todos os campos da vida se deslocava para uma realidade que era completamente outra, mas as pessoas continuavam sendo as que foram socializadas e educadas na sociedade que se esvaía.

Francisca Júlia foi personagem desse processo, viveu em dois mundos desencontrados e inconciliáveis. Sua poesia formal expressa os dilemas pessoais de uma passagem histórica inconclusa. Expressa necessidades de expressão, como as define Antonio Candido, essencialmente necessidades sociais de expressão, necessidades de época. Ainda que retrospectivamente em relação ao futuro iminente, e mesmo em processo, da so-

---

[3] Sobre os textos inaugurais e seminais de Lefebvre relativos à questão do método, cf. Lefebvre, Problèmes de Sociologie Rurale, p.78-100; e Id., Perspectives de Sociologie Rurale, p.122-40. Cf. também Martins, *A sociabilidade do homem simples (Cotidiano e história na modernidade anômala)*, cap.5.

ciedade brasileira, o da modernização desencontrada pelos ritmos desiguais da economia, da sociedade e das mentalidades, o fascínio pelo Parnaso fosse tecnicamente um passo adiante e, também, um passo estilisticamente atrás.

A crise pessoal de Francisca Júlia e de outros autores da época, em face da sociedade em que viviam, era o que dialeticamente tem constituído o nosso desenvolvimento histórico desigual. A Semana de Arte Moderna, que sacrificou a memória poética de Francisca Júlia, foi de fato notável manifestação dos desencontros críticos do desenvolvimento desigual, o que atingiu os próprios participantes da Semana na desigualdade das concepções do modernismo que individualmente perfilharam. A Semana não deu origem a uma escola artística e literária, mas a várias.

Ninguém muda da noite para o dia, nem as pessoas nem as sociedades. O novo as ressocializa em graus variáveis de integração, mas não anula, senão parcialmente, o que já eram antes do esgarçamento da trama que até então dera sentido a seus modos de agir e de pensar. Ainda que certa consciência da mudança se manifeste como reconhecimento da falta de eficácia das orientações de conduta e de pensamento em diferentes situações sociais.

Quando os estudiosos analisam obras, fatos, acontecimentos de um período, como aquele a que me refiro, raramente levam em conta o ritmo do processo, a lentidão das mudanças sociais, a duplicidade das personalidades apanhadas no meio da ruptura social, os dilemas e dramas da descontinuidade, do horizonte enevoado.

Esse foi, na verdade, um meio de diversificação dos desafios intelectuais do Brasil de então, um fator ativo de criatividade

As duas mortes de Francisca Júlia

e interpretação da realidade, o antivírus da linearidade simplificadora da concepção etapista da história, mesmo da história da cultura. O tempo da orientação estrutural mais antiga oferecendo a perspectiva crítica para compreensão do tempo da orientação estrutural mais recente e concomitante. Mais até do que na própria Europa, porque vivemos aqui, em curtíssimo tempo, a transição relutante e inconclusa de uma arcaica sociedade agrícola, de mentalidade escravista, para uma sociedade que já era também industrial, salarial e republicana. Os dois fantasmas da realidade da época. Quando Francisca Júlia morreu, em 1920, o Brasil era radicalmente diferente do que fora quando de seu nascimento, em 1871, ano da Lei do Ventre Livre, um país ainda dezessete anos distante da Lei Áurea.

Outro mundo e outra visão de mundo. Embora, de vários modos, ainda fosse o mesmo. Na mesma família, seu pai ainda era um homem enredado na trama das relações de poder do Brasil oligárquico, embora em sua própria casa recebesse nomes ilustres, alunos da Faculdade de Direito. Nas noites em que promovia saraus, convivia com intelectuais de um mundo que não eram as pessoas de seu dia a dia. Sua família foi educativamente exposta a essa dupla e criativa socialização.

Dentre os enigmas de sua história pessoal, embora não se reconheça, de fato Francisca Júlia da Silva participou ocultamente da Semana de Arte Moderna, que se realizaria pouco mais de um ano depois de sua morte, como se verá em momentos deste livro. Personagens decisivas da Semana estiveram em seu funeral, como mencionei – caso de Oswald de Andrade, Menotti Del Picchia (1892-1988), René Thiollier (1882-1968), Freitas Valle (1870-1958), Di Cavalcanti (1897-1976), Guilherme de Almeida (1890-1969). Eram seus admiradores. Havia ali mais modernistas do que escritores de outras correntes literárias. Eram os que louvavam sua poesia e, nela, o rigor estilístico. Nunca lhe negaram o reconhecimento que merecia, mesmo com ressalvas de datação, como as que fez Mário de Andrade um ano depois da morte da poetisa. Ele questionou sua poesia para louvar-lhe, no entanto, a competência poética. A diferença entre os modernistas e ela não se expressava pela contraposição e a negação, nem pelo modo poético de ver o mundo. Era no mundo de Francisca Júlia que os modernistas não se reconheciam. Aquele não era o mundo deles. Na verdade, nem dela, pois sua poesia, lhe mostrará a vida, já não era daquele tempo.

Em 1920, a sociedade brasileira, particularmente em São Paulo, já se transformara profundamente. Como mostra um relatório de espionagem econômica do Department of Commerce dos EUA da mesma época, de vários modos já era uma sociedade industrial potencialmente competitiva, um desafio para os interesses norte-americanos. As estatísticas mostravam, em relação à indústria, a importância que já assumira o trabalho da mulher nas fábricas de uma cidade como São Paulo. A própria poeta reconhecia, pouco antes de morrer, o avanço libertador representado pelo trabalho da mulher fora de casa.

Foram os modernistas para os atos de 1922, no Theatro Municipal de São Paulo, simbolicamente, com *Mármores* e *Esfinges* na mente, dois dos livros da poetisa. Eram obras que demarcavam suas inquietações porque eles delas se afastavam ou intencionalmente já se distinguiam. Queriam se distanciar daquele rigor da forma literária que ela representava magnificamente. Para isso, precisavam de uma referência de alto nível, o melhor daquilo que queriam superar, que era a poesia de poetas como Francisca Júlia.

Poderiam ter escolhido outra referência no cenáculo da poesia brasileira. Escolheram alguém que fora influente e admirada porque representava a competência mais elaborada no rigor marmóreo da forma poética. A arte moderna da Semana buscava, também ela, o rigor em novas regras, a rigorosa desconstrução como instrumento de busca do novo, inconformado e diferente no conjunto da arte e da literatura conformadas. A ironia nas ruínas da seriedade arcaica.

São esses os motivos desta aventura à margem da Sociologia que costumo fazer, mas muito dentro da sociedade que tenho estudado e cuja compreensão tenho proposto.

***

Devo a viabilização da publicação deste livro a Andressa Veronesi, que o preparou cuidadosamente, a Cecília Scharlach, que por ele se empenhou, e a Jézio Hernani Bomfim Gutierre, que o acolheu no belo catálogo da Editora Unesp. Num tempo de silêncios e silenciamentos, são esses gestos as melhores indicações de que a trincheira do livro e da cultura não foi abandonada.

Na antessala vazia do modernismo

Na antessala da Semana de Arte Moderna, a biografia de Francisca Júlia, nossa excepcional poetisa parnasiana, é a expressão documental de adversidades sociais e pessoais, na poesia do desencontro, que foi a sua. As desencontradas expressões do difícil momento da transição da sociedade escravista e patriarcal para a sociedade capitalista apenas esboçada. Toda poesia tem sua circunstância, ainda que no impoético dos momentos difíceis da vida e da sociedade. Mesmo que os poetas, os contistas, os romancistas, os cronistas, os pintores, os escultores, os compositores julguem que suas obras são estritamente manifestações do espírito e de realidades indeterminadas, que personificam, são elas socialmente mediadas. Na universalidade de sua beleza e de sua durabilidade, são obras datadas e de seu tempo, o tempo social do autor e criador.

Francisca Júlia foi o retrato de que as mudanças sociais decorrentes da abolição, tão necessária, não foram assim tão simples nem tão lindas. Foi ela personagem da multiplicidade de problemas decorrentes da inevitável desorganização social e da fragmentação das personalidades do patriarcado para delas extrair a solitária figura do indivíduo, o sujeito impoético da nova sociedade de homens livres, mas não tanto. Por isso sua biografia é documental e explicativa, fala menos sobre ela do que sobre o nós de que ela era membro ilustre, os outros, os de sua época e até os da nossa. Meu propósito, assim, é o de ver e compreender, por meio de sua história, certo Brasil de seu tempo, do qual ela e sua obra foram expressões. E nela foram expressões os impasses nos modos da sociedade brasileira dizer e mostrar, na arte e na literatura, o que achava que era sem ser.

Rosalina Coelho Lisboa (1900-1975), num ensaio delicado, escreveu a melhor biografia de Francisca Júlia porque conseguiu o quase impossível: ver a não separação entre sua vida e sua obra, o drama da vida que fluiu como poesia de solidão e dor. A solidão e a dor de uma sociedade triste e dividida, na procura do real no invisível.

A tristeza está também em muitos aspectos do modernismo brasileiro, na arte e na literatura, nas linhas e nas entrelinhas. De modo geral, os modernistas eram tristes, tanto os da Semana quanto os que os seguiram. Um traço das personalidades e das visões de mundo, seja no erudito seja no popular, herança histórica que deu sentido à obra das gerações que antecederam a Semana de Arte Moderna e nela se reproduziu.

Uma coisa bem nossa, cenário de nossa busca sempre inconclusa, de um não ser que nos atormenta e desafia, esse nunca chegar a algum lugar e superar as incertezas em que vivemos, as do caminho. Esse ausente interior que nos pede insistentemente a voz, a escrita, o traço, o acorde para a expressão incompleta, insuficiente, inacabada.

Paulo Prado, patrono da Semana de Arte Moderna, escreveu um sensível e fundamentado ensaio sobre esse componente do

As duas mortes de Francisca Júlia

nosso nós profundo, uma persistência pré-moderna em nosso modernismo.[1] Também Antonio Candido, numa entrevista, se refere a outro aspecto desse nexo do modernismo com o que o precedeu: "O modernismo é uma forma moderna de romantismo".[2]

Começo por transcrever um trecho desse ensaio que retrata quem foi Francisca Júlia e dá sentido a um livro como este, mais de procura do que de achados sobre a poesia da vida:

> Quem compreender Francisca Júlia pensará, lendo-a, ler alguém vindo de longe, de muito longe, do outro lado do ignoto, de um sem nome, onde tudo tem significação mais profunda, alguém cuja alma inda recorda o esplendor do que deixou atrás, mas cujo coração ama e estima a tristeza encontrada na terra...
> Por isso sobre todas as paixões refletidas em sua arte paira, poderosa e tranquila, a paixão luminosa da vida.
> [...] Sente-se em todos os poemas dessa poetisa extraordinária que ela passou pela terra como as criaturas êxules passam, sozinha, sem encontrar nunca a uma curva de estrada alma-gêmea que a entendesse e pudesse sonhar com ela o grande sonho...
> E sente-se isso porque toda a sua obra é um tumulto de desespero e angústia, calado numa resignação orgulhosa.
> Sua maneira de ser, a feição por que pensava, condenaram-na à solidão. Raros lhe compreenderam o espírito sequioso de infinito, cheio de frêmitos e êxtases. É que entre os poetas do Brasil

---

1 Cf. Prado, *Retrato do Brasil: Ensaio sobre a tristeza brasileira*.
2 Cf. Candido, entrevista, Flipoços, 2012. Disponível em: <https://www.youtube.com/watch?v=I_3flaRAkrg>. Acesso em: 14 out. 2018.

essa poetisa sobressai, não raro, pelo modo pessoal de sentir e pela originalidade de interpretação.[3]

O Brasil de Francisca Júlia foi o Brasil dos desencontros históricos, sociais e pessoais, o Brasil da transição entre tipos opostos de sociedade, que nela foram vividos e vistos na perspectiva das peculiaridades artísticas de sua poesia. Nesse sentido, este livro é, no plano explicativo, um estudo sociológico sobre poesia e anomia no advento do Brasil moderno, que tem como referência a sociologicamente rica e dramática história pessoal da poetisa paulista. A própria poesia como documento de um modo de ver o mundo e a vida num momento da história social em que o ver era para não ver, ver depressa e do avesso. O modernismo, aliás, foi aqui obra do ver depressa.

Quando, em 1929, o grande escultor e pintor da segunda geração de modernistas operários, Raphael Galvez (1907-1998), foi visitar com seus amigos a exposição de Tarsila do Amaral (1886-1973) na rua Barão de Itapetininga, ela estranhou que examinassem as obras atentamente, distanciando-se e aproximando-se para ver o conjunto e os detalhes de cada quadro. Ela, então, lhes explicou: "Nada disso, não é assim que se deve ver os meus quadros; eles devem ser vistos numa passagem rápida pela frente dos mesmos e não parar...".[4]

Diversamente do que aconteceu na Europa, que nós imitávamos e copiávamos de modo até criativo,[5] tudo aqui ocorreu

---

3 Cf. Lisboa, A página de Eva, *Revista da Semana*, Anno XXIV, n.25, Rio de Janeiro, 16 jun. 1923, p.14.
4 Cf. Galvez, *Autobiografia*.
5 Cf. Cardoso, *As ideias e seu lugar*, p.17.

também muito mais depressa do que lá. Tivemos que dar os grandes passos da modernização em muito menos tempo do que os europeus, que a ela começaram a chegar mais de cem anos antes de nós.

Quando a poesia de Francisca Júlia estava se firmando, no final do século XIX, a sociedade que lhe dava sentido estava acabando, a sociedade que assegurava aos poetas a possibilidade do descompromisso com a realidade, como no caso do parnasianismo marmóreo. Que, situado além do real, era real para ela.

Rápida e sofridamente, ela foi descobrindo que compunha suas poesias num vazio de referência social e de sociabilidade. A sociedade que a lia já quase não existia e a nova sociedade ansiava por outras referências literárias e artísticas, que lhe serão apresentadas nos tumultos e vaias da escadaria do Theatro Municipal de São Paulo, em 1922.

A sociedade brasileira estava mergulhada no que, sociologicamente, se define como estado de anomia: a nova sociedade que emerge das transformações sociais não se rege pelos valores e normas que estão desaparecendo. A antiga persiste crescentemente privada das normas que lhe eram próprias. Como corpo estranho no marco de uma sociabilidade de busca de novas orientações de conduta e de pensamento.[6] A poesia parnasiana de Francisca Júlia foi esplendorosa manifestação de beleza de uma sociedade que morria.

Naquele momento histórico, expressava o problemático desenvolvimento desigual da sociedade brasileira. A poesia surgia e se difundia mais devagar do que a economia, do que a política,

---

6 Sobre as duas faces da anomia, cf. Durkheim, *As regras do método sociológico* e Id., *De la Division du Travail Social*.

do que os transportes, do que a diversidade dos gêneros cultivados na agricultura, do que a sociedade, do que o jeito um tanto recluso de ver residualmente sem ser visto, especialmente no caso da mulher. Mais depressa, porém, nas obras em que o modernismo despontava, como na *Pauliceia desvairada*, de Mário de Andrade. Algumas instâncias da realidade retardando-se (ou adiantando-se) em relação a outras.

Éramos uma sociedade que já não queria nem podia ser o que fora até então porque suas contradições diziam-lhe que era uma sociedade obsoleta e descabida e lhe impunham as tensões da inovação. Francisca Júlia viveu e sofreu o momento e a gestação dos desafios que se expressarão na Semana de Arte Moderna, cume da consciência crítica dessa situação de mudanças e das inovações decorrentes.

As obras dos escritores e artistas de então, sobretudo as dos descartados e depreciados pela visão de mundo da Semana de Arte Moderna, como as da própria Francisca Júlia, serão a peculiar consciência social alternativa dessa hora, do modo de ver o mundo no ato da mudança, a obsolescência social do descabimento. Sociologicamente, a anomia desafiadora e criativa que indiretamente motivou algumas sobrevivências conciliadoras nas obras decorrentes da Semana.

Nessa brecha, Francisca Júlia teve espaço para ajuste de sua obra e algum tempo de sobrevivência. Foi seu modo de tentar romper a marmórea demarcação formal de sua arte, o que de certo modo a punha relutante e timidamente no limiar da desconstrução da prisão formal e da explosão das cores, dos sons nas formas informes do modernismo. E nas palavras eivadas de sons da língua geral e de complexas significações do dizer incompleto e de subentendidos, das coisas que foram, não são mais, mas continuam sendo, o que é próprio de palavras dessa língua.

De certo modo, Menotti Del Picchia, na análise que fez de seu livro *Esfinges*, em 1921, um ano depois de sua morte, realçou a muralha da forma em conflito com a própria riqueza da sensibilidade poética de Francisca Júlia.[7] O que, muito mais tarde, Péricles Eugênio da Silva Ramos destacou na organização de seus sonetos para a edição definitiva de sua obra, ao agrupar separadamente, como dois momentos de sua poesia, os parnasianos e os simbolistas.[8]

Isso é o que faz desse momento o instante sociologicamente revelador da criatividade na anomia social, da reinvenção e atualização do Brasil singular de uma identidade difícil e de uma transformação social demarcada pelo legado antimoderno de uma sociedade que queríamos superar para renovar.

A história e a tragédia de Francisca Júlia reúnem e sintetizam os desencontros de sua geração. Especialmente o da mulher intelectual, abruptamente arrancada do patriarcalismo estamental e escravista. Confinada, porém, no vazio da transição. Desafiada a assumir protagonismo na reinvenção da sociedade brasileira com os cacos e restos da sociedade que acabava aos trancos e barrancos.

Não só as mulheres passaram por esse transe, mas também os homens que, socializados nos marcos do Antigo Regime, tiveram sua própria dificuldade de adaptação. A ousadia da ruptura cultural foi vocação de poucos, mulheres e homens,

---

7 Cf. Helios [Menotti Del Picchia], Chronica Social: "Esphinges", *Correio Paulistano*, n.20.713, 1 mar. 1921, p.3.
8 Cf. Júlia, *Poesias*.

que conseguiram, na Semana, dar ao Brasil uma cara própria. Com Macunaíma, ser híbrido e inacabado, tornamo-nos pós--modernamente modernistas.[9]

A circunstância de Francisca Júlia foi a de um grande funeral cultural, um féretro de sepultamentos em vida, como exprimiram vários dos autores que no declínio da grande poetisa paulista viram seu próprio crepúsculo.

Muito se escreveu sobre Francisca Júlia da Silva, mas pouco se desvendou de sua biografia. Mais se falou sobre sua obra e, mesmo, sobre o pouco sabido de sua vida, do que sobre fatores e causas dos seus momentos e de sua poesia. Aquilo, no modo de ver e de pensar, que entrelaça a obra de arte com a história da artista. E, portanto, com a trama de relações sociais e de concepções que as enlaça com as descontinuidades de uma sociedade em crise e em transição numa era de abreviação do tempo, a da modernidade.

Atrasados pelo colonialismo estrutural da dependência e da inferioridade política que nos subjugara e conformara durante quatro séculos, tínhamos pressa de chegar ao presente e ao próprio futuro num único passo. Quem não teve pressa ficou para trás. E muitos ainda estão por aí. Foi a circunstância adversa de Francisca Júlia. Sua poesia é um esforço sofrido para escapar do tempo cósmico do Parnaso eterno e atemporal e reencontrar uma acomodação simbolista na poesia residual da estranha sociedade do tempo linear, a dos minutos e segundos.

---

9 Canclini é o autor da antropologia da nossa pós-modernidade precoce e anacrônica. Cf. Canclini, *Culturas híbridas (Estrategias para entrar y salir de la modernidad)*.

Foi o que me levou a empreender a pesquisa e a análise que resultaram neste livro. Um desafio sociológico proposto pela obra literária e pela vida de uma poetisa extraordinária.

De um ponto de vista sociológico, a poesia de Francisca Júlia expressa uma situação social de anomia, que foi característica da época em que ela nasceu e viveu. Era uma situação de transição social da sociedade patriarcal e escravista para a sociedade de uma generalização de pessoas nominalmente livres e do trabalho livre que daria sentido à sua liberdade, mas uma transição inconclusa. Nas entrelinhas de alguns de seus poemas e entrevistas pode-se entrever a tímida e relutante presença do tema da liberdade, requisito das superações.

Uma sociedade, portanto, de resíduos de mentalidade e de sociabilidade de um passado só formal e nominalmente concluído. Uma era em que muitos se perdiam no tempo do inacabável. Francisca Júlia a personificou e a expressou nas relutâncias de sua orientação poética, entre o parnasianismo e o simbolismo. A sua foi a circunstância sem pompa de sua tragédia.

Ao mesmo tempo, sociedade de um mundo novo que, no Brasil, só lentamente emergia para insinuar-se incompletamente no modo de ver, de pensar e de agir da época. Não é casual que a mulher, de certo modo, permanecesse condenada ao confinamento doméstico e à tutela dos membros masculinos da família, como a própria Francisca Júlia, o que ela reconheceu já no fim da vida. A mulher de seu tempo era uma mulher "desencaixada" e tolhida, no geral, mero ser vicário do pai, do marido e dos próprios filhos, se os tivesse.

O delicado rebuscamento estético de sua poesia e a identificação radical com o formalismo em boa parte de sua obra constituem uma bela e refinada expressão da situação de anomia em que ela vivia e muitas mulheres intelectuais tiveram que viver no desencontro entre a vida e a arte. A poesia daquela época pré-moderna, com uma ou outra exceção, não refletia o vivido, nem de mulheres nem de homens. O vivido refugiava-se no silêncio sem estilo nem forma da vida privada, difusa neblina, tão paulistana, aliás. Ali se perdia, sem que os talentos de então nele vissem o poético que nele havia, anomalia imprópria numa sociedade cujas formas imaginárias – literárias e artísticas – eram importadas e copiadas, tanto quanto mercadorias, modos e estilos que a riqueza do café possibilitava.

A esterilidade que muitos viram nos sonetos de Francisca Júlia, a falta de carnalidade existencial em seus versos, no contraponto de um formalismo lírico exemplar, acima e melhor do que o de grandes poetas brasileiros de sua época, constitui, antes de tudo, um documento excepcional desse momento anômico de nossa história cultural.

A poesia marmórea e desencarnada de Francisca Júlia era, na verdade, a única expressão artística e literária possível da feminilidade naquela sociedade de mulheres tratadas como adjetivas, que não podiam se expressar senão por meio do homem e de metáforas, nunca na linguagem direta que, mesmo cautelosamente, os homens podiam usar. A documentação da época sobre a distância social entre mulheres e homens mostra que esta era enorme, em todos os sentidos. Paulo Nogueira, fazendeiro rico, viu sua noiva Ester numa parada de bonde, com a mãe, e não ousou dirigir-se a elas, porque sozinhas e na rua, o que teria sido falta de decoro, violação das regras de distanciamento entre os gêneros.

As duas mortes de Francisca Júlia

As limitações formais do parnasianismo, de que Francisca Júlia foi, entre nós, a grande autora, eram ao mesmo tempo cúmplices do silêncio de muitos, particularmente da mulher, sobretudo dela. Aliás, o patriarcado cerceava até mesmo os próprios patriarcas.

Francisca Júlia quebrou barreiras. Fez poesia como homem, como assinalaram, contrariados e preconceituosamente, alguns dos poetas de sua época. Um forte indício das condições limitantes de então para ser mulher ou poeta. Dramaticamente, mulher e poeta.

Não é estranho que várias poetisas, suas contemporâneas, na mesma São Paulo, deixassem repentinamente de fazer poesia e de participar da vida literária, como ocorreu com Zalina Rolim (1869-1961).[10] Recolhiam-se aos limites socialmente impostos da condição feminina de então. Quando muito, professoras de escola primária, até mesmo para a poesia como forma de expressão antagônica à barbárie da sujeição, como ocorreu com Cecília Isabel da Silva (1849-1924), mãe de Francisca Júlia. Embora, aparentemente, não o soubessem.

A descoberta das próprias poetisas, como Francisca Júlia, de que o público infantil era um destinatário interessante de uma poesia que as protegia da indiferença e até da hostilidade de muitos poetas. Encerrava, porém, tudo indica, o pressuposto de que a poesia infantil era uma extensão da maternidade. Uma demarcação precisa e eloquente da condição de mulher como destinatária de espaços residuais do homem. Não é estranho que esposas tratassem seus maridos como "senhor". Nessa poesia

---

10 "D. Zalina Rolim: A sua lira emudeceu faz muitos anos." Cf. Nomes do Dia, *A Gazeta*, Anno XIII, n.3.752, São Paulo, 20 jul. 1918, p.1.

feminina para crianças havia, porém, espaço para expressão da crítica social, como no poema "As duas bonecas", no livro conjunto de Francisca Júlia e de seu irmão Júlio César da Silva, *Alma infantil*.[11]

Na poesia, Francisca Júlia se desconfinara da vida doméstica insípida, no inconformismo da perfeição estética, ao se apossar da poesia como um modo imaginário e libertador de ser. Na poesia, ela era muito maior do que na prisão do cotidiano. Era maior e melhor do que seu pai pretensioso, escritor frustrado, que acabará preso em decorrência de uma querela sobre conhecimento da língua portuguesa, como mostrarei adiante. Ele não compreendia as limitações de sua circunstância social e política. Ela era melhor do que seu irmão, reconhecidamente grande poeta, Júlio César da Silva, que tinha humildade e a consciência da diferença.

Embora, por seu parnasianismo, tratada como ultrapassada, poeta de uma poesia que já não tinha lugar, na verdade sua poesia assim considerada estava sendo vista na perspectiva de uma concepção masculina de tempo e de temporalidade social na sucessão demarcatória dos estilos.

Porém, sua poesia desconstruía a cultura do modernismo que se disseminava em ensaios e tentativas, ao mostrar o contraponto inevitável entre sua obra e as obras literárias e artísticas da geração que ensaiava mudanças nos modos de expressão. São várias as evidências de que os modernistas reconheciam, por meio da poesia de Francisca Júlia, que sem a mediação do belo e sua nova concepção propriamente artística o modernismo nada seria. Não se pode deixar de lado o que distingue

---

11 Cf. Júlia; Silva, *Alma infantil*, p.155-9.

modernistas e modernismo. O modernismo tinha seu estilo cognitivo próprio, inteiro, expressão de um mundo que surgia.[12] Já os modernistas vacilavam entre as incertezas demarcatórias que definiam a situação social propícia ao advento e disseminação da mentalidade modernista. Muito do que fizeram, disseram e expressaram estava ainda referido à temporalidade consolidada, mas em crise, da época social que acabava.

Francisca Júlia, no pouco que disse em entrevistas, expressou sua crítica do que para muitos era futurismo, mais recusa do mundo existente do que afirmação de um novo mundo, o propriamente do modernismo.

No fundo é esse o sentido, também, do artigo de Monteiro Lobato sobre a exposição de Anita Malfatti, em 1917. Certa ingênua e pobre interpretação desse artigo o reduz a um confronto pessoal, que não era. Lobato faz apenas a crítica artística dos autores influentes na orientação artística de Anita. Ele também era artista plástico. Não obstante descabidamente agressivo, seu questionamento era legítimo, porque era o questionamento da dúvida. No meu modo de ver, expunha sua falta de convencimento de que as novas formas e características da arte fossem propriamente expressões de necessidades radicais, as necessidades sociais inconformadas com as formas pobres e limitantes do mundo. As que criam o carecimento de revolução no conhecimento e na realidade social.[13]

---

12 Sobre a relação entre mundo de realidade, entre eles o mundo da arte, e o respectivo estilo cognitivo, cf. Schutz, *El Problema de la Realidad Social*, passim.

13 A tese das necessidades radicais como fundamento da práxis inovadora e transformadora foi desenvolvida por Henri Lefebvre com base em seu denso e circunstanciado estudo sociológico sobre a

A crítica interpretativa não de obras e de autores, mas de modalidades de conhecimento enquanto indicadoras de consciência social traduzida em literatura e obra de arte, teria alargado o caminho da modernidade entre nós. O pressuposto da superação não ficou evidente nos embates quanto ao modernismo. Antes, ficou evidente a impugnação do que modernista não fosse.

Na sociedade brasileira daquele momento, os tempos sociais da mulher e do homem estavam separados, cindidos. Para compreender a obra de Francisca Júlia enquanto obra de expressão social superada e a de Anita Malfatti como muito adiante do tempo da compreensão que recebeu, carece reconhecer que a realidade era determinada por distintos tempos sociais de gênero.

Para que o tempo de ambos fosse um só e o mesmo, era necessário que mulher e homem fossem reconhecidamente iguais, que não eram e ainda não são. Eram diversos os tempos sociais e os espaços de homem e de mulher. Onde não há a igualdade das diferentes categorias sociais, o tempo social de uma não é o mesmo da outra. A diferença das temporalidades decorre da vivência social, da experiência social, neste caso, distinta de homem e mulher. A sociabilidade da mulher era limitada a grupo social de referência diferente do de referência do homem. A temporalidade é apenas uma dimensão da diferença de concepção do que é um gênero e outro. Quando essa concepção entra em crise porque já não dá sentido ao querer e

---
Comuna de Paris. Cf. Lefebvre, *La Proclamation de la Commune*, p.20.
Foi desenvolvida, também, pela filósofa húngara Agnes Heller. Cf. Heller, *La Théorie des Besoins Chez Marx*.

ao ser, entram em crise outras dimensões da realidade, as que supostamente davam legitimidade à diferença. O tempo de Francisca Júlia foi o tempo dessa crise. Nem ela nem os escritores e artistas daquela época, que não acompanharam as solicitações desafiadoras de renovação estética e interpretativa da crise, deixaram de representar mediações para os que as compreendiam e a elas respondiam de maneira conscientemente inovadora.

O conhecimento erudito, em suas várias manifestações, também na literatura e na arte, não decorre apenas nem principalmente de inspirações de pessoas talentosas e excepcionais. Estas personificam e interpretam as solicitações da crise, desvendam, revelam, porque socializadas em referências culturais abertas às surpresas de inovação contidas, fragmentariamente, naquilo que ainda não se transformou, mas está impregnado de contradições e tensões que pedem a transformação. A criação é antes de tudo possibilidade presente em situações sociais em que se manifestam novas necessidades expressionais, não raro, necessidades radicais.[14]

Para que sejam novas, as expressões e suas formas pedem interpretação da realidade que as reclamam, para que possam traduzir-se em invenção, inspiração, sensibilidade para interpretar essas necessidades. E traduzi-las, inventivamente, criativamente, em beleza, em arte e em literatura, em modos de ver formas e cores, de sonorizar sons e ritmos e de compreender artística e cientificamente as sucessivas diferenças do que o mundo é. As necessidades sociais não "dizem" como "querem" se expressar.

---

14 Sobre as necessidades expressionais, tema levantado por Antonio Candido, cf. Candido, *Formação da literatura brasileira*, v.2, passim.

"Dizem" apenas que precisam se expressar para dizer ao mundo o que ele é e constituí-lo, dar-lhe a forma de um novo conteúdo. Aquilo que o mundo pode ser em cada momento saturado e em boa parte esgotado do processo histórico que pede a revelação do novo e da inovação.

Na época de Francisca Júlia e, provavelmente, ainda hoje, havia uma cronologia masculina e uma cronologia feminina, de ritmos diferentes numa e noutra, decorrentes das diferentes temporalidades de gênero, um modo social de ser homem e um modo social de ser mulher, o tempo do homem e o tempo da mulher. O masculino era ideologicamente concebido como calendário e cronologia de um tempo supostamente muito adiante do tempo da mulher. Embora, ao se traduzir em modernidade, o moderno se revelasse nos vários indícios de subversão objetiva do lugar de homem e lugar de mulher.

O modernismo brasileiro e a Semana de Arte Moderna reuniram personagens de temporalidades desencontradas, tanto os que ganharam notoriedade quanto os que ficaram à margem do movimento que lhes deu sentido. Foi a Semana, no entanto, o rito de passagem, de encontro e do caminho de superação dessa modalidade de diferença.

Foram justamente esses desencontros que revelaram à consciência social, especialmente nos intelectuais, a revolução que estava ocorrendo. O sentido do desafio de criatividade que a situação propunha.

Desse modo, o fino parnasianismo de Francisca Júlia a situa na vanguarda de seu próprio tempo feminino, ainda que a cultura dominante, porque masculina, a situasse e situasse sua poesia e seu estilo na retaguarda da arte e da literatura. Seus leitores do Brasil inteiro a leram como grande e sensível expressão poética de um país que, na obra literária de uma mulher, havia dado um enorme passo na literatura, o passo de uma vanguarda criativa. Antonio Candido destaca Francisca Júlia, Camões e Bocage, juntos, "como os representantes mais típicos" do soneto fechado. Ao indicar como feito mais original do parnasianismo, "único realmente típico, é o soneto de Heredia, de quem foi seguidora estrita a nossa poetisa".[15]

A seu modo, ela era, por isso mesmo, pela ousadia que quebrava as limitações sociais dos parâmetros de expressão, precursora de um dos aspectos da modernidade que darão sentido ao movimento modernista. Ela era a vanguarda literária de uma sociedade ainda de analfabetos e era, a seu modo, reconhecida vanguarda dos cultos e refinados autores de seu tempo.

A generalizada admiração por sua obra, entre mulheres e homens, situou seu parnasianismo e seu simbolismo acima das formas estilísticas da expressão poética. Mesmo quem se insurgia contra o passadismo parnasiano e se aventurava nas inovações do modernismo, como Mário de Andrade, reconhecia em seus poemas o talento da excepcional poetisa que era. Não só porque sua ousadia de ultrapassar objeções a sua poesia de métrica e rima fosse um componente de personalidade necessário ao modernismo. Ousava e sofria a adversidade decorrente de, ao longo de sua curta vida literária, ter sido deslocada para "fora do lugar", embora estivesse "dentro do processo" que, sem a função contrapontística do que sua obra representava, não teria sido possível. O modernismo não foi nem poderia ser

---

15 Cf. Candido, A vida em resumo, *Suplemento Literário*, n.115, 10 jan. 1959, p.4; *O Estado de S. Paulo*, Ano LXXX, n.25.673.

um movimento sem história, sem as personificações de contradições que lhe deram sentido. Como a de Francisca Júlia.

Um outro aspecto da questão de temporalidade de homem e temporalidade de mulher, na suposta posição subalterna da mulher, se aplica de modo inverso em relação a outra situação relacionada com o nosso modernismo. A crítica de Monteiro Lobato à exposição modernista de Anita Malfatti, em 1917, é um indício significativo de que a pintura dela era de vanguarda, pintura de um novo tempo histórico e artístico. Enquanto as belas e sensíveis aquarelas acadêmicas de Lobato eram atrasadas em relação às intensas e coloridas pinturas por ela apresentadas, ao que expressavam, ao que ela via, muito além do figurativo e acadêmico.

O desencontro mostra o quanto era ideológico e falso definir como limitação de gênero diferenças de estilo literário e artístico e de sensibilidade na interpretação das possibilidades de expressão contidas na situação social. Embora Lobato, na literatura, adotasse uma posição crítica em relação ao atraso representado pelo caipira. Não por preconceito e condenação, mas como desafio de superação. Para ele, o atraso era uma "doença social" e podia ser vencido com a ciência e o desenvolvimento econômico, isto é, com a modernização.

Embora não fosse modernista, Francisca Júlia era sociologicamente moderna antes de os modernistas nascerem, poeta já na adolescência. Sua obra quebra o tempo da desigualdade de gênero. Por meio dela, a mulher invade a fortaleza das seguranças simbólicas do homem e do patriarcalismo. Francisca Júlia foi uma subversiva, tanto quanto ou muito mais do que vários modernistas, que nada tinham a perder com sua opção. Ela, porém, tinha tudo a perder e perdeu. Como mostro mais adiante, seu suicídio teve muito a ver com a consciência da morte de sua época, já em 1918. Um momento de consciência verdadeira, própria de uma postura modernista em face da realidade da vida. Mais do que qualquer outro intelectual brasileiro de seu tempo, ela foi até o limite. Matou-se para não morrer com sua poesia.

Aparentemente poucas mulheres paulistas tiveram ou expuseram sua consciência desse descompasso. Ela a teve e disso deu indicações numa entrevista a Corrêa Júnior (1893-1972), em que comenta o retardamento da inserção social de mulheres, como ela, em relação às filhas de imigrantes que já trabalhavam, diferençadas social e historicamente, inseridas na liberdade de trabalho que, na fábrica e no comércio, deixou de ser monopólio do homem.[16]

Na outra ponta social, a mulher mais rica do Brasil, a paulista dona Veridiana Valéria da Silva Prado (1825-1910), em vários de seus gestos e iniciativas, evidenciou ter essa mesma consciência da diversa temporalidade da mulher daqui. Foi ativa na afirmação dessa consciência, não só na sociabilidade de salão e nos apoios culturais. Fê-lo nos legados e recomendações a sua dama de companhia, uma moça negra, e a uma sobrinha muito rica e muito submissa ao marido. O que indica o quanto de situação e de condição de classe social era decisivo na opção por uma visão de mundo, mesmo na diferença de gênero.

Na sociedade contemporânea, e nas singularidades da sociedade brasileira, é possível e necessário fazer a datação das

---

16 [Corrêa Júnior], Recordações de uma noite – Uma entrevista com a poetisa Francisca Júlia da Silva, *A Epoca*, Anno V, n.1.629, Rio de Janeiro, 26 dez. 1916, p.3.

realidades diferençadas, como as da mulher e do homem, o retardamento da temporalidade da mulher, subjugada por técnicas sociais de controle e dominação, em relação à temporalidade do homem, a do mando retrógrado e do seu protagonismo hegemônico. Cada temporalidade define o lugar social de quem nela vive, suas limitações e interdições em face do contemporâneo, mas também suas possibilidades, mesmo o socialmente atrasado como referência de compreensão e de superação do presente de que é constitutivo. O atraso, na trama de contradições de que é parte, pode ser mediação sociologicamente analisadora e reveladora, na concepção de Lefebvre, que aqui adoto.

Portanto, assim como o atraso social e estético não se torna conceito nem se torna consciência sem a mediação do reconhecidamente moderno, o moderno e o próprio modernismo não se explicam senão pela mediação das remanescências e dos vestígios da realidade atrasada. Até mesmo na linguagem literária: Mário de Andrade, em seus escritos, usa uma linguagem que está mais para o popular e arcaico da mistura de português com o nheengatu, do que exclusivamente para o purismo da língua das academias. Mais para as duplicidades da modernidade no duplo sentido de uma língua dupla como a nossa, em que se diz duas coisas ao mesmo tempo. Em que se afirma e se nega aquilo que se quer dizer. Em que se deixa larga margem de interpretação para quem ouve, que é o terreno da incerteza e do inconclusivo, o terreno da subjetividade subversiva e, nesse sentido, modernista. Francisca Júlia da Silva não conseguiu vencer essa barreira.

Aquele tejupar macunaímico de Venceslau Pietro Pietra, no bairro de Higienópolis, é maravilhosamente desconstrutivo, as palavras desgrudadas de suas referências históricas e sociais.

As da linguagem brasileira do dizer desdizendo, macunaimicamente. Crítica das pretensões de um elitismo social postiço, de um italiano rico que, sem o saber, mora num rancho indígena e caipira, sem nobreza nem estilo. Ele acha que é sem o ser. É que nossa língua brasileira, mista e dupla, não nos permitia e não nos permite ir além de nós mesmos para dar nomes às importações culturais, como os palacetes de estilos e de confortos extravagantes. Ou algo como o "tupi or not tupi", de Oswald de Andrade, na *Revista de antropofagia*, de 1928. Não é um trocadilho.

Não é pouco significativo que modernistas antes e depois da Semana cultivassem uma nostalgia romântica em relação ao rural e às margens da cidade e do urbano, o subúrbio. Oswald de Andrade costumava organizar excursões de modernistas ao Alto da Serra, para que lessem poemas. Acabou adquirindo e mantendo um sítio em Ribeirão Pires, uma referência na memória da família.

Tarsila do Amaral fez desenhos da vila do Alto Serra, vista da estação, enquanto esperava a movimentação das composições ferroviárias, divididas em duas, para descer e subir a Serra puxadas pelos locobreques da SPR (São Paulo Railway Company).

Anita Malfatti teve casa e chácara em Diadema durante dez anos, cenário de referência de algumas de suas obras finais, tristes em comparação com as obras significativas de 1917.

Os artistas do Grupo Santa Helena, com alguma frequência, adotaram em suas obras o cenário limítrofe entre campo e cidade, do vale do rio Tietê, da margem direita do rio, o lugar de onde se podia ver a cidade de longe, no cenário oposto ao que ela era.

Raphael Galvez, da segunda geração de modernistas, de uma família de imigrantes pobres e trabalhadores, que viveu a vida toda na Barra Funda, era dos que em fins de semana iam "para o campo", o Canindé, a Casa Verde, o Bairro do Limão, o Horto Florestal.[17] Foram esses os cenários preferidos de suas pinturas modernistas. Nas obras desses artistas operários, é evidente a tensão da inspiração nas revelações "modernistas" da própria natureza, das cores do casario simples, que podiam ser reconhecidas pelo que já era seu modo modernista de ver.

O real, na perspectiva da modernidade, é sociologicamente revelador. Essa é uma questão observável pelo método da sociologia de orientação dialética, a que explica a realidade social na perspectiva da historicidade que essa realidade contém, o seu possível ainda não realizado.

O modernismo estava nas tensões da criação literária e artística brasileira já nos finais do século XIX. *O Alienista*, de Machado de Assis, novela de 1881-1882, pode ser interpretado como obra que antecipa, entre nós, uma concepção modernista da realidade social. A loucura de Simão Bacamarte, que achava serem loucos todos os outros menos ele, o ímpeto de impor o pressuposto do confinamento como referência de organização social, a relevância do pequeno poder de algumas profissões modernas para enquadrar pessoas e estabelecer sobre elas mecanismos de controle social modernos, diferentes da chibata em relação ao escravo, e da obediência e sujeição no interior da prisão doméstica. Certa dimensão da expansão do propriamente público como fator de medo e de repressão.

---

17 Cf. Laudanna, *Raphael Galvez, 1907/1998*, passim.

As duas mortes de Francisca Júlia

O modernismo artístico não foi apenas a ruptura da forma da expressão, superada pela explosão da cor e pela libertação do traço. Foi, também, a ruptura da forma social da dominação, na possibilidade da emancipação da pessoa e, ao mesmo tempo, na sua sujeição disfarçada – porque interiorização da vontade do outro como vontade própria. O modernismo está nas expressões das contradições sociais, uma ideia de Henri Lefebvre, mesmo na coexistência antagônica e tensa do que inova e do que reitera. O modernismo está potencialmente na necessidade histórica de a realidade social não se repetir. Ele se anuncia na circunstância cambiante do pensar e do agir, do criar e do esquecer.

Tudo isso é componente da modernidade que aqui já se anunciava ainda no tempo da escravidão e das distorções de concepção, de visão da realidade e de interpretação que estarão nas referências do modernismo. Anunciava-se como imagem, como representação e não como imaginação. *A negra*, de Tarsila do Amaral, tem, de certo modo, as mesmas distorções do corpo do cativo que aparecem nas mutilações, deformações e defeitos físicos descritos nos anúncios de jornal da segunda metade do século XIX para identificar escravos fugidos. Os senhores de escravos tiveram que imaginar o escravo para reivindicar a propriedade de seu corpo, um corpo representado pelos estigmas que nele esculpiam a criatura do cativeiro, do tronco, do pelourinho e da chibata. O pai de Tarsila foi grande fazendeiro e ela passou todo o período de seu crescimento e formação na fazenda, um mundo ainda povoado por seres desse imaginário e desses estigmas.

Em sua casa, porém, como na de outros grandes fazendeiros do Oeste paulista, a vida cotidiana era moderna, vinha da vida claramente urbana e europeia, francesa, por meio dos relacionamentos internacionais, através das casas comissárias de café.

Os estabelecimentos que cuidavam da exportação do produto e administravam a contrapartida das compras dos produtos importados para o fazendeiro. Eram os comissários que direcionavam a pauta de consumo dos fazendeiros. Eles modernizavam a superação do gosto caipira dos potentados rurais. A modernidade e o modernismo decorrente não teriam sido viáveis sem mediações como essa, as pontes entre dois mundos cultural e historicamente distanciados.

Foi essa uma referência que influenciou em Tarsila a reinterpretação artística de cenários e de pessoas da situação social determinada pelas contradições que desconstruíam o imaginário próprio da roça e da fazenda. A roça estará significativamente presente em boa parte de sua obra, reinterpretada pela mediação dos valores, estranhos a ela, de invasão da sala de jantar da casa de seu pai. Um homem que consumia diariamente sopa liofilizada importada da França, enquanto proseava com a família e os amigos em dialeto caipira, a fala carregada de suavizações nheengatu na pronúncia, as vogais engolindo as consoantes.

Portanto, no antigo regime, na socialização dos futuros modernistas, já estavam presentes condições do modernismo possível do modo de ver, de interpretar, de pensar e de viver. Faltava apenas que seus indícios fossem percebidos e elaborados, de maneira apropriada, pelos dotados de sensibilidade crítica para fazê-lo.

O que pode ser interpretado por meio do que Henri Lefebvre definiu como método regressivo-progressivo.[18] E, por-

---

18 Cf. Lefebvre, Problèmes de sociologie rurale, p.78-100; Id., Perspectives de sociologie rurale, p.122-40; Id., *La Revolución Urbana*, p.11; Sartre, *Crítica de la Razón Dialéctica*, tomo I, p.49-50.

tanto, pelo método sociológico que identifica os fatores e determinações sociais da práxis, nas datações desencontradas dos momentos da realidade cotidiana da família e da fazenda, no reconhecimento dos seres humanos, nas singularidades de cada realidade social e histórica, como autores, diretos ou indiretos, de sua própria história. Pelas mediações das circunstâncias sociais do seu querer e do seu agir. Mediações que não são as mesmas para todos, dados o desenvolvimento desigual da sociedade e a diferença social dos protagonismos.

A práxis indica, no resultado, o sentido de sua possibilidade, enquanto ação que se propõe na circunstância e na interpretação cotidiana das necessidades radicais que a motivam. A práxis é constituída de momentos e se revela à consciência social, como na literatura e na arte, nas transformações que lhe dão sentido.

Essas datações podem ser identificadas em relação a outras categorias sociais. Mesmo após a abolição, a temporalidade do negro era a de sua anomia social.[19] A de um ser dos resíduos da escravidão e não da sociedade supostamente de pessoas livres, que juridicamente nascia, pois socialmente relegado a um não lugar. Na estratificação social, de certo modo a mulher estava mais próxima do negro do que do homem branco.

O modernismo não se afirmará apenas pela predominância da obra dos homens que dele participaram. A fragilidade do pressuposto masculino tem evidência em fatos como a situação em que viveu e morreu a Normalista, a companheira de *garçonnière* e, no fim, esposa *in extremis* de Oswald de Andrade.

---

19 Sobre a marginalização anômica do negro após a Abolição, cf. Fernandes, *A integração social do negro à sociedade de classes*.

O modernismo se define socialmente pela contraditória convergência das temporalidades de homens e de mulheres e pela sociabilidade fundada no direito à diferença e não na desigualdade da diferença. Nesse sentido, repito, Anita Malfatti é modernista por sua ousadia e por sua competência, de que sua arte é expressão. E Francisca Júlia, mesmo não sendo modernista, é personagem contrapontística do modernismo e não personagem de um passado de poesia morta.

Havia, portanto, mulheres de exceção nos mesmos campos de atuação expressional dos homens. As que se expressaram com grande talento, como Francisca Júlia, na literatura. E Georgina de Albuquerque, nas artes plásticas, amiga de Monteiro Lobato, ambos do grupo de pintores do Vale do Paraíba, que formavam uma espécie de escola temática regional.[20]

---

20 Cf. Tarasautchi, *Artistas de Taubaté*, catálogo da exposição realizada de 15 de setembro a 16 de dezembro de 2018, com obras de Clodomiro Amazonas, Francisco Leopoldo e Silva, Georgina Albuquerque e Monteiro Lobato. O pintor italiano Rosalbino Santoro, a partir de 1900, morou durante vinte anos em Taubaté, onde ensinou técnicas de desenho e pintura a Georgina de Albuquerque, então uma adolescente, em troca de casa e comida. O maranhense Lucílio de Albuquerque, artista plástico, também se radicou naquela cidade. Casou-se com Georgina. No geral, os vale-paraibanos estavam referidos ao Rio de Janeiro, onde alguns expuseram. Na poesia, Francisca Júlia parecia expressar a mentalidade do Vale. Sua mãe fora professora primária em São Luiz do Paraitinga, onde a família morou. Diferentemente dos modernistas, de Anita Malfatti, que nasceu em Campinas, e Tarsila do Amaral, nascida em Capivari, no Oeste paulista, cuja referência foi a cidade de São Paulo. Dos outros modernistas, Guilherme de Almeida, nasceu em Campinas. Mário de Andrade, René Thiollier, Menotti Del Picchia e Oswald de Andrade nasceram em São Paulo. Ainda que relativamente frágil, julgo procedente levantar a hipóte-

As duas mortes de Francisca Júlia

Coisa, aliás, que o Oeste, muito mais próspero, não teve quando o café para ali se expandiu.

Significativamente, mulheres oriundas das margens da sociedade do café, as localidades do interior menos expressivo. Exemplos de que, na sociologia do conhecimento, não é o dominante que necessariamente melhor explica o que a sociedade é.

Mas também documento da forma da insurgência fina da mulher culta e da artista excepcional que descobriu no refinamento transgressivo interditado à mulher um modo inteligente de questionar as limitações impostas pelo mandonismo de sua época. A mulher podia criar "poesia de homem", melhor do que muitos poetas. Uma descoberta masculina na ironia em relação à sua poesia, definida como máscula, profundamente feminina, porém, porque sutil e sábia.

As expressões de anomia e as condutas anômicas, além de evidenciarem o drama social das descontinuidades, evidenciam também formas de criação cultural fora do marco duvidoso da persistência e do marco mais duvidoso ainda das tendências e futurismos. O das assumidas por conveniência de reconhecimento e menos por coragem de inovar e transformar.

Francisca Júlia foi a corajosa personagem de um momento social de teimosias anacrônicas e de ousadias nem sempre de grande alcance. Não se trata de minimizar a obra dos que resistiram, no âmbito da atividade cultural, nem de minimizar a

se de que a perspectiva literária e artística propriamente acadêmica dos situados no Vale do Paraíba explica-se pelas peculiaridades sociais do Vale nessa época, que fora marcada pela transição entre o trabalho escravo e o trabalho livre. Em contraste com os do Oeste, onde a vida da casa-grande era urbana e europeia, região povoada pelo imigrante sob o regime do trabalho livre.

obra dos que nela correram o risco de ousar muito para, não raro, criar pouco.

Trata-se de não minimizar uma obra como a dela, que, na afirmação erudita da forma poética, impediu que a poesia parnasiana, entre nós, perecesse na vala comum da vulgarização e do que é meramente passageiro.

Nesse sentido, Francisca Júlia não foi uma injustiçada e uma derrotada como vários de seus leitores sugerem. Teve o reconhecimento respeitoso dos mestres de então e o teve, também, dos modernistas que surgiam com outra e antagônica concepção da poesia e do poético. Como mencionei antes, no pequeno grupo dos que compareceram ao seu modesto funeral, a maioria era constituída dos que ano e pouco depois realizariam a Semana de Arte Moderna.

Poesia do desencontro e do desencanto

Os dilemas e tensões da trajetória de nossa cultura até a Semana de Arte Moderna levaram escritores e artistas a ficar de um lado ou de outro das opções, tendências e estilos, no caminho da ruptura que deu nascimento e sentido ao nosso modernismo. Alguns ousaram. Muitos se deixaram ficar pelo caminho. Houve os que aderiram sem convencimento, atraídos pela nova moda e pelas mudanças formais, mas no cotidiano presos ainda a concepções da tradição conservadora. Nem todos adotaram a conduta disruptiva e desafiadora de Oswald de Andrade.

Foi uma trajetória que atravessou diferentes biografias, impregnadas de alegrias e tristezas, evoluções criativas, resistências e decadências. Hoje se fala no modernismo como se fosse o politicamente correto. Não o era necessariamente, sobretudo em algumas de suas motivações de fundo, de fato conservadoras e, nisso, era antropologicamente correto. A Semana e o modernismo foram ligados ao Partido Republicano Paulista, um partido oligárquico e antimoderno.

Forma de expressão e conteúdo cultural e social não se encontram em função das mesmas temporalidades. A forma é moderna quando se adianta em relação à realidade que por meio dela se mostra, diversa de como até então se fazia ver e compreender. É nesse sentido que o modernismo se propõe como instrumento da representação crítica e inovadora da realidade social, impulsionando-a como mediação da historicidade e das necessidades sociais de expressão que clamam por mudanças.

São muitos os casos de protagonistas do movimento modernista, mas também dos muitos à margem dele, que foram e eram alcançados pela mudança de perspectiva de compreensão e interpretação da sociedade que ele propunha.

Foi para compreender sociologicamente a circunstância do modernismo entre nós que escolhi o caso emblemático da parnasiana Francisca Júlia. Ela não aderiu ao movimento modernista, mas, como se vê, foi tomada como referência antagônica pelos modernistas que a admiravam. Muito popular e respeitada em seu tempo, acabou no esquecimento à medida que a renovação literária da sociedade brasileira foi ganhando gosto pela ousadia formal e passou a estranhar o rigor da forma na obra dos autores que se esmeravam na observância dos cânones das escolas passadistas. Como era o seu caso.

Os modernistas em nenhum momento expressaram, propriamente, crítica de objeção à obra de Francisca Júlia. Nem a classificaram de maneira negativa. A consciência de sua poesia como poesia superada surgiu, como veremos adiante, numa demorada polêmica entre os escritores Aristêo Seixas (1881-1965) e Nuto Sant'Anna (1889-1975), nas páginas do *Correio Paulistano*, em 1918.

É esse desencontro que propõe a circunstância significativa para a compreensão dos embates que naquele momento demarcavam o território convulsionado da criação cultural, na literatura e nas artes. Francisca Júlia, ao se dar conta de que os tempos mudavam, que seu estilo se perdia na circunstância que criava facilmente desapreços de gosto e empurravam os descartes para o passado depressa demais, optou pelo caminho, sociologicamente suicida, de abandonar a poesia. Morria por dentro.

Outras poetisas da mesma época, como Zalina Rolim, também abandonaram a poesia ou se refugiaram na poesia infantil e didática – ou de gênero, como Presciliana Duarte de Almeida (1867-1944). Caminho que Francisca Júlia também percorreu. De certo modo, um refúgio de expressão em que o poético de mulher se reduzia ao infantil e imaturo. O que pressupunha que adulta fosse apenas a manifestação poética dos homens. Isso confirma a força ideológica da diversa temporalidade de homem e a de mulher. Uma datação situacional indicativa da condição feminina como confinamento, limitação e interdição da expressão literária e artística da mulher.

Se num extremo da circunstância pode-se identificar Francisca Júlia, no outro, a figura relevante é, no meu modo de ver, Oswald de Andrade, pela diversidade de orientações de sua obra, mas sobretudo por conciliações da maior relevância para a compreensão das contradições do processo cultural, como em sua contrastante religiosidade. Francisca Júlia interessou-se relutantemente pelas coisas da religião só na década final de sua vida. Oswald de Andrade foi inquestionavelmente católico e, não obstante, tornou-se radicalmente aberto ao modernismo e ao ceticismo da época. Ele quis viver a contradição ao invés de recusá-la em nome apenas da ostentação do modernismo.

Para efeitos analíticos e de compreensão do processo, que foi relativamente lento e se precipitou a partir de 1920, são casos que permitem examinar as revelações e esclarecimentos que decorrem dessas histórias pessoais que tornam a Semana menos imaginária e mais concreta. Menos dilemas estilísticos e mais dilemas vivenciais que atravessam a criação literária e artística.

Mas também as grandes rupturas sociais e históricas, das convulsões, das revoluções e das guerras que em vários episódios chegaram diretamente às ruas e casas da cidade de São Paulo, como a Primeira Guerra Mundial, a greve geral de 1917 e, na sequência, a Revolução de Julho de 1924 como momento de uma crise que se iniciara muito antes, a bem dizer desde a implantação da República por meio de um golpe militar. Os conflitos expuseram cruamente as contradições da sociedade brasileira em São Paulo.

Vincenzo Pastore (1865-1918), que fotografou a cidade a partir de 1910, já revelava suas contradições visuais, expunha o desencontro de suas temporalidades no reconhecimento de que o tempo social da cidade não era apenas o dos casarões e palacetes. A visualidade urbana da São Paulo contraditória é revelada pela primeira vez, contrapondo-se às revistas de bajulação da alta sociedade.

Num outro extremo, em 1929, *São Paulo, a symphonia da metrópole*, o filme de Rodolpho Rex Lustig e Adalberto Kemeny, contrapõe a rua e o monumento, uma forma de questionar as revelações dos avessos. Aparentemente, indicava uma aspiração dos paulistanos de negar o lado revelador da margem da sociedade: a cidade não era apenas o irrelevante da rua barulhenta e desordenada. Os monumentos decifravam as ruas e o que nas ruas acontecia. A força desse imaginário se confirma no êxito do filme. Entre 6 de agosto e 27 de outubro de 1929, foi exibido em dezessete cinemas da cidade.[1] A cidade deixou de ser o centro cosmopolita, afrancesado, monumental. O que ainda não se vira no horizonte das pessoas cultas, o dia a dia de trabalho, de pobreza, de multiplicidade social e de diversidade racial ganhou extensa visibilidade, invadiu o imaginário e desafiou a imaginação. A cidade imaginária deixou de ser a avenida Paulista, os Campos Elíseos, a Vila Buarque, a avenida Tiradentes, a sua monumentalidade de imitação e ficção.

Na convulsão da greve geral de 1917, a Mooca e o Brás das fábricas e dos bairros operários tornaram-se os lugares dos protagonistas coletivos da vida urbana. As autoridades não sabiam o que fazer, nem mesmo com o "outro lado", o da classe operária como o sujeito da situação social: a luta de classes. A nova elite da indústria sabia ganhar muito, mas não sabia negociar nem regular socialmente as condições e limites de seu ganho. Havia novos sujeitos na cidade, novos atores, que falavam outras línguas sociais, tinham demandas e aspirações, carências e concepções da vida e do trabalho.

A autoridade pública sucumbiu, novos agentes políticos assumiram a hegemonia na cidade convulsionada para poder propor uma pauta de negociação de salários e de controle da carestia que levava a fome à classe trabalhadora. As classes pe-

---

1 A compreensão sociológica da rua como mediação reveladora de sociabilidades, nos dois momentos que são a referência histórica deste livro sobre Francisca Júlia, está proposta em Frehse, *O tempo da rua na São Paulo de fins do Império* e em Id., *Ô da rua – O transeunte e o advento da modernidade em São Paulo*.

rigosas encheram de medo os bairros ricos. O avesso pobre da sociedade rica tornou-se visível, dono de um poder desconhecido, o poder da classe operária. Isso, Oswald de Andrade, Tarsila do Amaral e Osório César (1895-1979) viam e a seu modo compreendiam. O poder da margem da sociedade veio à tona e o belo ficou feio. A ordem rígida e bela da poesia parnasiana perdeu sentido e beleza. A lógica do real desarmônico propôs-se como referência da cultura – da poesia, da música, da pintura, da escultura, do conto, da crônica, do romance. Não é que a pobreza e a injustiça social tenham sido assumidas como tema. Não foram. Com exceção de algumas personagens do movimento modernista, que assumiram o proletariado como referência, como aconteceu com Oswald de Andrade, o vigor da forma pela forma desordenada e assimétrica prevaleceu sobre os conteúdos sociais desordenadores. O ilógico que representavam invadiu a imaginação e criou as condições de uma nova representação da sociedade e do mundo.

Vários dos expoentes do modernismo tornaram-se modernos porque passaram a enxergar as revelações do lado até então oculto da sociedade em que viviam, acobertados pela linearidade de uma harmonia que só expressava a visão de mundo de um segmento da sociedade. O intelectual universalizou-se, saiu em busca das revelações do incongruente e até mesmo do absurdo. Transformou-se no mediador de interpretações e de expressões do que a sociedade era, mas também da busca da harmonia estética do desarmônico.

Mesmo assim, eu não me arriscaria a supor que as transformações formais na criação cultural da época possam ser definidas como reflexos diretos do que ocorria na estrutura de classes da sociedade. Elas invalidaram costumes e concepções. Nesse sentido, abriram caminho para a autonomia da invenção. Se a poesia de Francisca Júlia não era reflexo da sociedade de sua época, tampouco o eram a de Menotti Del Picchia, a de Mário de Andrade ou a de Guilherme de Almeida. A não ser, aqui e ali, um traço residual de percepção, como nas crônicas cotidianas de Guilherme. Ou nas fotografias de Vincenzo Pastore, que não entrou no rol dos reconhecidamente modernistas. A fotografia não tinha status de arte. Os modernistas não podiam ver a dimensão artística da fotografia porque equivocadamente a consideravam o real espelhado, o mero reflexo, que não era.

A fotografia de Pastore era interpretação, expressão de uma peculiar necessidade de ver-se do homem comum, o homem da rua. E, também, de uma nova necessidade social, a de reconhecer e situar a diversidade social dos usuários da cidade, que se expressava em modos e posturas desiguais. Como numa significativa fotografia de Aurélio Beccherini, de 1911, na rua Líbero Badaró, em fase de alargamento: um "almofadinha", de chapéu palheta, atravessa a rua no mesmo momento em que um caipira descalço, sentado no meio fio, cata alguma coisa no joelho.

Havia as contradições da circunstância de nascimento do modernismo entre nós. O modernismo não surgiu do nada. Não foi invenção de meia dúzia de iluminados, como se é levado a crer pelo modo como alguns o explicam. Nem nasceu, propriamente, contrabandeado pelos bem-nascidos aos quais o ouro verde do café propiciava ou residência ou viagens anuais a Paris para o desfrute dos ganhos imensos de cada safra anual de produtos tropicais. Gente que tinha médico de consulta regular na Suíça ou até dentista, como se vê no diário de Paulo Nogueira (1898-1969), fazendeiro de cana e produtor de açúcar em Campinas.[2] A Semana de Arte Moderna nasceu da explosão dessas contradições, um dos momentos das carências radicais que afloram como inovação e revolução nos vários âmbitos da vida e até na sociedade inteira porque as formas sociais e culturais se tornaram obsoletas e absurdas. As carências radicais são também carências do novo para que a vida que se tornara absurda se tornasse compreensível e aceitável.[3] É a busca de sentido no que não parece ter sentido. É descoberta e invenção nas revelações do que estava oculto, exposto apenas nas surpresas e medos do que até então fora meramente indicial e anômalo, incômodo e difícil, as quebras, dobras e rugas na supostamente reta linha da vida de todo dia. As mudanças de situação social e as contradições que delas resultavam, empurravam para o silêncio da marginalização tudo aquilo que se tornava discrepante e incômodo, a perfeição que se tornava imperfeita à luz de novos modos de ser, pensar, ver, compreender, ouvir e dizer.

Francisca Júlia protagonizou os silêncios e os silenciados da antessala do modernismo brasileiro. Foi autora da bela poesia confinada, de mulher adjetiva e minimizada pelo patriarcalismo de uma sociedade hierarquizada, erguida sobre preconceitos e discriminações. Ela protagonizou as invisibilidades da emergente e inevitável Semana de Arte Moderna, as dos que

---

2 Cf. Nogueira, *Minha vida* (*Diário de 1893 a 1951*), passim.
3 Cf. Lefebvre, *La Proclamation de la Commune*, esp. p.20; Heller, *La Théorie des Besoins chez Marx*, passim.

As duas mortes de Francisca Júlia

não se encaixaram nas inovações formais e nas mutilações criativas que expressavam a busca dos mais ativos participantes do movimento modernista. Ela era dos que estavam lá sem estar.

A crônica sobre a Semana ainda é a crônica das visibilidades, do espetáculo, a crônica que se cala em relação à vida e à obra de pessoas como ela, que cumpriram a poderosa e necessária função contrapontística que causa e motiva a criação literária e artística, as mudanças de rumo. A criação carece de mediações e contrapontos para se viabilizar. Sem eles, o novo é apenas acaso.

Essa crônica é a que se omite em relação ao próprio antimodernismo distraidamente persistente nas entrelinhas da obra e em detalhes biográficos da vida dos próprios modernistas. A caretice simplória e retrógrada dos túmulos de Mário de Andrade, de Paulo da Silva Prado e de Tarsila do Amaral no Cemitério da Consolação, em São Paulo, ergue-se como triste ironia a desmentir certezas e convicções. Um contraste chocante com o túmulo de dona Olívia Guedes Penteado e de seu marido, sobre o qual se ergue "Sepultamento", de Victor Brecheret, a mais bela, modernista e tocante escultura funerária dos cemitérios paulistanos.

As biografias nos ajudam a compreender a complexidade desse processo. De certo modo, Oswald de Andrade fez sua própria e iluminadora narrativa autobiográfica em *Um homem sem profissão*.[4] De certo modo, porque nem tudo está lá. Mas o essencial não deixa dúvida quanto ao mundo que o fez quem foi.

O mesmo não aconteceu com Francisca Júlia da Silva, cujo progressivo desencanto com as letras foi de fato apenas uma

---
4 Cf. Andrade, *Um homem sem profissão*.

das expressões do que se consumaria com sua morte precoce e trágica, pouco mais de um ano antes da Semana de Arte Moderna. Situação que em nenhum momento animou-a a contar sua própria história. Nem teve tempo para fazê-lo.

No que de autobiográfico escapou em suas poucas entrevistas, a Francisca Júlia que se dá a ver não é a Francisca Júlia que se via. Há nessas reticências um grito contido. Uma vontade de ser oposta àquilo que foi. Se tivesse tido oportunidade e vontade, teria feito, talvez, um depoimento em linha bem diversa daquela de seus admiradores, mesmo os que tampouco aderiram ao modernismo, que interpretaram sua obra, ainda em vida, como expressão de uma concepção literária imobilizada na sucessão das escolas.

Evidências esparsas sugerem que Francisca Júlia se reconhecia como uma pessoa sem história, a mulher sem biografia, vítima das circunstâncias que condenavam a mulher às funções vicárias do patriarcado.[5] A vida da mulher como um vazio, destituída de um ser próprio, melancólica perambulação sem destino, mera e silenciosa testemunha da história dos outros.

Esse será o disfarçado tormento de seu relacionamento com o irmão, o poeta Júlio César da Silva (1872-1936), na culpa recíproca que introduziu longos e dolorosos silêncios na obra de ambos.

Neste livro, reconstituo essa biografia faltante, garimpando-a nas evidências indiretas do que dela restou em fragmentos de notícias, relatos, depoimentos e pequenas revelações

---

5 [Corrêa Júnior], Recordações de uma noite – Uma entrevista com a poetisa Francisca Júlia da Silva, *A Epoca*, Anno V, n.1.629, Rio de Janeiro, 26 dez. 1916, p.3.

dispersas aqui e ali. Migalhas que não chamaram a atenção dos poucos biógrafos que, compreensivelmente, se interessaram mais pela obra do que pela pessoa, mais pela poesia do que pela poeta.

É esta uma biografia residual, mas sociologicamente esclarecedora do que nela foi esse tempo de confins, tempo de transição social e histórica, de imaginários próprios de uma sociedade que quer avançar, mas também quer recuar, relutante entre o imperfeito e o perfeito, entre o real e o possível.

A tragédia pessoal de Francisca Júlia, que abrange o inexplicável silêncio de hoje sobre sua obra, é um documento sobre a poesia no Brasil dos primeiros momentos da modernidade, de quando começou o parto lento do país que hoje conhecemos, o país culturalmente pós-monárquico, pós-escravista e, em vários sentidos, pós-colonial, das duas últimas décadas do século XIX e do início do século XX. O país cujo eixo de orientação era o passado para se tornar o país cujo eixo de orientação seria o futuro. Não só um país herdado e conformado, mas um país a ser construído, inconformado.

Retrospectivamente, a Semana de Arte Moderna nos dirá que era esse o dilema da época que com ela se encerra para dar início a outra, de buscas e superações. Inaugurava-se o novo tempo de remexer e catar no monturo das demolições de estilos, de obras, de biografias o que eventualmente tivesse restado para edificar um novo país, descomprometido com as variantes do tradicionalismo e do conservadorismo.

Já o Brasil de Francisca Júlia foi o da consolidação de uma fala literária, de um jeito de enunciar ideias, sentimentos e emoções, o Brasil da fome de estilo na expressão do pensamento, o Brasil da indecisão entre a cópia e a originalidade. Um país mais preocupado em mudar a forma da forma e menos preocupado em mudar o ser de sua forma de ser. Trajar primeiro para ser depois, o país em que o hábito faz o monge. Mais que muitos, ela elaborou a poesia rebuscada que deu uma das belas caras literárias ao Brasil. A rápida popularidade que, ainda jovem, alcançou com a divulgação de sua poesia por revistas e jornais de várias regiões é uma boa indicação de que foi acolhida como autora de literatura que correspondia ao ideal do brasileiro.

Curiosa busca de uma sociedade que ao orientar-se por um ideal de futuro não raro se afogava num mar de formas de um depois capturado e condicionado pelo antes. Uma busca relutante.

De fato, um aspecto importante da biografia e do drama de Francisca Júlia, ainda que sem visibilidade explícita, está relacionado com a definição e a consolidação da versão brasileira da língua portuguesa. E com a posição que a poetisa assumiu, em silêncio, em face do dilema e do debate que, a respeito, houve em sua época e em sua circunstância. Posição que se evidencia na teimosia do estilo. Posição que teve poucas e esparsas evidências, que não chegaram a definir o teor das análises e discursos sobre sua obra e sua vida. Mas indício de vários problemas que se manifestaram até mesmo na vida de sua família, especialmente na de seu pai.

O teor sociológico subjacente a sua literatura é o principal documento de sua biografia, não apenas como intelectual, é claro, mas também como pessoa, como história pessoal, como biografia sociologicamente situada. Sua literatura a revela radicalmente identificada com o português de origem, sem mácula da fala cotidiana e livre do vernáculo impregnado de sotaque e de vocabulário nheengatu, tupi, que ganhará identidade na fala

As duas mortes de Francisca Júlia

caipira e no regionalismo literário paulista de Otoniel Mota (1878-1951) e de Valdomiro Silveira (1873-1941). Deste, era ela amiga. Amiga, aliás, de toda a família Silveira, uma verdadeira linhagem de intelectuais.

Neste livro, mostro que o rigor do estilo na poesia de Francisca Júlia deve muito a uma opção ideológica de família, personificada na biografia do pai. A cultura da família de Miguel Luso da Silva era confinante e restritiva, centrada na função conservadora da sisudez da linguagem. Em vários episódios da fragmentária história dessa família há indícios de que vivia num círculo culturalmente fechado. De um lado, na observância do rigor da língua portuguesa na fala cotidiana. De outro, na fidelidade ideológica às raízes portuguesas da sociedade brasileira.

De vários modos, o português culto do Brasil evoluía com independência do português de Portugal. Os anos da crise pessoal e intelectual de Francisca Júlia foram também os de um debate quanto a existir ou não uma língua propriamente brasileira. No acento e no vocabulário, influenciada pela língua geral, que já fora a brasileira, até ser proibida em 1727.[6] O português, então forçado, resultou numa língua de sotaque nheengatu, impregnada de palavras tupi, como as da toponímia, mas também palavras que aí estão, no cotidiano, para sempre: jabuticaba, pitanga, pipoca, paçoca, carioca, tapera, tiguera e muitíssimas mais.

O lusitanismo de sua família e de seus poucos relacionamentos, que identifiquei, reforçam uma tomada de posição

---

6 Cf. Duarte, Dialeto caipira e língua brasileira, in: Amadeu Amaral, *O dialeto caipira*, p.13.

contra o que lhe parecia uma degradação da língua falada e escrita no Brasil. Essa posição, de características conservadoras, não era propriamente a de resistência e de um retorno passadista a um Brasil que mudava e se perdia. Era uma busca de identidade, tanto quanto o será, em linha oposta, a dos autores que se encontrarão na Semana de Arte Moderna. A de Francisca Júlia da Silva era a busca que seria vencida.

Degradação, também, quanto à influência francesa na cultura brasileira, de que ela se queixaria já no fim da vida. Se Machado de Assis (1839-1908) foi autor referencial desse momento e dessa inquietação, também o foi ela, mais do que muitos escritores brasileiros da época. Em parte, o sofrimento pessoal que caracteriza a história de Francisca Júlia, a partir de 1910, tem a ver com a crise da identidade brasileira e com a da própria língua, a tensão entre a língua falada e a língua escrita, entre o português do Brasil e o de Portugal. De certo modo, estava aí uma das fraturas de nossa identidade, que nos levará à Semana de Arte Moderna.

Esse foi um dos aspectos esquecidos de sua biografia, porque fragmentária e insuficientemente documentada. Justamente o aspecto propriamente histórico, o de uma situação social de confinamento no mundo imaginário de uma sociedade fora do tempo, que morria.

Foi ela, depois de sua morte, por largo tempo e em vários casos, reduzida a meia dúzia de linhas nas referências dos estudiosos e críticos literários. Um enorme silêncio nos separa hoje das acolhedoras referências dos escritores do tempo em que ela viveu, como Machado de Assis, Olavo Bilac, Vicente de Carvalho, Aristêo Seixas, Nuto Sant'Anna, Menotti Del Picchia.

As duas mortes de Francisca Júlia

Francisca Júlia começou a morrer bem antes do suicídio em novembro de 1920, desde que se pôs à margem da vida literária. É que seu momento foi de transformações sociais muito rápidas. Tudo se tornando obsoleto e ultrapassado muito depressa, reduzido a resquícios do Antigo Regime, os modos de ser e de pensar. A sociedade brasileira vivia um momento de procura de formas e estilos substitutivos.

Claro que, no plano da cultura paulistana, a convulsão causada pela exposição modernista de Anita Malfatti (1889-1964), em 1917, a demolição de valores que ela sugeria não teria deixado de afetar Francisca Júlia.[7] A reação de Monteiro Lobato – que além de escritor era artista plástico, e era editor de Francisca Júlia – à exposição pode não ter dito muito a ela, diretamente, mas certamente o disse nas contundentes indicações do desmoronamento de valores no mundo da arte e da literatura, no mundo das representações eruditas da vida.

Se essas rupturas podiam abalar as certezas marmóreas de Francisca Júlia, abalavam, também, as novas certezas dos próprios modernistas. Anita recuou, fez concessões temáticas. Mesmo na Europa, o "retorno à ordem" acrescentou ao modernismo referências da tradição, que aqui no Brasil lhe apontavam orientações de realismo social. Sem contar que, nos ensaios e nas obras menores, em artistas como Tarsila do Amaral há traços temáticos de academicismo em meio à abundância de reformulações interpretativas do real, como a da centralidade dos detalhes do banal, na promiscuidade de torres, trilhos,

---

7 Sobre a reação de Monteiro Lobato à exposição de Anita Malfatti, cf. A propósito da exposição Malfatti, *O Estado de S. Paulo* [Estadinho], 20 dez. 1917, p.4.

coqueiros, mamoeiros, edifícios, santos, bombas de gasolina, luminárias de rua. E mesmo de gentes do amontoamento de caras dos que não tinham cara própria, como em *Operários*, no redutivismo da linha de produção, que não é ali a da fábrica, mas a da massificação.

A relevância do insignificante – porque diluído na indiferença social – em relação à realidade produzida pelo mestiço do trabalho e pelos frutos do trabalho do mestiço, como em *Bananal*, de Lasar Segall.

O modernismo revela as dores do parto para a assimilação e interpretação erudita do que eram novas cores, novas formas, novos cheiros, novo modo de viver, mas sobretudo de conviver da sociedade transformada. Mário de Andrade expressou-o nas incertezas da gestação de *Pauliceia desvairada*.[8]

O debate entre Aristêo Seixas e Nuto Sant'Anna sobre a obra de Francisca Júlia, em 1918, nas páginas do *Correio Paulistano*, é bem indicativo da dolorosa consciência que alcançou os escritores parnasianos e simbolistas quanto ao fim de época de que eram personagens, ela em particular.

O Brasil culto com facilidade criou menos do que o que descartou de suas criações, na arte e na literatura, nesse período de perecimentos e inovações.

Francisca Júlia começou a morrer não só porque viveu esse fim de era. Outros sobreviveram, "ressuscitando" nas inovações que foram capazes de fazer. Começou a morrer no reconhecimento interior de que morria, expresso em sua poesia dos

---

8 Cf. Andrade, O Movimento Modernista, Conferência na Casa do Estudante do Brasil, Rio de Janeiro, 1942, in: Maria Alice Milliet et al., *Mestres do modernismo*, p.237.

anos finais da vida e até no desejo da morte, tema de alguns de seus sonetos.

Francisca Júlia indicou, em entrevistas e poemas, a clara consciência da morte social que lentamente a consumia, como intelectual e como pessoa. De artista do primeiro plano, na última década do século XIX, aos 50 anos já se tornara personagem de bastidor, embora todos reconhecessem nela a figura mais notável do nosso parnasianismo.

Ela é uma incógnita como pessoa, mas também evidência da complicada situação social da mulher em sua época, especialmente da situação social da mulher intelectual. A mulher intelectual era considerada uma intrusa, um ser fora do lugar, um descabimento se artista e literata, objeto de deboche, pouco-caso e até mesmo insultos. A documentação de sua biografia contém vários indícios do menosprezo que alcançava a mulher intelectual naquela época. Na verdade, um caso raro de menosprezo relutante em face da alta qualidade poética de sua obra diante da obra daqueles que a consideravam como intelectualmente de somenos.

À medida que fui juntando os fragmentos esparsos das evidências que sobraram de sua vida e me aproximando de uma conclusão diversa da que assumira no momento da partida, que era a dos admiradores e autores convencionais, ficou claro para mim que a poetisa paulista fora autora e pessoa bem diferente da que eu supunha e do que geralmente se diz que ela foi.

Ela não foi apenas personagem de um capítulo da história literária brasileira. O capítulo que lhe coube nessa história só tem sentido se reconhecido como o da personagem de drama e tragédia, a circunstância adversa da poesia e a poesia como conquista feminina da expressão poética, como afirmação, ainda que sofrida.

A biografia de Francisca Júlia documenta de maneira intensa que poesia de mulher naqueles tempos do Brasil ainda arcaico foi instrumento de uma penosa luta de gênero, que começava dentro de casa e terminava nos poucos e restritivos recintos de manifestação da cultura e nas páginas das publicações periódicas que eventualmente abrigassem a palavra da mulher culta. Era a luta pelo espaço de expressão.

Desde seus últimos anos de vida até tempos recentes tem-se dela a imagem da poetisa que ficou bloqueada no apego ao parnasianismo, apesar da tendência simbolista da segunda fase de sua vida, a que começa com a reedição de *Mármores* com o título de *Esfinges*. Ela teria ficado sem condições de acompanhar as grandes mudanças de estilo e de expressão de sua época. Parou pouco antes dos muros da Semana de Arte Moderna que, nas inquietações de seus amigos e admiradores, que dela participariam, teria erguido pétreas barreiras no caminho de puristas do estilo, como ela.

Ao chegar ao final da primeira fase da pesquisa e da primeira e provisória versão deste livro, quando os fatos ganharam lugar e sentido tanto na biografia da poetisa quanto nas rupturas da época, ficou-me claro que a história era bem diversa da do ponto de partida. Não era uma história de declínio, como muitos pretenderam. Mas uma história de dilemas em que se mesclam a circunstância histórico-social e as adversidades da condição da mulher numa sociedade que se demorou nas durezas da família patriarcal. As dificuldades que diferentes autores encontraram para reconstituir a história pessoal da autora e a relação entre essa história e sua obra parecem decorrer da suposta irrelevância de detalhes como os que considero explicativos.

O verdadeiro sentido de sua biografia estava na leitura cronologicamente invertida de sua trajetória, para nela encontrar o apogeu no começo, quando ainda protegida pela família paterna e protegida dos travejamentos a ela exteriores. E não no fim, já casada, e exposta às incertezas de uma vida modesta. A família paterna foi-lhe um nicho protetivo, antes que se casasse, como sugere a entrevista concedida a Corrêa Júnior, em 1916, que reproduzo e analiso mais adiante. O que a limitava era também o que lhe permitia a criação, mas criação sem inspiração, pura forma.

A mulher que, ainda jovem, conquistara com sua arte o cume do Parnaso fora lentamente abatida. Não pela obsolescência estilística e sim pela obsolescência da sociedade que, teoricamente, admitia a mulher na poesia, mas de fato a aprisionava na trama das restrições e limitações do patriarcado. A sociedade que, contraditoriamente, dela esperava poesia de homem. Podia ser intelectual entre as paredes dessa prisão. Francisca Júlia será o documento não da sociedade que explica a poesia, mas da poesia descolada da sociedade. No fundo, da sociedade sem poesia, indiferente à universalidade do poético. A Semana de Arte Moderna, com suas transgressões e ousadias, libertará a arte e a literatura desse cárcere social, como episódio significativo do alargamento da liberdade entre nós.

Francisca Júlia foi dessas emblemáticas figuras das grandes transições históricas cujas biografias são documentais e reveladoras, cujos dilemas e angústias evidenciam o que uma sociedade é e a natureza da própria mudança social que define a circunstância contraditória de sua existência. A maioria de seus contemporâneos foi maleável, disposta à aceitação das transformações sociais e, sobretudo, ansiosa por vê-las cumpridas. Ainda que não fosse para aderir incondicionalmente e sucumbir, mas para construir a crítica e fazer a desconstrução do novo, de modo a compreendê-lo.

Foram adesões conciliadoras, como a de Guilherme de Almeida em seu livro de crônicas, de 1927 e 1928, sobre a cidade de São Paulo, cinco anos depois da Semana de Arte Moderna. O desencontro entre todos os novos e modernos equipamentos que vão chegando à cidade, a partir do final da década de 1920, e os costumes. A postura tradicional do corpo, agora desafiada pelo sacolejo do bonde camarão da Light, propõe a crítica social fundada na ironia.[9]

Pela mesma época, em 1929, Cornélio Pires (1884-1958) lança em disco a "Moda do bonde camarão", que trata do mesmo assunto, com a mesma ironia.[10] Um caipira toma a palavra para descrever os absurdos e os tormentos de uma viagem nos novos bondes camarão, comprados, já usados, nos Estados Unidos. Observador muito atento, Guilherme de Almeida assinala detalhes, como o de que eram veículos para pessoas de outro tamanho. Aqui, os paulistanos cambaleavam no veículo, jogados de cá pra lá, porque não conseguiam segurar o corrimão de apoio: "A nossa raça é mediana", diz ele.

Expressões de uma mentalidade conservadora em face da chegada dos mais agressivos e emblemáticos instrumentos e procedimentos de uma modernidade postiça e estranha ao nosso modo de ser. Uma modernidade que não transforma, que sim-

---

9 Cf. Almeida, *Pela cidade*, p.55.
10 Cf. Martins, *Capitalismo e tradicionalismo*, p.129-47.

plesmente agride. No fundo, mesmo, referida e revelada por um conservadorismo que só tinha sentido como componente da crítica pós-moderna da modernidade superficial.

O café expresso substituíra o tradicional e caipira café de coador. Não só: suprimira o rito dos encontros e da conversação nos cafés, à mesa, agora o café engolido às pressas, de pé, junto ao balcão.[11] *Pela cidade* é um livro de crônicas sobre as perdas significativas da vida moderna em face da sociabilidade antiga de uma cidade que era, em grande parte, adaptação de costumes e fala caipira à vida urbana, revestidos agora de imitações sobretudo do que nos vinha da França. O livro destaca um número extenso de nomes de coisas e de condutas em francês, inglês, alemão, um patriotismo antimoderno embutido nas citações de estranhamento linguístico.

Isso ficou particularmente claro em relação aos intelectuais que se realizaram na Semana de Arte Moderna. Sobreviveram, revendo-se. Oswald de Andrade, que admirou Francisca Júlia, literalmente transformou-se, na maturidade, no oposto do que havia sido na direção de *O Pirralho*, publicação de que era proprietário, na qual a acolheu quando ela vivia os anos finais da vida. Sua posterior objeção ao parnasianismo, quando ela já não vivia, o colocaria em linha diretamente oposta à do formalismo da poetisa, embora ela não fosse a destinatária da crítica.[12] Ele foi respeitoso com os diferentes e teve em relação a ela uma postura cerimoniosa, forma culta do respeito e do apreço.

---

11 Cf. Almeida, op. cit., p.64-5.
12 Cf. Andrade, *Um homem sem profissão*, op. cit., esp. p.125-6.

Ela encontrou dificuldades para vivenciar a mudança e aceitar a nova identidade que a situação social cambiante propunha aos intelectuais, mais intensamente às mulheres. Esses momentos envolvem a ressocialização das pessoas, o abandono parcial ou completo de valores e referências e a aceitação da interpretação de novos valores apenas enunciados na supressão dos fatores de vitalidade dos antigos. Novos valores são construções, expressões da práxis, invenções sociais decorrentes da necessidade social de revestir de sentido o que é novo e ainda desconhecido. E, ao mesmo tempo, necessidade social de reconhecer e compreender os vazios da obsolescência do que dera sentido aos modos de conduta e aos modos de pensar e já não dava.

A literatura tem criado personagens de ficção que personificam as dificuldades de situações como essa, ricas de conteúdo porque permitem explorar dilemas e desencontros que em outras situações não assegurariam a possibilidade de reveladores enredos dramáticos de grande intensidade. Machado de Assis em *O alienista* descrevera a conduta de uma personagem que combina a autoridade dos poderosos do velho regime nas pequenas localidades do interior com o advento da coisificação da pessoa, própria da sociedade moderna que emergia aos poucos.

Algumas vezes, o alienado é o próprio poeta, caso de Paulo Eiró. A seu modo e com as peculiaridades de sua patologia, aparentemente uma doença de família, pois o irmão, padre Casimiro Antonio de Matos Sales, também foi recolhido ao Hospício de Alienados, em São Paulo, e, como ele, ali morreu. O que sobreviveu de sua obra mostra um homem informado por valores políticos e sociais que só se cristalizariam depois de sua morte, como a abolição da escravatura e a República.

Sua insanidade era expressão, ao menos em parte, mais das convenções sociais retrógradas em fase terminal do que propriamente de uma enfermidade mental. O tempo do poeta não era o tempo da sociedade, ele lá adiante e ela lá atrás. Naquele momento, foi definido como louco. Meio século depois, quando muito, seria definido como excêntrico. Em sua loucura havia imensa lucidez, que se manifesta especialmente na peça de teatro *Sangue limpo*.[13]

Se tivesse vivido nos tempos da Semana de Arte Moderna, muito provavelmente Paulo Eiró teria se integrado e teria sido admitido como poeta, dramaturgo e pensador da modernidade, menos pela forma de seus escritos e mais pelos conteúdos que o identificavam com os novos tempos. Em vez de ser internado no hospício da Várzea do Carmo, teria sido eleito para a Academia Brasileira de Letras. Um bom indício do imenso significado do impacto das mudanças sociais na cultura.

A sociedade moderna, basicamente consolidada entre o fim do século XIX e as primeiras décadas do século XX, inspirará obras cuja riqueza literária está justamente nos desencontros subjetivos da grande transição social da época.

Também as ciências sociais têm se interessado por decorrências das mudanças sociais na personalidade de figuras reais de situações sociais bifrontes, como, entre nós, a do índio bororo Tiago Marques Aipobureu. Ele foi duplamente socializado como bororo e como branco na missão salesiana do Mato Grosso. Tornou-se professor, conheceu a Europa. Quando personificava o branco, queria ser bororo; quando personificava o

---

13 Cf. Eiró, *Sangue limpo*.

bororo, queria ser branco. Seu caso foi estudado por Herbert Baldus e por Florestan Fernandes.[14] Eiró estava dividido em relação à sucessão do tempo real pelo tempo possível; Tiago Marques estava dividido pela simultaneidade de tempos sociais desencontrados.

São os casos de dilaceramento da identidade de personagens de carne e osso e nesse dilaceramento cumprem uma função metodológica, sociologicamente reveladora do que é a sociedade que muda. Transição que contém os imensos dilemas sociais e pessoais decorrentes da polarização de referências de pensamento e de conduta.

A biografia de Francisca Júlia tem essas características singulares, as que afetaram sua trajetória intelectual e sua condição de mulher. Em certo sentido, ela é uma personagem de ficção porque ficou enredada nas armadilhas do intransitivo de uma sociedade, para muitos, polarizada entre opostos.

Diferentes características de sua história pessoal mostram que ela não dispunha de um elenco de possibilidades sociais que lhe assegurassem percorrer em paz e criativamente o trânsito de um polo a outro. Que lhe permitisse personificar e vivenciar a fragmentariedade e a incerteza que alcançou a todos, em diferentes graus, na passagem da sociedade do Antigo Regime para a sociedade dos novos critérios de pertencimento e de participação social. O seu, nesse cenário, é um dos casos nítidos de desencaixe social, de anomia, o vivencial descolado do estrutural.

---

14 Cf. Baldus, *Ensaios de etnologia brasileira*, p.92-107; Fernandes, Tiago Marques Aipoburéu: um bororo marginal, in: *Mudanças sociais no Brasil*, p.311-43.

As duas mortes de Francisca Júlia

Longe de ser a figura meramente bloqueada no meio do caminho, como alguns supõem, em seu livro *Mármores* ela se revela a autora da obra sublime do que Péricles Eugênio da Silva Ramos denominou período crepuscular de nossa história literária, que de vários modos é de encerramento de um momento histórico.[15] O reconhecidamente melhor do parnasianismo no Brasil foi, nesse livro, esculpido com letras douradas no mármore demarcatório das distâncias e passagens. Todas as ressalvas, de diferentes autores que a admiraram e dos que a admiram, quanto ao imobilismo de sua história pessoal, são descabidas porque representam o julgamento de um tempo que não foi o seu. Francisca Júlia flutua nesse território do limite, nas delicadezas do Parnaso. Ela insiste na relevância social do estilo como marca de civilização em um mundo e momento em que a relevância do estilo se dilui, para lamentar as perdas da mudança social e cultural.[16]

Compreende-se que alguém que chegou tão alto não quisesse descer ao mundo fragmentário das colagens e incertezas dos tempos modernos, que se anunciavam em meio a reclames de xaropes, poções, vermífugos e dentifrícios. Mesmo a poesia foi capturada e vulgarizada na suposição simplista e popular de que poesia é apenas métrica e rima. Dela se apossou o mundo mercantil e redutivo que se expandia com rapidez, como nesta quadrinha de 1918, em conhecida publicidade de bonde, atribuída ao poeta Bastos Tigre:

---

15 Cf. Ramos, Origem e evolução do soneto brasileiro, Caderno *Cultura*, ano VII, n.428, 1º out. 1988, p.6. *O Estado de S. Paulo*, ano 109, n.34.848.

16 Cf. [Côrrea Júnior], Recordações de uma noite..., op. cit., p.3.

Veja, ilustre passageiro,
o belo tipo faceiro
que o senhor tem a seu lado.
E, no entanto, acredite,
quase morreu de bronquite.
Salvou-o o Rum Creosotado!

Nem Olavo Bilac escapou: fez publicidade do xarope Bromil. Tampouco Monteiro Lobato, com o livreto sobre o Jeca Tatuzinho, que acompanhava os vidros do Biotônico Fontoura, em que fazia propaganda do fortificante e de um lombrigueiro do mesmo laboratório. O verso e o conto mesclados com o que havia de mais vulgar e rasteiro nas populações rústicas e simples, moléstias e incômodos que nos ricos e nos ilustrados nem se manifestavam ou eram ocultados no disfarce e no fingimento. O catarro e as fezes invadem as letras, impostos pelas carências mercenárias da circulação das mercadorias e da reprodução ampliada do capital. Esse não era o mundo de Francisca Júlia.

É, também, nesse sentido que ela se distancia da possibilidade de ingressar não no modernismo da desformação, mas sobretudo no pós-modernismo das colagens desconstrutivas da ordem e do desordenado.

Ser e não ser na incerteza social: a Semana antes da Semana

Participantes de um movimento como o da Semana de Arte Moderna foram não só os que subscreveram os valores ali proclamados. Mas também aqueles que não o tendo feito foram decisivos na consciência e na construção dos antagonismos e objeções da busca e da inovação que nela e dela resultaram. Sem levar em conta a premissa dialética da inovação, as tensões e contradições que lhe dão lugar, a inovação não tem sentido nem é possível. Não é o evolucionismo rastaquera que explica um acontecimento como aquele, que teve mais sentido nas consequências do que nas intenções dos participantes. Nesse sentido, os ausentes também estavam lá.

Pontos de vista de Francisca Júlia e do irmão, Júlio César da Silva, não os afastam radicalmente dos valores da Semana, embora não os façam protagonistas da ruptura e da criatividade que a caracterizou. Quando se quer explicar a Semana é inevitável recorrer antagonicamente a autores como eles. Os da Semana não eram como eles eram, embora Francisca Júlia e Júlio César fossem a mediação significativa das diferenças criadoras pelo desafio e implícito questionamento.

A escultura de mármore a que aludi, uma das primeiras obras do modernista Victor Brecheret, por iniciativa de outros modernistas, com apoio do governo de São Paulo, erguida sobre o túmulo de Francisca Júlia no Cemitério do Araçá, é o mais visível documento de um diálogo que confirma essa presença. Brecheret não conhecia a poetisa pessoalmente, mas um de seus mais parnasianos sonetos, "Vênus", foi o que, tudo indica, o inspirou, ascendeu-lhe o imaginário e ele viu no rigor formal da métrica e da rima do poema indícios da imagem moderna que nele se escondia.

Vênus[1]

(A Victor Silva)

Branca e hercúlea, de pé, num bloco de Carrara,
Que lhe serve de trono, a formosa escultura,
Vênus, túmido o colo, em severa postura,
Com seus olhos de pedra o mundo inteiro encara.

Um sopro, um quê de vida o gênio lhe insuflara;
E impassível, de pé, mostra em toda a brancura,
Desde as linhas da face ao talhe da cintura,
A majestade real de uma beleza rara.

---

1 Cf. *A Semana*, Anno V, Tomo V, número 40, Rio de Janeiro, 5 maio 1894, p.315. Reproduzido em Silva, *Mármores*, p.15-6. Victor Silva (1865-1922), poeta parnasiano, foi contemporâneo de Francisca Júlia, presente em edições que também publicaram poesias dela. Na 2ª edição de *Esfinges*, póstuma, em 1921, o primeiro verso do soneto aparece modificado para "Grave e branca, de pé num bloco de Carrara...". Cf. Silva, *Esphinges*, op. cit., p.35-6.

As duas mortes de Francisca Júlia

Vendo-a nessa postura e nesse nobre entono
De Minerva marcial que pelo gládio arranca,
Julgo vê-la descer lentamente do trono,

E, na mesma atitude a que a insolência a obriga,
Postar-se à minha frente, impassível e branca,
Na régia perfeição da formosura antiga.

Um soneto parnasiano antecipara, nas entrelinhas, traços do *alter ego* de Francisca Júlia, numa concepção modernista de mulher, a que desce lentamente do trono em que fora aprisionada pelo imaginário da dominação patriarcal. Esse descer do trono que Vicente de Carvalho ressaltou na análise que fez da transição poética na obra da poetisa do parnasianismo para o simbolismo, da monumentalidade marmórea do Parnaso para a planície sensível da vida real.[2]

Ela própria, aliás, como mencionei, era crítica do nosso patriarcalismo anacrônico. Nela, a mulher dos tempos modernos, que entre nós emergia, era silenciada por tradições e costumes que faziam da condição feminina uma condição estamentalmente inferior à do homem, do pai, do marido e do próprio filho, como ela mesma disse quase no fim da vida.

Na linguagem peculiar da pedra e da escultura, Brecheret deu forma e visibilidade ao que os críticos do parnasianismo e da obra da poetisa provavelmente intuíram mas não conseguiram ver. Há uma dupla linguagem na polissemia do poema, mais do que a linearidade da convenção poética, a tensão das

---

[2] Cf. Uma carta de Vicente de Carvalho, *A Cigarra*, Anno VI, n.115, São Paulo, 1 jul. 1919, p.4-5.

temporalidades que caracterizava aquele momento de transição e incerteza na arte e na vida.

A *Musa impassível*, do fundo do seu silêncio, presidia, pelo avesso, a criatividade antagônica e desconstrutiva dos rebeldes da literatura e das artes. Se a Semana foi um funeral de estilos e visões de mundo, a parnasianamente impassível musa era o passado que iluminava o futuro que eles supunham e queriam representar de outro jeito, o contraponto inevitável. A densa qualidade e beleza da poesia de Francisca Júlia dava sentido e qualidade à busca que empreendiam. Eles queriam a superação de estilos e de visões de mundo, mas não de qualquer estilo nem de qualquer visão de mundo. Ela era o ser oculto do não ser que com eles nascia. Marco de uma busca porque contrário do que se buscava, que era o brasileiro imaginário da ordem republicana e da modernidade, o incluso Macunaíma que somos desde sempre.

Rever a biografia de Francisca Júlia é rever essa ausência eloquente de quem se foi para permanecer na função contrapontística das personagens ocultas e imprescindíveis, a dos habitantes das entrelinhas de textos e contextos. As que se revelam em miúdas, irrelevantes e fragmentárias referências, como a da musa impassível que quebra impassibilidade e desce do trono.

De certo modo, um jeito de ser mulher numa época em que a mulher era considerada, injusta e descabidamente, um ser adjetivo. Um jeito de alçar-se sobre o abismo das separações que, em outros tempos, pela dominação juntavam, separando. Um modo de colocar o ponto-final na linguagem das reticências.

Adotei, na preparação deste livro, adaptando-o e dando-lhe o que é próprio dos métodos sociológicos, de certo modo, o mesmo método investigativo que Péricles Eugênio da Silva

As duas mortes de Francisca Júlia

Ramos adotou, na introdução pioneira e cuidadosa, para as poesias reunidas de Francisca Júlia, das quais foi editor.[3] E também nas achegas que publicou, mais tarde, para completar o que faltara no livro.[4] Fez um trabalho de detetive na busca de minúcias biográficas que desmentissem as lendas fáceis e descabidas sobre ela, as invencionices que se aproveitavam da "falta de biografia" tão própria dos que vivem à margem dos valores, das concepções e das posições dominantes. Especialmente, alguém como ela, que acabou optando por viver nas sombras de uma sociedade em mudança, que abria âmbitos de acolhimento dos muitos de diferentes origens que a ela chegavam. Mas que, também, abria canais de descarte dos que se perdiam nos meandros da mudança social e nas compreensíveis dificuldades para abandonar modos de ser, de pensar e de se ajustar às novas relações sociais e aos novos significados que continham.

Embora haja lacunas na pesquisa de Péricles Eugênio da Silva Ramos, que se ateve mais ao biográfico do que ao situacional, sua obra libertou a poesia e a história de vida de Francisca Júlia de referências superficiais e mesmo fantasiosas e até estigmatizadoras, como a de um autor que foi objeto de crítica de Ramos, de que ela era alcoólatra. O cuidado de Ramos foi tão longe que ele procurou pessoas que haviam sido vizinhas e amigas da poetisa para esclarecer o fato, tendo obtido desmentido cabal quanto a isso.[5]

---

3 Cf. Silva, *Poesias*, passim.
4 Cf. Ramos, Achegas à biografia de Francisca Júlia, *Suplemento Literário*, Ano Sétimo, n.344, p.4; *O Estado de S. Paulo*, Ano LXXXIV, n.27.097, 24 ago. 1963.
5 Cf. Ramos, Origem e evolução do soneto brasileiro, op. cit., p.7.

Empenhei-me em rastrear a história pessoal da autora e de sua família nos pequenos fatos dispersos. Aqueles que são considerados irrelevantes, ao ver do senso comum, sobretudo os que indicam vínculos e relacionamentos que caracterizavam o pequeno mundo em que ela vivia.

Fiz, em relação a ela, uma reconstituição do que na Sociologia é definido como grupo de referência[6] de determinada pessoa, bem diverso do mundo pressuposto em textos biográficos, quase sempre limitados, no caso dela, ao propriamente poético ou a este ou àquele incidente de uma história de vida.

Uma verificação nas dedicatórias de seus poemas, e nos jornais e nas revistas da época nos quais publicou suas poesias e em que transcorreu e documentou sua existência como intelectual, mostra que tinha ela dois grupos sociais de referência. Um deles, que foi decisivo no reconhecimento de sua alta competência como poetisa erudita e capaz, está indicado nas dedicatórias de seus poemas publicados em jornais e no primeiro livro, *Mármores*. Foi o grupo de colaboradores do jornal literário *A Semana*, editado no Rio de Janeiro por Valentim Magalhães e Max Fleiuss.

Em novembro de 1894, a revista se congratulava por ter sido a primeira a publicar um soneto da poetisa paulista, um dos dois que tiveram o título de "Musa impassível".[7] Na verdade, o primeiro soneto de Francisca Júlia publicado foi "Quadro incompleto", em setembro de 1891, no jornal *O Estado de S. Paulo*.[8]

---

6 Cf. Merton, Aportaciones a la teoria de la conducta del grupo de referência, in: *Teoria y Estructura Sociales*, p.230-83.
7 Cf. *A Semana*, Anno VI, Tomo VI – n.72, Rio de Janeiro, sábado, 16 fev. 1895, p.20.
8 Cf. *O Estado de S. Paulo*, Anno XVII, n.4.955, 6 set. 1891, p.1.

As duas mortes de Francisca Júlia

O grupo d'*A Semana* tinha uma peculiaridade constitutiva: seus parnasianos herdaram os resultados de uma polêmica de poetas parnasianos e simbolistas com os românticos, travada nas páginas do *Diário do Rio de Janeiro*. Em 1941, Jamil Almansur Haddad sintetizou o confronto de maneira objetiva e definiu os expoentes do parnasianismo brasileiro que, querendo ou não, foram os herdeiros do confronto: Olavo Bilac, Raimundo Corrêa (1859-1911), Alberto de Oliveira (1857-1937), Vicente de Carvalho e a própria Francisca Júlia da Silva.[9] Raimundo Corrêa fora amigo do pai dela e frequentador de sua casa em São Paulo, e, ainda na adolescência, ela e o irmão ouviram frequentemente poemas parnasianos. Vicente de Carvalho foi seu amigo, protetor e seu padrinho de casamento.

Vinculou-se ela ao grupo d'*A Semana*, levada, provavelmente, por Garcia Redondo (1854-1916), um dos fundadores da Academia Brasileira de Letras. Nesse sentido, assumiu protagonismo ao tornar-se membro do grupo e nele ao ser reconhecida como a maior figura simbólica do nosso parnasianismo.

Nos seus relacionamentos como intelectual, detectados nessa verificação, veem-se, quase sempre, os mesmos escritores. Seu grupo de referência era um grupo aberto. Há nomes que ali sempre estão. Como há nomes de conhecidos e admiradores, de grande fama, mesmo os de novos autores, que não aparecem entre os de que se tem indícios de maior proximidade. Indicação de que era limitado o rol dos frequentadores da sociabilidade de Francisca Júlia.

---

9 Cf. Haddad, Francisca Júlia e o Parnasianismo brasileiro, *O Estado de S. Paulo*, Ano LXVII, n.22.018, 18 jun. 1941, p.4.

Os dados disponíveis mostram que os escritores paulistas da época tendiam a se aglutinar em grupos relativamente fechados, reunidos por algum fator de identidade. Mesmo que esse fator de identidade fosse sobretudo o da boemia, mesclado com elementos da cultura artística, como a música e a literatura. Foi o caso dos que, de 1917 a 1919, se reuniam na *garçonnière* de Oswald de Andrade na rua Líbero Badaró.[10] No caso dos poetas, os de maior identificação por determinada escola literária, sem muita rigidez, porém.

Penso que consigo mostrar que o mundo de Francisca Júlia era bem outro e bem diverso do das versões costumeiras de sua biografia, eivadas de simplificações e de grandes vazios. Vários dos enigmas de sua trajetória ganham contorno e visibilidade nessas verificações e são os que definem o difuso terreno de sua poesia. Menos como referência temática e mais como preferência e gosto dela própria e de seus leitores.

Seus admiradores admiravam, justamente, como ela, o distanciamento em relação ao real e cotidiano. Sua poesia era um refúgio fantasioso, um modo gozoso de colocar-se ao longe e descobrir que na pobreza cultural brasileira de sua época era possível essa distância iluminadora. O real lhe era incômodo. Mais que isso: entre o real e a poesia havia mediações e mistérios. Para ela, a poesia é obra de arte, visão e invenção, forma e imaginação, inspiração e indeterminação. Já no fim da vida sua poesia ganhará rumo um pouco diferente.

Compreendo que os críticos literários optem pelo recorte biográfico estrito, colado na obra de um autor, como se da própria obra nascessem as informações explicativas do que a obra é e, por extensão, também o são o autor e sua época. Nos últi-

---

10 Cf. Andrade, *Um homem sem profissão*, op. cit., p.160ss.

As duas mortes de Francisca Júlia

mos tempos, a tentação da biografia ideológica do marxismo vulgar e pobre, antimarxiano, em casos assim, omite e deturpa mais do que investiga e explica. Já li textos sobre ela elaborados nessa perspectiva limitante.

Autores são também seres humanos, menos eles mesmos e mais a rede de processos interativos que os definem, que os motivam e, mesmo, como no caso de Francisca Júlia, que os tolhem. Não é impossível que a obra vá em direção diversa da vida de quem a escreve, na busca de uma saída imaginária para a prisão difusa das determinações sociais. A sociedade não é feita só de linearidades e coerências aparentes, mas também e sobretudo de contradições e incoerências. Justamente, por isso, a Sociologia oferece uma perspectiva de compreensão do que ocultamente une e dá sentido ao que parece desordenado e desencontrado.

A poesia de Francisca Júlia pode ser interpretada como significativa expressão da teia de relacionamentos que dela fizeram a pessoa que foi, que demarca o território simbólico do que para ela foi poético na primeira metade da vida e deixou de sê-lo na segunda metade, a poesia expressando, também, o avesso da vida e os mistérios do viver. Seu mundo estava perdendo a poesia convencional que o fizera fantasiosamente belo. O mundo se tornava outro e de outra poesia.

Não é casual que, entre nós, houvesse poetas que, como ela e Batista Cepelos, optaram pelo silêncio da morte enquanto outros optaram pela morte no silêncio, como Zalina Rolim e Presciliana Duarte. Não é pouco que quatro poetas de uma mesma sociedade tenham optado pela morte como expressão de uma época que estava morrendo.

Vicente de Carvalho não achava que ela tivesse optado pela morte nas evidências que aparecem em algumas de suas últimas poesias. Mas que ela esperava a morte.[11] Como uma certeza que a libertaria.

Um mundo que mudava e que por isso morria aos poucos, arrastando consigo atores de sua beleza, gente que não conseguiu ser outro e diferente, como os tempos pediam e impunham. Como conseguiria o irmão de Francisca Júlia, o também poeta Júlio César da Silva, cuja *Arte de amar* é um documento de adesão ao mundo novo. Um mundo de incertezas afetivas que estava nascendo sem autenticidade, nem mesmo no amor, como ocorreu com a própria Francisca Júlia, cujo casamento tardio parece ter confirmado a alienação da poesia feminina de então, divorciada da paixão, como vários notaram, de diferentes modos, em relação a ela e em relação à sua poesia marmórea.

O próprio amor limitado e condicionado pela dissimulação e o fingimento, pela cisão da pessoa, a precedência do casamento em relação ao amor, como recomendava seu irmão, Júlio César:

Casa-te pela razão;
Não queiras para marido
Aquele cujo partido
É o mesmo do coração.

Estuda os passos que dás;
Coração, no fim das contas,
Até no amor anda às tontas,
E razão sabe o que faz.[12]

---

11 Uma carta de Vicente de Carvalho, *A Cigarra*, Anno VI, n.115, São Paulo, 1 jul. 1919, p.5.
12 Cf. Silva, *Arte de amar*, p.89.

As duas mortes de Francisca Júlia

Apesar dessas insinuações, *Arte de amar* é um receituário masculino de época, mais para definir a função subalterna da mulher do que para indicar-lhe liberdade equivalente à do homem de então, libertado pelo esgarçamento da vida reclusa e patriarcal. Mais uma expressão de conservadorismo do que, propriamente, um passo adiante no sentido da emancipação feminina nos termos da própria mulher.

Um manual poético do conformismo para ser retardatária em relação ao homem no mundo moderno em nome da razão. Um outro jeito de ingressar na racionalidade utilitária do mundo moderno. Uma prefiguração da masculinização da mulher na figura de interesseira.

Essa tendência, a de um modo menor e materialista de ser mulher no tempo de Francisca Júlia, ganhou expressão na vivência e na biografia de algumas mulheres brasileiras pertencentes a famílias ricas ou razoavelmente abonadas. Como foi o caso de dona Veridiana Valéria da Silva Prado, grande fazendeira e empresária e, na época, a mulher mais rica do Brasil.

O que pensava da condição feminina em face da dominação masculina expressou-se em algumas situações de sua biografia em que se conduziu sobrepondo a motivação econômica aos valores e obrigações da moral tradicional, cerceadores, que pesavam sobre a mulher.

Em primeiro lugar, separando-se do marido, que também era seu tio, meio-irmão de seu pai, tão logo seus filhos se tornaram adultos e independentes. Também, nos legados que deixou para uma sobrinha já rica e para sua dama de companhia, uma moça negra, a quem deu a melhor educação que uma branca poderia receber, cujas condições foram conselhos relativos à importância do dinheiro para garantir a liberdade da mulher.

É essa ruptura tão singular no padrão do relacionamento entre homem e mulher, que de vários modos ocorria em São Paulo, que justifica a leitura sociológica da relação entre Francisca Júlia e sua poesia. Na mencionada entrevista que deu ao jovem poeta Corrêa Júnior, em 1916, exibe ela uma aguda consciência da condição feminina em São Paulo e das diferenças que nela havia em função da situação de origem de cada mulher:

— Que diz a poetisa sobre a liberdade da mulher na sociedade brasileira?
— Não entendo bem a pergunta. Acho que a mulher, principalmente nos grandes meios como S. Paulo e Rio, goza de muita liberdade. Liberdade de movimentos. Mas a liberdade, tal como a entende a mulher americana, que vai para a rua, para a oficina, para o campo de atividade comercial, competir com o homem, medir-se com ele em capacidade para o trabalho e em aptidão profissional, essa liberdade nunca foi compreendida pela mulher brasileira. Esta continua a ser o que sempre foi: profundamente mulher. Aqui em S. Paulo, as raparigas que trabalham nas oficinas, nos escritórios comerciais, datilógrafas, caixeiras das casas de modas, chapeleiras, costureiras, agenciadoras de anúncios para jornais e revistas, são italianas. A moça brasileira é sempre uma parasita da família. Solteira – parasita dos pais; casada – parasita do marido; viúva – parasita dos filhos. Elas são educadas para exercer, através de toda a vida, esse parasitismo. Os pais não lhes dão uma profissão, não lhes educam as aptidões aproveitáveis para a vida prática. Quando muito, adquirem noções de piano, de dança, de arte de vestir e... seduzir. Ou pouco mais. Não passam de moças prendadas...[13]

---

13 [Côrrea Júnior], Recordações de uma noite..., op. cit.

As duas mortes de Francisca Júlia

Percorro, portanto, o caminho oposto ao dos autores que têm se interessado pela obra da parnasiana paulista. É o caminho que me leva às descontinuidades explicativas, aos desencontros tão marcantes na vida de Francisca Júlia, que desenham desde cedo a possibilidade do fim trágico, o de sua morte, em 1920. Fim que consuma a trajetória da poesia impossível quando as determinações sociais antipoéticas invadem e bloqueiam a expressão artística e a indeterminação necessária à liberdade de criação.[14] Coisa que ela recusou na primeira metade de sua vida, a que foi dominada pelas glórias de seu primeiro livro, *Mármores*.

Se a obra de um poeta não se explica por determinações situacionais, tampouco se explica pelas gratuidades do acaso,

---

14 Sigo a reflexão sociológica de Karl Mannheim. Referindo-se à "intelligentsia", ele assinala que "um exame mais cuidadoso das bases sociais dessa classe especialíssima demonstrará que não é tão claramente identificada com uma classe como as que participam diretamente do processo econômico". E, também: "Esta visão experimental, incessantemente sensível à natureza dinâmica da sociedade no seu conjunto, não poderá ser desenvolvida por uma classe que ocupe uma posição intermediária, mas sim por uma camada relativamente sem classe e não situada na ordem social de maneira demasiadamente firme". Cf. Mannheim, *Ideología y Utopía* (*Introducción a la sociología del conocimiento*), p.136-7. Em outro texto, Mannheim observa: "O nascimento da 'intelligentsia' assinala a última fase do crescimento da consciência social. A 'intelligentsia' foi o último grupo que adquiriu o ponto de vista sociológico, pois sua posição na divisão social do trabalho não lhe proporciona um acesso direto a nenhum segmento vital nem funcional da sociedade". [...] Os intelectuais: "Descobrem que não tem nenhuma [identidade social] e chegam a ser vivamente conscientes disso". Cf. Id., *Ensayos de Sociología de la Cultura*, p.150, 152.

por episódios folclóricos e anedóticos. Coisa descabida que alguns fizeram com Francisca Júlia, cuja elaborada e competente poesia pedia e pede, no mínimo, o respeito de considerá-la à altura de sua obra. A intelectual Francisca Júlia não é uma filha do acaso nem filha do atrevimento da mulher que se tornou a grande poetisa que foi e que, no entanto, na perspectiva dos intelectuais de sua época, não deveria ter sido, não tinha o direito de sê-lo.

Alguns meses depois de sua morte, *A Cigarra* publicou um artigo não assinado, provavelmente de Gelásio Pimenta, diretor da revista, em que comentou a discriminação de que fora vítima em vida, unicamente por ser mulher:

> Tempo houve, e não há muito, que às mulheres, no Brasil e principalmente em S. Paulo, era quase proibida a cultura das letras, sob pena de arrostar o ridículo, tornando-se alvo da troça. Francisca Júlia, já então com sua cultura feita, publicou o seu primeiro livro, há precisamente trinta anos, e não faltou quem lhe negasse talento e toda classe de mérito. Dentre os que a atacaram, sobressaiu, pela violência e pela tenacidade da campanha, o escritor muito conhecido que a aconselhava, amiúde, a abandonar a poesia, para a qual, decididamente, não tinha nenhum jeito, e retomar as tarefas que lhe cumpriam, como os trabalhos de agulha, mais próprios, por certo, do seu sexo.[15]

Para compreendê-la, as conexões de sentido devem ser buscadas tanto no que é propriamente causal quanto no contraditório e

---

15 Cf. Uma poetisa, *A Cigarra*, Anno XL, n.209, São Paulo, 1 jun. 1923, p.25.

no descontínuo. Cada pessoa tem sua própria história, ainda que referências comuns a muitos e até a todos nos digam que sociologicamente um eixo identitário junte as pessoas de uma mesma sociedade num perfil comum: língua, visão de mundo, condição social, costumes. E, ao mesmo tempo, o que junta abre abismos, distâncias, descolamentos, descontinuidades próprias da totalidade de referência pressuposta nas explicações que reconhecem e desvendam o sentido mesmo para o que é disperso e desatrelado.

Isso pode ser visto na família de Francisca Júlia. Seu irmão, poeta, um pouco mais jovem que ela, viveu na mesma casa e foi exposto às mesmas influências e condições sociais no momento formativo da vida de ambos. No entanto, a poesia de um e a de outro não seguem o mesmo figurino e seu teor social é diverso.

Evito o caminho fácil e equivocado, das tentações de hoje, de debruçar-me sobre o tema na perspectiva pobre de situar a autora nos limites de uma pretensa teoria das classes sociais e das supostas determinações de classe das histórias pessoais. A poesia não se explica por esses estreitamentos interpretativos, sobretudo na sociedade brasileira de um momento de rupturas profundas e transições, como aquele.

Constituída por uma diversidade de estruturas desencontradas, mais fortes nas referências de uns e menos significativas nas referências de outros. Em casos assim é melhor evitar a armadilha antissociológica da reificação conceitual e da simplificação histórica.

Numa cidade como a São Paulo dessa época, de anulação de modos de ser, não é incomum encontrar-se biografias de pessoas que receberam dupla ou tripla desencontrada socialização, o que as dotava de personalidades que se alternavam conforme a circunstância e a situação social de diferentes momentos, mesmo do cotidiano. O que Peter Berger (1929-2017) definiu como "alternação biográfica".[16] Não é este, pois, um livro de sociologia da literatura, mas de sociologia da biografia. Tomo como referência a peculiaridade de uma pessoa que se expressava sobre a vida por meio da poesia, de elaborada visão estética do mundo, ainda que, na fase inicial e áurea de sua vida de poeta, distanciada da dimensão fenomênica da vida cotidiana, o que é sociologicamente rico e desafiador.

No entanto, a poesia de Francisca Júlia não floresce do nada, mas da circunstância que dá sentido aos fatos de sua vida e à rebuscada e bela arquitetura de seus sonetos. Como já disse, não falo numa concepção determinista de circunstância social e histórica. Porque concretamente a situação social de poetas, de artistas, de escritores se propõe num conjunto de mediações que não favorecem qualquer causalidade visível em relação à respectiva obra.

Justamente aí é que se pode encontrar o nexo sociológico entre a obra e a situação social de uma autora como ela e de seu grupo de referência: o da indeterminação. Seu refinado parnasianismo só era possível no marco dessa indeterminação, que lhe permitiu a erudição desvinculada, a cultura erudita livre para buscar e encontrar seus autores mais talentosos.

No fim das contas, é a poesia que engendra o poeta. Razão pela qual, quando a poesia e o poeta se desencontram, aí sim, por fatores sociais e por fatores subjetivos, o silêncio acaba

---

16 Cf. Berger, *Perspectivas sociológicas*, p.65-77.

sendo inevitável. Porque é nele que a sociedade se manifesta, no indizível, na falta de palavras que digam o vazio, o desencontro, a desarmonia. Em suma, a linguagem pobre da vida pobre, contida, reduzida ao repetitivo, a vida sem imaginação. A vida comum e cotidiana como vida impoética.

O delicado tema das referências sociais que situam e explicam a obra de um poeta foi analisado por Roger Bastide (1898-1974), em 1943. Tratou-o em relação à obra de poetas negros brasileiros, no geral da mesma época de Francisca Júlia, sobretudo a partir do início do século XX. Quando veio para a Universidade de São Paulo para assumir a Cátedra de Sociologia, nos anos 1930, veio motivado pela pesquisa e desvendamento do que, à luz de sua obra, se pode chamar de estruturas sociais profundas da sociedade brasileira.

Ele já vinha fazendo essa busca na França, no estudo sociológico da relação entre religião e literatura. Seu primeiro curso na USP foi justamente sobre Sociologia e Psicanálise.[17] O que bem esclarece a motivação de seus estudos sobre o negro, um grupo humano em que a religião de origem abriga "potências interiores" e "forças hereditárias": "O consciente não exorciza com facilidade estas multidões de ancestrais clamando contra nós...".[18] A temporalidade da memória é diversa da temporalidade cotidiana, pois retém referências de outras idades, quase sempre ocultas à consciência imediata de cada um, dissimuladas na consciência coletiva.

Nesse sentido, eu não trataria a poesia de Francisca Júlia como obra desenraizada nem como obra desencarnada, mas

---

17 Cf. Bastide, *Sociologia e Psicanálise*.
18 Cf. Id., *A poesia afro-brasileira*, p.7-8.

como expressão dessas estruturas sociais profundas. Por isso mesmo, de certo modo poesia do aparentemente indeterminado. Desenvolveu Bastide um método para estudo das referências sociais da obra literária, as do nexo entre a cultura de origem do autor, a mentalidade própria dessas referências e a obra propriamente dita. A mentalidade como persistência do remoto e duradouro. As referências inconscientes do presente como memória coletiva, ainda que difusa e indeterminada. Os sonhos como expressões dessa memória contrapontística e perturbadora, no entanto ativa.[19]

Francisca Júlia e sua família, como tantos outros na São Paulo da época, viveram uma modalidade de transição sociologicamente parecida à da análise de Bastide, ainda que do ponto de vista antropológico fossem completamente diferentes. No caso dela, uma transição de ruptura com a sociedade dos tempos iniciais da respectiva biografia. Um apagamento das referências de conduta, lentamente inutilizadas pelas transformações sociais.

Como mostrarei mais adiante, na crise dos anos finais de sua vida, Francisca Júlia tinha sonhos que a atormentavam, o que a fazia supor-se médium, seu modo de lidar com o inconsciente coletivo que nela se manifestava em face das perturbações próprias da mudança social intensa. Tinha medo do seu eu profundo e desconhecido. Sua educação doméstica racionalista a dividira e bloqueara como pessoa. Na vida madura, buscava uma saída religiosa, uma conciliação que acomodasse os reclamos e carências de um proibido inconsciente coletivo que a tolhia.

---

19 Cf. Id., Sociologia do sonho, in: Caillois; Grunebaum (orgs.), *O sonho e as sociedades humanas*, p.137-48.

As duas mortes de Francisca Júlia

A principal constatação de Bastide foi a de que o negro, na poesia, se nega como negro porque não é depositário de uma cultura pura de origem. Não pode, pois, deixar de exprimir em sua literatura as mediações da assimilação na sociedade de adoção, a mentalidade que corresponde à circunstância do exílio de sua raça, a mentalidade do branco. O que ele chama de nostalgia do branco.[20] Encontra evidências dessa brancura na obra de autores como Cruz e Sousa (1861-1898) e mesmo na de Luiz Gama (1830-1882). Deste, encontro no poema "No Cemitério de S. Benedito da cidade de S. Paulo" um bom exemplo da brancura milenarista contida nas inversões promovidas pela morte, a punitiva metamorfose do opressor em seu contrário:

>Aqui não se ergue altar, ou trono d'ouro
>Ao torpe mercador de carne humana,
>Aqui se curva o filho respeitoso
>Ante a lousa materna, e o pranto em fio
>Cai-lhe dos olhos revelando mudo
>A história do passado. Aqui, nas sombras
>Da funda escuridão do horror eterno,
>Dos braços de uma cruz pende o mistério,
>Faz-se o cetro bordão, andrajo a túnica,
>Mendigo o rei, o potentado escravo![21]

Nessa inversão, que põe o escravo no lugar do senhor, a sociedade continua a mesma, escravo e senhor em posições sociais apenas trocadas na perpetuação do mesmo, a sujeição como

---
20 Ibid., p.90-1.
21 Cf. Gama, *Trovas burlescas e escritos em prosa*, p.129.

regra universal do sistema, não obstante a troca da posição social de um pela do outro. Mudou a posição social dos atores, mas não mudou a estrutura social, nem a opressão estruturante da desigualdade. Por isso, em sua sociologia do afrodescendente, é essencial em Bastide a gradação cromática que vai de negro puro, a mulato claro, a branco puro. Indicações de níveis de distância social em relação à África ancestral. Há na sua análise observações que definem um quadro de referência essencial para compreender o percurso de sua análise sociológica:

> Foram os escritores brancos que descobriram a poesia da África, no Brasil, que cantaram as misérias da senzala, o patético dos navios negreiros, que puseram nos seus versos a canção dos trabalhadores de cor nos campos ou a embriaguez das filhas de santo possuídas por divindades bárbaras. Salvo raras exceções, os poetas de origem africana parecem ter esquecido seus antepassados e, a julgarmos as suas produções apenas pelos assuntos nelas tratados, parecem nada ter de realmente original. Mesmo os poucos que falaram do passado de sua raça não o fizeram senão tardiamente, depois dos brancos, e sem acrescentar nada de novo ao que os brancos já tinham achado.[22]

Há aí um branqueamento imaginário de que a negritude é um resíduo. Bastide entende a variação de intensidade desse branqueamento tendo em conta o quanto há de sangue africano em cada poeta. Não que o autor trabalhe com pressupostos biológicos e raciais. A referência ao sangue é relativa à proximidade

---

22 Cf. Bastide, op. cit., p.129.

As duas mortes de Francisca Júlia

e à distância sociais do poeta em relação a seus ancestrais africanos e também escravos.

O método de Bastide ajuda a situar e a compreender a obra de Francisca Júlia, basicamente porque a referência mais profunda de sua biografia é, também, a da autora em situação de transição entre estruturas sociais, na fratura decorrente da abolição da escravatura que suprimiu as bases da sociedade tradicional e estamental. Ou, como o próprio Bastide sugere, em relação ao negro, a supressão da raça como referência pelo advento de uma nova referência, que ele típico-idealmente considerava como já sendo propriamente a de classe social.

O negro poeta, a seu modo, viveu essa transição. A branca poeta foi discriminada e estigmatizada em razão do gênero, como o negro o foi em razão da cor. Cada qual, a seu modo, a viveu como incerteza e indefinição. Nessa perspectiva, a impassibilidade poética do parnasianismo de Francisca Júlia pode ter sido busca e refúgio. Expressão de uma situação social originária em que se perdera na realidade social de adventícia, alterada em relação ao que fora a sociedade anterior. Também em sua obra não se vê o fosso da ruptura absoluta. Na fase poética representada por *Esfinges*, a mesma poesia sob perspectiva diversa, a segunda e última fase de sua vida, o mundo novo invade seu imaginário e rompe as proteções formais de sua consciência: ela se vê como o ser duplo da modernidade, o sonho é um pesadelo.

Embora Bastide não lhe faça referência expressa, seu estudo sobre a poesia afro-brasileira percorre, metodologicamente, uma via oposta à de Araripe Júnior (1848-1911), crítico literário do final do século XIX, que vê na poesia brasileira dessa época um momento de possível identificação de poetas e obras com os fatos históricos. No calor da hora dos acontecimentos, tensões e conflitos relativos aos desdobramentos da proclamação da República, há nele a expectativa de uma relação de certo modo linear entre a literatura e a sociedade, "uma conjugação poderosa com o mundo ambiente".[23] Constata que o impacto social da revolta de 1893, que atingira em cheio a cidade do Rio de Janeiro, foi pequeno, a população tocando sua vida cotidiana sem que a convulsão política e militar e os bombardeios tivessem alterado sua rotina.

Mesmo na literatura, "esse *modus vivendi*, tão original, tão pitoresco, não soube inspirar a nenhum poeta uma estrofe vibrante, a nenhum prosador uma página sugestiva...".[24] Vê na crise política a condição da gênese do que chamou de Movimento de 1893. Base de um esboço de movimento literário que quebrasse as limitações formais impostas pelo romantismo e pelo parnasianismo, neste caso, expresso na obra dos poetas impassíveis, como Francisca Júlia. No entanto, refere-se elogiosamente à poetisa paulista, que publicava seus primeiros sonetos em jornais e revistas.[25]

Aparentemente, entre nós, apenas as grandes referências históricas têm sido consideradas apropriadas para situar e compreender a relação entre autor e obra literária. À medida, porém, que a vida social se transformou, a partir do fim da escravidão, com a pluralização da sociedade e o alargamento do campo dos pertencimentos socialmente significativos, outras dimensões da realidade passaram a dar origem e sentido a novas modalidades de biografia intelectual.

---

23 Cf. Araripe Junior, *Movimento de 1893*, p.87.
24 Ibid., p.5.
25 Ibid., p.65.

As duas mortes de Francisca Júlia

O caso de Francisca Júlia, ainda que tormentoso e talvez por isso mesmo, é documento de uma nova possibilidade biográfica, própria daqueles tempos novos e desafiadores. As mulheres emergem como sujeitos, divididas entre os desafios do possível e o fardo da sociedade tradicional que teimava em pesar-lhes sobre os ombros. A sociedade brasileira dessa época, entre a República e a Revolução de Outubro de 1930, não foi generosa com elas.

Nesse sentido, há um conjunto de pequenos fatos situacionais e pessoais que podem ser decisivos, em perspectiva diversa da que tem sido adotada no caso, para compreender a relação entre a biografia e a obra da poetisa paulista. Fatos que nos ajudam a repensar a circunstância decisiva de sua obra e seu lugar em nossa história literária. Uma biografia com várias incógnitas, a maior das quais a do seu suicídio, em 1920, durante o velório do marido, depois de anos de sofrimento vitimado pela tuberculose. E a não pequena incógnita de que, a filha de uma família sem expressão econômica, que vivia nas bordas do propriamente urbano e culto, tenha se tornado e sido reconhecida como o maior nome de uma corrente literária e da própria poesia no Brasil. Era o que talvez se pudesse esperar de quem tivesse crescido à sombra das possibilidades do ócio culto, que não era o seu caso.

Francisca Júlia foi a mais estranha das poucas mulheres intelectuais de seu tempo. Há em suas atitudes e em sua obra certo inconformismo. No meu modo de ver, é o que explica seu parnasianismo, uma poesia de fuga, desenraizada, e a crise expressa no reordenamento estético de sua obra com a publicação de *Esfinges* – como disse antes, uma poesia de busca. O rigor formal de sua poesia adulta como expressão de uma consciência crítica do não ser da sociedade brasileira, sua desordem, suas imperfeições. Por essa época, significativamente, um escritor de orientação conservadora, Alberto Torres (1865-1971), referia-se ao tempo da escravidão como sendo o tempo em que tínhamos ordem.[26] Estamentalmente, cada qual no seu lugar ou, no conservadorismo popular e nheengatu, "cada quá com seu picuá".

A obra de Francisca Júlia não é um luxo descabido em sua época, como alguém indevidamente já supôs. Como se às pessoas estranhas ao círculo dos abonados e poderosos fosse vedado o refinamento literário e artístico, como se o culto do belo fosse alienação e traição de classe. Como se os comuns e os simples não tivessem competência para o poético, o literário, o artístico. Na verdade, a busca da beleza e da erudição, na arte e na literatura, é consciente traição à burrice e à ignorância. Na tradição propriamente marxiana, para quem vai por aí, traição de classe é o simplismo e o conformismo da alienação. A luta de classes só o é como luta contra a alienação, é luta para ter acesso a tudo que emancipa das carências materiais e espirituais das sociedades da iniquidade.

Tentar entender a poesia de uma autora como Francisca Júlia por meio de supostas determinações de classe e definir o parnasianismo de sua poesia como um luxo de elite é negar o possível que a correta análise dialética propõe e revela. Ir por aí pressupõe uma sociedade que ainda não existia plenamente configurada no tempo da poetisa, a sociedade de classes. Diferentemente da hipótese de Bastide em relação ao negro liberto, para quem essa

---

26 Cf. Torres, *O problema nacional brasileiro (Introdução a um programa de organização nacional)*, p.11.

As duas mortes de Francisca Júlia

sociedade apenas surgia, ainda refugiada nas contradições do escravismo. A referência causal à sociedade de classes leva a uma busca equivocada de determinação social numa sociedade que vivia seu mais intenso momento de indeterminação.

Ou, como ocorreu com ela, na conferência que fez sobre feitiçaria, em Itu, em 1908, quando se mostrou, quando muito, apenas incomodada pela memória branca da escravidão negra. O negro como insuficiência cultural, como insuficiência de consciência branca da vida e da sociedade. A expressão "negro de alma branca", comum na época, dá bem a indicação da dinâmica do preconceito racial, que se adaptou à nova circunstância social da escravidão abolida, e nem por isso culturalmente suprimida, e da igualdade meramente jurídica de negros e brancos.

Francisca Júlia nascera ainda no tempo da escravidão e já fazia poesia antes de a escravidão ser legalmente extinta. Pressupostos de classe social numa situação histórica que é outra distorcem a realidade e transformam a análise em mera e descabida ficção. Como se nela a poesia não fosse uma necessidade de expressão da sociedade que nascia dividida entre orientações sociais desencontradas, tempos superpostos, sem identidade precisa e definida. É busca de sentido e estilo na suposição de uma sociedade inexistente naquela que era outra e fora desfigurada pela escravidão que já não tinha sentido.

Por outro lado, aquela era uma época em que grandes nomes da literatura ainda dependiam da sociabilidade de salão, mesmo como pessoas adjetivas e vicárias, para ter público e dar a conhecer suas obras. E, desse modo, tornarem-se membros do que se poderia chamar de uma comunidade de intelectuais, pessoas que tinham um entendimento peculiar do mundo, ainda que perfilhando diferentes estilos de expressão. Como observou Antonio Candido, numa sociedade de analfabetos, como aquela, a sociabilidade da comunicação oral dos letrados era decisiva na difusão de suas obras literárias, mesmo quando se dirigiam aos seus iguais, as pessoas cultas.[27]

Ao que parece, também para dizer o novo numa sociedade impregnada de passado, mesmo na sociabilidade dos salões. Um novo cauteloso e restrito aos que tinham acesso às fontes das novidades, os que passavam temporadas na Europa, os que viajavam. Emblemático foi o caso de Oswald de Andrade. Não raro, o novo dessas novidades era um novo conciliador, não o novo revolucionário de uma nova e radical visão de mundo. Novo de uma colcha de retalhos de ideias, trajes, costumes, objetos domésticos, posturas corporais, sotaques. Uma colagem por meio da qual construíamos as referências por onde nos estranhávamos, nos desconhecíamos, nos inventávamos. Pelas quais, em vez de sermos, apenas não éramos o de sempre. Preâmbulo da busca de nós mesmos no desconforto desse estranhamento. Pórtico da híbrida Semana de Arte Moderna.

Não obstante a cultura de salão das famílias ricas e cultas da São Paulo da época ter características distintivas de origem pré-moderna e elitista, há muitas indicações da sua disseminação em outras categorias sociais, desde a classe média emergente até ex-escravos que também se redefiniam socialmente nas referências da nova estrutura social. Entre nós, a cultura de salão de certo modo se manifestou além dos limites restritivos das elites, por imitação, como meio de ascensão social e

---

27 Cf. Candido, *Literatura e sociedade* (*Estudos de teoria e história literária*), p.96.

de estabelecimento de marcos de diferenciação social. A disseminação da apenas nascente sociedade de classes não pode ser compreendida na pobreza antissociológica da explicação economicista.

As mentalidades e os comportamentos não são expressões mecânicas da situação de classe. No âmbito do fenomênico, esse modo de conceber as relações sociais é pré-capitalista e expressa a mentalidade da sociedade estamental pré-moderna e de sociedades como a sociedade escravista. A sociedade de classes é a sociedade que se caracteriza por um enriquecimento da trama de mediações sociais que diversificam e embaralham mentalidades e condutas. Os protagonistas da Semana de Arte Moderna imitavam o povo, pressupunham um povo imaginário, que não era de carne e osso, embora fosse real à luz do que intelectuais rebeldes e insubmissos podiam ver e compreender. Aproximavam-se de um povo imaginário na quebra dos marcos demarcatórios da radical separação social que nos fora legada pela escravidão e pelo estamentalismo persistente que com a escravidão se mesclara.

Um bom exemplo desses desencontros é o rumo diverso que a música caipira, como referência e inspiração, teve na obra erudita de Alexandre Levy (1864-1892) e de Villa-Lobos (1887-1959), de um lado, e na obra popular de Cornélio Pires e de Raul Torres (1906-1970), na chamada música sertaneja, de outro. Desde o final do século XIX, as barreiras culturais e sociais de confinamento da variedade de usos do que era propriamente a música caipira começaram a ser rompidas. Música mameluca de origem missionária, às vezes mesclada com influências negras, pela via erudita ou pela nova cultura popular pós-escravista, começou a ganhar o apreço de pessoas cultas, as mesmas que se interessavam pelas renovações da literatura brasileira. Ou de pessoas de cultura mediana que ansiavam por meios de integração na sociedade brasileira, como os imigrantes. Destacados nomes da música sertaneja eram filhos de espanhóis, italianos, árabes.

Nem os assalariados formam uma categoria social homogênea, eles próprios atentos às muitas sutilezas situacionais que lhes possibilitam tanto a conduta convergente quanto a divergente. Essa é a novidade da sociedade de classes.

Quando as sociedades mudam e se transformam, fazem-no construindo a nova sociedade, inventando formas, procedimentos e até mesmo tradições. A cultura de salão no Brasil foi uma invenção de tradição. Nem por isso foi um meio de adesão ao modo de ser e de pensar da parcela culta da elite. Foi, também, meio de diferençar e antagonizar, discordar e desconstruir. Ou meio de elaboração e afirmação de identidades particulares e segmentárias. A sociedade de classes, entre nós, nasce sociologicamente como transformação, mas também como diversificação, nasce para ser heterogênea e não para ser dualisticamente homogênea nem radicalmente hierárquica.

Francisca Júlia esteve afastada, provavelmente arredia, dos salões chiques dos letrados bem de vida, recintos do exibicionismo estamental de uma elite que copiava e importava padrões europeus da vida requintada de fim de época. Mas nem por isso, na própria casa de seus pais, ainda no bairro de Santa Ifigênia, antes do fim do século XIX, deixava de haver tertúlias literárias com a participação de escritores que se tornariam notáveis e renomados. Coisa modesta da sociabilidade da baixa classe média que se esboçava nos interstícios da grande diferenciação social que nascia da agonia da escravidão e da imensa e

As duas mortes de Francisca Júlia

concentrada riqueza gerada pelo café. Foi ali que sua cultura literária se desenvolveu, conforme o testemunho de seu irmão.[28]

No mesmo bairro em que ela morava no fim da vida, na Liberdade, e quando ela ainda vivia, um antigo e culto escravo da antiga Fazenda de São Caetano do Tijucuçu, no subúrbio de São Paulo, libertado em 1871, Nicolau Tolentino Piratininga (1855-1929), promovia em casa encontros literomusicais, caso de um que os jornais definiram como "*soirée* artistico-literária", em junho de 1916, sábado, dia de São João. Membros de sua família e amigos, quase todos descendentes de escravos, reuniram-se em sua casa e um grupo, só de mulheres, apresentou a peça *A ceia dos cardeais*, de Júlio Dantas (1876-1962). Seguiram-se peças musicais para piano e flauta e a leitura de poemas. Nos intervalos foram servidos sanduíches e iguarias e ao final do encontro, uma farta ceia.[29] Nicolau Tolentino nascera escravo, em 1855, numa família de escravos do Mosteiro de São Bento, desde 1700 vivendo nas senzalas e trabalhando na mesma Fazenda.[30]

Ainda que socializada nas tertúlias de sua família, Francisca Júlia era estranha aos cenários de ostentação dos palacetes, dos que não dissociavam o ser do parecer. Toda sua biografia é uma história de modéstia e recato. É significativo que sua segunda obra, *Livro da infância*, de 1899, destinado a crianças, tenha os pobres e os simples como personagens frequentes dos contos

---

28 Cf. O momento literário XVII – Júlio Cesar da Silva, *A Gazeta*, Anno XXVI, n.7.699, São Paulo, 3 out. 1931, p.2.
29 Cf. Sarau artístico, *Correio Paulistano*, n.19.021, 26 jun. 1916, p.2.
30 Cf. Martins, *Diário de uma terra lontana (Os "faits divers", na história do Núcleo Colonial de São Caetano)*, p.249-50.

e poemas, mesmo que em cenários míticos e distantes do que era o mundo dos pobres em nosso país. Era, dos seus livros, aquele com que mais se identificava.[31]

De certo modo, para ela, a crua verdade da vida não era propriamente brasileira e à criança deveria dirigir-se o educador no marco do mundo clássico e, sobretudo, da mais rigorosa observância da língua portuguesa e da linguagem. Seus dois livros para crianças repelem o vulgo. Mesmo na descrição do lugar de moradia de um caboclo, transfigura o que seria próprio da linguagem nativa: "O aleijadinho morava no meio de uma floresta numa velha choupana coberta de telhas de zinco com seu pai, que há muitos anos gemia no fundo do leito, entrevado pela enfermidade".[32] Floresta no lugar de mata, choupana no lugar de rancho, zinco no lugar de sapé. Mesmo no conto "A Iara", de temática indígena, o enredo é completamente desenraizado.

Em toda sua poesia, os cenários e paisagens são míticos. Quando adquirem concreção, é o próprio de outra geografia que não a nossa. Vários de seus invernos tem neve, são sombrios, não são apenas frios e até ensolarados como os nossos. O que não chega a ser uma peculiaridade de sua alienação. Pela época em que publicou seu primeiro livro, chegavam ao Brasil o Papai Noel e a Árvore de Natal e até mesmo a neve postiça. Deixávamos de ser o que achávamos ter sido desde sempre.

Se a beleza formal da poesia de Francisca Júlia e a ênfase na forma, em seus poemas, expressam desenraizamento e desconexão quanto à realidade do país, ela não estava sozinha. Nesse

---

31 Cf. [Côrrea Júnior], Recordações de uma noite..., op. cit.
32 Cf. Silva, *Livro da infância*, p.92.

sentido, o que importa saber é o que havia de singular em sua poesia, em relação à cultura mercantilizada de importação, que não era a sua e que ela não perfilhava, como se vê em sua crítica social no poema sobre a boneca de louça, que analiso adiante. Uma advertência no prefácio do Editor de *Alma infantil*, livro em coautoria dela e do irmão Júlio César, de 1912, nos diz:

> As nossas escolas do Estado estão invadidas de livros medíocres. A maior parte deles são escritos em linguagem incorreta onde, por vezes, ressalta o calão popular e o termo chulo. Esses livros pois, em vez de educar as crianças, guiando-lhes o gosto para as cousas belas e elevadas, vicia-as desde cedo, familiarizando-as com as formas dialetais mais plebeias.[33]

Ainda que distante dos recintos da elite, era ela formalmente mais radical no elitismo da forma literária, do rigor da língua e das referências culturais. Nas duas obras de poesias didáticas, Francisca Júlia, num caso, e ela e Júlio César da Silva, noutro, expõem um ponto de vista comum a ambos sobre o que a sociedade deveria ser, na concepção que têm de como deveriam ser educadas as crianças, tanto no rigor da língua quanto nos valores de orientação de sua socialização. A poesia como instrumento didático de um grande conflito com a cultura popular e a sociedade nativa, mestiça na composição e na linguagem. O mundo adulto das pessoas cultas, o mundo esteticamente elaborado das grandes fabulações míticas, distante do real do país e do seu cotidiano, era o modelo proposto, o grande fator

---

33 Cf. Silva; Silva, *Alma infantil*, p.8.

José de Souza Martins

do desconforto que Francisca Júlia carregou consigo ao longo da vida, como mulher sociologicamente "fora do lugar".

Ainda assim, o mundo do tempo da poetisa era um mundo de dissensos que se encaminhava para a convergência entre a arte e a vida, entre o erudito e o popular, entre a história e o cotidiano. O mundo que se proporia ritualmente na Semana de 11 a 17 de fevereiro de 1922, a Semana de Arte Moderna. Basta examinar o elenco de nomes e modos de pensar dos protagonistas da Semana para constatar sem dificuldade que ela fora antecipada em muitos autores, atividades, ações e obras desde o final do século XIX. Inovações da Semana já lhe eram anteriores. Em São Paulo, a poesia já era declamada em público, um suposto atributo da Semana, pelo grupo que, entre outros, teve Júlio César da Silva e sua irmã Francisca Júlia como participantes. Não era uma inovação da Semana. Mesmo destinando-se as conferências, sermões, leituras da sociedade tradicional a pessoas cultas e letradas.

Na Semana e em seus desdobramentos não se pode deixar de reconhecer, como opostos, influências de obras precursoras, as do regionalismo de Otoniel Mota (*Selvas e choças*, 1927), de Valdomiro Silveira (*Os caboclos*, 1920), de Amadeu Amaral (1875-1929) (*O dialeto caipira*, 1920) e de Cornélio Pires (*As estrambóticas aventuras de Joaquim Bentinho*, 1924). Mário de Andrade, de modo próprio e diferente, foi significativamente sensível à informação antropológica contida em obras como essas. Influência temática numa busca estilística, no tratar o mesmo de modo diferente. Aprofundamento da construção de uma identidade brasileira pós-escravista.

Modernistas e não modernistas eram autores que já se encontravam nas mesmas publicações periódicas, escrevendo para um mesmo público que, aparentemente, ansiava pelo moderno, mas no marco de valores do conservadorismo em que foram educados. Na música, especialmente na "Suíte Brasileira", de 1890, Alexandre Levy antecipa aspectos da obra de Villa-Lobos, através de temas musicais tradicionais e populares. Antecipação que pode ser notada na obra de um precursor menos conhecido, o violeiro Pedro Vaz, fluminense, primo do poeta romântico Fagundes Varella (1841-1875), que se apresentou em São Paulo na noite de 13 de outubro de 1887, no Theatro Provisório, da rua Boa Vista. E também, em teatros de cidades do interior.[34]

Alguns nomes que aparecem com frequência nos mesmos jornais e revistas em que Francisca Júlia e seu irmão publicavam frequentavam as páginas de *O Pirralho*, de Oswald de Andrade. Tudo, portanto, em princípio, distante de rupturas radicais e desagregadoras. Embora o tempo acabe mostrando que a Semana inauguraria uma datação da obra de arte, estigmatizando o que a muitos parecia conformismo imobilista. A obra literária de Oswald de Andrade, o autor que fez parte do pequeno grupo de intelectuais que compareceu ao funeral de Francisca Júlia, está no polo oposto à do parnasianismo da poetisa.

Mas, de certo modo, *O Pirralho* foi uma publicação cultural em que futuros modernistas exercitavam a tolerância e o apreço em relação a formas expressionais fechadas. O oposto do que em nome do modernismo acabará sendo um de seus traços empobrecedores após a Semana, à medida que ele se refina e se reifica, transitando das incertezas da busca para as certezas definitivas do conhecimento estabelecido.

---

34 Cf. Martins, *O coração da pauliceia ainda bate*, passim.

Francisca Júlia já fazia, em 1916, uma crítica esclarecedora da literatura brasileira, situando sua própria obra como obra de afirmação de uma identidade nossa, estritamente com base na prevalência da língua culta e no rigor de suas regras. Mostrava-se rígida em relação ao que lhe parecia cópia e colagem. Portanto, um "nacionalismo metodológico" e não um nacionalismo temático como ocorreu com outros autores. Uma afirmação e não busca da identidade portuguesa de origem, que se perdia na língua mutilada por misturas de sotaques e de palavras, as do falar brasileiro da língua portuguesa. Na entrevista a Côrrea Júnior, vai diretamente ao ponto:

– Penso que não há propriamente, uma literatura no atual momento. O que há de apreciável é o mesmo que existiu há vinte e mais anos, e os grandes nomes de hoje são os mesmos de há muito tempo. Poucos, dentre os novos, fazem promessas ao futuro. E esses poucos cultivam, em prosa sobretudo, uma literatura muito afrancesada. Estudam pouquíssimo o vernáculo. E porque leem muito os jornais e acompanham, com um interesse digno de melhor aplicação, os debates das câmaras políticas, resultam ficarem os nossos escritores viciados com essa literatura de jornalismo e oratória parlamentar. Não tem nobreza de expressão e muito menos de sintaxe. E o mais curioso é que tentam fazer literatura séria, escrevendo numa língua onde se encontram, a cada passo, frases-clichês de oratória fofa e de noticiário de imprensa. Os clássicos estão esquecidos. A princípio comecei a colecionar essas formas do jornalismo brasileiro, terrivelmente plebeias, que invadem o romance, a novela, o verso. Mas eram tantas, tantas, que, ao cabo de algum tempo, abandonei por cansaço a tarefa.[35]

---

35 Cf. [Côrrea Júnior], Recordações de uma noite..., op. cit.

As duas mortes de Francisca Júlia

Francisca Júlia repete o pai no formalismo da língua, que o levou a um conflito de motivação linguística com o juiz de Paz de Santa Ifigênia, o que acabaria por acarretar-lhe a prisão. Para a filha, a identidade brasileira como fidelidade ao rigor da língua portuguesa e resistência à sua vulgarização, o que não seria, propriamente, mais adiante, a orientação dos escritores da Semana de Arte Moderna no que recebeu de influência dos regionalistas. Ela pensava numa literatura que puxasse a expressão literária para o rigor da forma, enquanto em autores da Semana, como Mário de Andrade, a língua portuguesa deixava-se capturar e invadir pelo nheengatu e pelo português popular, basicamente pelo português falado e cotidiano.

Em 1915, pela mesma época da entrevista de Francisca Júlia, havia em São Paulo o já mencionado debate público sobre ser a nossa uma língua brasileira ou um falar brasileiro diverso da língua portuguesa.[36] Preocupação disseminada pelo Brasil. Diferentes autores tomavam posição em face do assunto. Alguns, como Graciliano Ramos, que chegou a "traduzir" *S. Bernardo*, de 1934, para o "brasileiro", antes de publicá-lo.[37]

A presença da ausente, na cena literária que culminará na Semana de Arte Moderna, tem um particular sentido no progressivamente forte anúncio da proximidade da morte nos sentimentos de Francisca Júlia, que ela expressa cada vez mais em suas opiniões e, nos últimos anos de vida, em seus sonetos. Já no fim, cinco anos antes de morrer, ela até mesmo anseia pela morte, como se seu tempo e sua hora tivessem terminado. De fato, com ela, morre uma época da história da literatura

---

36 Cf. Martins, *Os embates da língua e da linguagem*, esp. p.150-1.
37 Cf. Oliveira Neto, *Posfácio*, p.223.

brasileira. Provavelmente, nenhum autor foi mais demarcatório do que ela. O que, curiosamente, corresponde ao modo como seus contemporâneos e seus amigos viam sua obra e, por meio dela, sua própria vida. Antes do suicídio, Francisca Júlia começou a morrer no declínio de sua poesia e começou a morrer na opinião dos literatos, seus admiradores e até seus amigos. Um admirável caso da distinção entre a morte e o morrer, a primeira como morte biológica e o segundo como morte social e literária. Significativamente, pôs fim à vida no próprio velório do marido, o último vínculo social que teve para ela algum sentido.

Mais na tendência simbolista de *Esfinges* do que no rigor parnasiano de *Mármores*, a poesia de Francisca Júlia tende a expressar certa consciência de ser aquela uma época de decadência, tempo do fim. Na poesia de seu irmão, Júlio César da Silva, isso é também evidente: "A morte ao lado, a morte aos pés, adiante a morte!".[38] Ainda que para ela a morte tivesse uma abrangência que não tinha para ele: significava a própria morte juntamente com a morte da poesia que ela sabia fazer e bem.

Mas tempo da morte nas contradições que suscita e nas práticas que engendra. Se o que nascia, o moderno, tinha mais sentido para Júlio César, o que morria, o antimoderno, tinha mais sentido para Francisca Júlia. Mal abolida a escravidão e mal proclamada a República, aquele era o instante do advento do trabalho livre como fundamento de uma sociedade estruturalmente conflitiva, a do tempo que passa e não o da sociedade que fica, agora a sociedade do provisório e do transitório. Eram aqueles dias os dias da incerteza própria de começo de

---

38 Cf. Silva, *Stalactites - 1891-1892*, p.6.

As duas mortes de Francisca Júlia

uma época e fim de outra, sobretudo para jovens como ele e ela. Júlio César apenas ingressara na Faculdade de Direito.

Na poesia de Júlio César há certo didatismo de quem descobre que o mundo mudou, que o tempo é outro. Também ele passa por um longo período de silêncio na mesma época do silêncio relativo de sua irmã. Ele aconselha a duplicidade do que é expressado e do que é sentido, do que é exterior e do que é interior: "Ontem, quando passei por tua porta, te vi chorando aflita; ora, o pranto, mulher, não ressuscita nenhuma coisa morta".[39] O fugaz e relativo do tempo breve se manifesta em sua poesia, emerge numa sociedade em que o costume ensinara que o tempo é um só, quando as mudanças sociais que estavam ocorrendo diziam que já não o é mais: "Finge que a vida levas descuidada; e aprende, mesmo à custa do teu pranto, que dessa mágoa que, hoje, te dói tanto, certo amanhã não restará mais nada".[40]

Em Francisca Júlia o absoluto do mítico não permite a expressão do vivencial, senão disfarçadamente, alusivamente, e se torna uma prisão sem saída. Não se compõe com o relativo de tudo que, na sociedade brasileira, emerge nessa época. Rigidez que Menotti Del Picchia atribuiu ao parnasianismo da autora: "Foi, pois, essa escola que impediu a Francisca Júlia de dar maior expansão à sua alma emotiva e forte; a preocupação do alinde, do requinte, do burilamento do verso como extrinsecação verbal não deixou que a grande artista abrisse as desbordantes catadupas sentimentais do seu estro, as quais nos dariam certamente uma obra formidável e viva".[41]

---

39 Cf. Silva, *Arte de amar*, op. cit., p.9.
40 Ibid., p.12.
41 Cf. Hélios [Menotti Del Picchia], Chronica Social: "Esphinges", *Correio Paulistano*, n.20.713, 1 mar. 1921, p.3.

Ainda que reconhecesse esse problema na obra de Francisca Júlia, Antonio Candido ressalta nela a expressão da competência poética ainda que nos limites dos cerceamentos formais do parnasianismo perfilhado por ela. Ele classifica os sonetos parnasianos em três tipos ideais: o soneto aberto, o soneto entreaberto ou entrefechado e o soneto fechado, "cujos representantes mais típicos poderiam ser, excluído qualquer intuito valorativo, Camões, Bocage e a nossa Francisca Júlia". O feito mais original do parnasianismo, diz Candido, "único realmente típico, é o soneto de Heredia, de quem foi seguidora estrita a nossa poetisa".

Justamente aí o cerceamento a que se refere Menotti Del Picchia, Candido define como demarcação de "quadro" do parnasianismo brasileiro, "fechando em si mesmo um universo completo", o que encerra "hermeticamente um pedaço de mundo ou de vida na miniatura dos catorze versos".[42]

O dilema de Francisca Júlia, que se evidencia entre as edições de *Mármores* e de *Esfinges*, é, no meu ver, decorrente da forma poética que adotou para veicular necessidades expressionais que eram as do seu tempo e que se tornavam psicologicamente as de sua pessoa.

Nos rearranjos temáticos e de inspiração que há em *Esfinges*, vemos que ela tentou escapar das limitações formais de seus versos, mas mantendo-se presa no interior do modelo parnasiano. De fato, não conseguiu libertar-se. Quando muito buscou na transcendência dos temas o ar de que carecia. Porém, sem se libertar nem se superar por meio de formas alternativas

---

42 Cf. Candido, A vida em resumo, *Suplemento Literário*, n.115, 10 jan. 1959, p.4; *O Estado de S. Paulo*, Ano LXXX, n.25.673.

de criação. O poder da forma mostra toda sua força na dificuldade de Francisca Júlia para transgredir e ousar, que é o que, em diferentes graus, nos diferentes protagonistas, vai ocorrer com os participantes da Semana de Arte Moderna. Ao contrário, na obra de seu irmão, especialmente em *Arte de amar*, a ruptura interior dá lugar ao duplo ser que todos acabariam sendo na sociedade moderna que nascia naqueles dias de insegurança e medo. O duplo ser como sujeito da transição social, o sujeito do fingimento e da dissimulação. O que Francisca Júlia não conseguiu ser, com o seu silêncio poético, primeiro, e seu suicídio, depois, evidenciaram a impossibilidade de quebrar-se no que se tornava a sociedade da fragmentação e do incompleto. Às vezes, na *Arte de amar*, tem-se a impressão de que Júlio César escreveu os conselhos de alguns de seus poemas pensando na irmã, muito ligados entre si que eram apesar da culpa recíproca que sentiam porque tentavam caber, sem êxito, nos mesmos espaços. Muito ciente de que era ele agente involuntário dos bloqueios que a silenciavam no fim da vida.

Do ponto de vista sociológico, a compreensão da obra poética de Francisca Júlia é impossível sem o contraponto da obra poética do irmão. Dois irmãos tão próximos, educados nas mesmas influências domésticas e intelectuais; no que os distingue enquanto poetas temos um precioso documento, quase experimental, sobre o que era ser mulher e o que era ser homem na sociedade brasileira pós-escravista que nascia.

Sobre Francisca Júlia, porém, abateram-se fatores de bloqueio que também o alcançaram, mas não com a mesma intensidade e os mesmos efeitos. Em 1913, um ano de referência na crise pessoal da poetisa, seu irmão deu um depoimento ao *Pirralho* em que ressaltava que o esplendor literário de sua irmã ocorrera vinte anos antes. E deixa implícito que essa fulguração inaugural não se repetira.[43] Declínio que, embora não o dissesse, coincidiu com o lento crepúsculo do parnasianismo e da poesia pré-moderna, o que envolveu vários autores como se verá na polêmica sobre ela, de 1918, entre Aristêo Seixas e Nuto Sant'Anna, que exporei adiante.

O súbito prestígio que ela alcançou com a publicação de *Mármores* foi tão intenso que deixou marcas profundas no respeito intelectual que lhe tinham os grandes poetas e assegurou a durabilidade de uma generalizada expectativa acolhedora nos jornais, nas revistas e no próprio público leitor. A reedição de *Mármores* com o título de *Esfinges*, com algumas modificações de conteúdo, resultou de vários fatores, como mostrei, aos quais eu acrescentaria a pressão da demanda por mais poesia da autora paulista, que nessa altura tinha se tornado uma autora nacional. Meu exemplar de *Esfinges*, comprado num antiquário, tem o carimbo de um leitor do Ceará.

A difusão de prestígios literários tem um ritmo que é diverso do da obsolescência dos estilos. O gosto envelhece devagar. Isso ficou muito claro no caso dela. Vagarosidade que, arrisco-me a dizer, deve muito à durabilidade do aval representado pelos elogios do início de sua visibilidade pública como poetisa. Caso dos elogios de Machado de Assis e de Olavo Bilac.[44] E mais adiante no reconhecimento público de outros escritores, como Vicente de Carvalho.

---

43 Cf. Silva, A nossa enquete literária, *O Pirralho*, n.118, São Paulo, 22 nov. 1913, p.9.
44 Cf. Machado de Assis, *A Semana*, Anno VI, Tomo VI, n.94, Rio de Janeiro, 14 jul. 1895; e Fantasio [Olavo Bilac], Chronica, *A Cigarra*, Anno I, n.10, Rio de Janeiro, 11 jul. 1895, p.2.

As duas mortes de Francisca Júlia

Ela, sobretudo, se destacou antecipando, em jornais e revistas do final do século XIX, poemas que integrariam seu primeiro livro, *Mármores*, de 1895. Não dependeu de prestígio forjado ou definido na tagarelice culta das reuniões diletantes, que era um meio importante de difundir a obra literária. Desde o começo, ela firmou prestígio pelo meio mais moderno, de então, de divulgar e propagar sua obra literária, indo diretamente ao leitor antes de ir ao editor.

A biografia de Francisca Júlia e sua poesia também se cindem naquele momento histórico de cisões sociais. Cindem-se no modo de difundir a obra poética e, portanto, no modo de ser lida e apreciada. Cindem-se no modo de traduzir o mundo em poesia, na forma do poético. Como tudo no Brasil de então, cindem-se conciliando, relutando nos percursos, tendendo mais para o talvez do que para o finalmente.

Ainda jovem, a publicação de um terceiro livro, *Esfinges*, em 1903, mais do que uma revisão da própria obra, introduz em sua biografia e em sua poesia a dimensão dos mistérios que, na poesia, a levam para o simbolismo e, na vida cotidiana, para a solidão, a amargura e o suicídio. Não se trata da fragmentação do mesmo, que é como a questão se propõe na poesia do irmão, mas da duplicação da mulher, da dupla personalidade pela mediação da poesia. Sobretudo porque, nas concepções e valores da sociedade da época, ser mulher e poeta ao mesmo tempo era uma duplicidade: ou mulher ou poeta, o que então se concebia como um atributo masculino. Francisca Júlia foi mais de uma vez objeto de estranhamento público em artigos, ou em conferências, por representar essa "anomalia". A poesia marmórea do parnasianismo dava a ela atributos de personalidade antifeminista, como é cruamente dito na análise de sua obra por um de seus admiradores:

Nada, nos másculos versos de Francisca Júlia, denuncia a mulher. Diante de Vênus, é a de um homem a sua atitude. Dirigindo-se a um poeta ou falando a um artista, exalta-se o espírito ardente da escritora, porém a carne da mulher não pulsa. Na composição De volta da guerra, ela imagina ser um anoso veterano mutilado mas em nenhuma alude à sua condição feminina.

Um frêmito de amor não percorre o seu livro... Um poeta não transviaria para outro assunto as violentas comoções de origem passional. Ateado em nosso peito, o amor é comparável a um incêndio raivando dentro de uma armadura por cujos orifícios escapam, convulsas, as labaredas.[45]

Nem se trata de duas e justapostas Franciscas Júlias, mas a do duplo de uma só, da mulher separada de sua poesia porque condenada a viver, como aconteceu com outras intelectuais da época, num mundo dividido, o da poesia fora do lugar porque era de vida simples e era limitado o lugar da mulher na vida intelectual. E o da mulher poeta, por isso mesmo fora do lugar social das pessoas cultas que, por serem mulheres e, como no caso dela, de condição social modesta, estigmatizadas e condenadas à margem do mundo ainda inconstituído da sociedade moderna, apenas esboçada.

É provável que Francisca Júlia não tivesse tomado clara consciência de que a poesia se libertava das determinações formais que a haviam aprisionado até então. Isso só ficará claro no movimento que decorrerá da Semana de Arte Moderna. Como

---

45 Cf. Souza, Francisca Júlia da Silva, *Careta*, Anno VIII, n.391, Rio de Janeiro, 18 dez. 1915, p.4.

esclareceu Mário de Andrade em depoimento no Rio de Janeiro, em 1942, "O modernismo, no Brasil, foi uma ruptura, foi um abandono de princípios e de técnicas consequentes, foi uma revolta contra o que era a Inteligência nacional". Além disso, ressaltou a importância decisiva que nele teve a sociabilidade de elite dos participantes do movimento.[46] Mesmo sendo objeto de afeto e imenso respeito por parte dos que se encaminhavam para o movimento, a sociabilidade de Francisca Júlia era limitada e muito distante da loucura boêmia de seus participantes, dispostos a romper barreiras para ver no que dava.

Eu diria até que sua formação conservadora e sua filiação literária a uma corrente que limitava as ousadias não era o principal empecilho para do movimento participar. Ela estava passando por um momento de crise pessoal que era também de crise de suas orientações temáticas e estéticas. Vários dos participantes foram descobrir-se irremediavelmente modernos depois da Semana, na sociabilidade dos salões do próprio Mário de Andrade, de Paulo Prado (1869-1943), de Tarsila do Amaral, de Olívia Guedes Penteado (1872-1934).

Além do que é pouco provável que suas inquietações do momento pudessem evoluir para uma ruptura ousada no plano meramente pessoal, sem o apoio de reforço de um grupo de referência como o que tiveram os modernistas. Ela ousou no marco modesto dos limites da poesia que já fazia.

O sofrimento de Francisca Júlia foi o sofrimento de muitas mulheres na grande e relutante transição da sociedade monárquica e escravista para a sociedade republicana de pessoas livres e apenas juridicamente iguais, mesmo assim com restrições

---

46 Cf. Andrade, O Movimento Modernista, op. cit., esp. p.238 e 239-44.

quanto ao voto e quanto à precedência na autoridade doméstica. A mulher brasileira permaneceria, ainda, por três décadas em situação de menoridade social. Isso tornava as ousadias individuais, para pessoas como Francisca Júlia, quase inviáveis.

Impoética da sujeição feminina

É difícil, senão impossível, a compreensão da biografia de Francisca Júlia se analisada à luz da falsa premissa de que a sociedade de senhores e escravos, na qual ela nascera, fora uma sociedade em que só os escravos eram desiguais e inferiorizados. Havia gradações na desigualdade que alcançavam, também, quem não era escravo. Caso das mulheres, subjugadas pelo pai, antes do casamento, e pelo marido, depois, como ela própria reconheceu.

Subjugadas também por valores sociais de inferiorização dos que eram livres, mas não iguais, o que alcançava a imensa maioria dos mestiços e até brancos, no caso dela por ser mulher. Mesmo os críticos que reconheceram seu talento literário não deixaram de insinuar ressalvas justamente por sua condição feminina, como mostrei.

Com a abolição, não foi apenas por meio do negro discriminado que a desigualdade social de raiz escravista se infiltrou como padrão de diferenciação preconceituosa na sociedade do trabalho livre que nascia. Não foi apenas como desigualdade racial. A desigualdade expressa no preconceito, que já existia no estamentalismo português, agregou-se aqui às duas escravidões que tivemos, a degradação dando-lhes forma jurídica e social: a indígena e a africana. De outro modo, não se entenderia a insistência dos governos da época colonial, sobretudo nos séculos XVII e XVIII, em estabelecer com precisão a diferença entre a sujeição do índio e a sujeição do negro, este mais sujeito do que aquele.[1]

Extinta a escravidão, persistiu naquilo que já era desde antes. A Lei Áurea podia abolir a vigência jurídica do cativeiro, mas não podia revogar a desigualdade social e a cultura do preconceito dela decorrente. Isso dependeria do próprio curso do desenvolvimento social, do protagonismo das vítimas em favor da verdadeira emancipação de suas pessoas. Processo que aqui tem sido historicamente lento.

Mesmo as classes sociais, que estavam surgindo, surgiam mediadas por essa cultura prévia, imprecisas. A classe média tem sido, justamente, vulnerável às imprecisões decorrentes de mentalidades estranhas ao que é propriamente a estrutura social de classes. Porque, de fato, não é uma classe social, mas um estrato social.

A classe média que se esboçava, da qual Francisca Júlia fazia parte, nascia da diversificação social decorrente da vitalidade

---

[1] Nuto Sant'Anna, que foi leitor e defensor de Francisca Júlia na polêmica sobre a decadência do parnasianismo, em 1918, cujo primeiro livro de poesia ela leu e comentou, foi diretor do Arquivo Municipal de São Paulo. Ali localizou, examinou e sistematizou o extenso rol de cartas régias e avisos, enviados do Reino à Câmara de São Paulo para registro e cumprimento, sobre a distinção da sujeição de índios e africanos, bem como sobre as ressalvas relativas ao assunto. Cf. Sant'Anna, *São Paulo Histórico*, v.III, p.129-37.

As duas mortes de Francisca Júlia

da economia cafeeira e de seus desdobramentos nos setores econômicos não agrícolas. Ou tinha origem nos setores decadentes da velha elite fundiária ou nos setores da nascente sociedade de classes, diferençada pelos mecanismos de inserção social que abriam janelas de pequenas oportunidades até para pessoas como os pais de Francisca Júlia, de relativamente antiga origem na região de onde procediam.[2]

O passo a passo do migrar de Xiririca para São Paulo foi uma busca da família, uma procura de reinserção no novo mundo social que nascia da crise da escravidão. Todos tinham que procurar seu lugar na sociedade reinventada, brancos e negros, ricos e pobres e, sobretudo, brancos ou negros, nacionais e imigrantes, os que foram lançados nas indefinições das categorias sociais desfiguradas pelas mudanças.

Os dilemas dessas mudanças sociais decorrentes do fim da escravidão não eram apenas os referidos ao tratamento recíproco que se davam pessoas de distintas condições sociais e de distintas extrações sociais. Uma sociedade nova que, porém, distinguia as pessoas ainda no marco da mentalidade da radical separação entre brancos e negros. Mas, de fato, em subdiferenciações inacabadas, que não consumavam senão lentamente a sociedade que começara a nascer.

Um indício problemático dos efeitos subjetivos dessa mudança social duplamente orientada entre a sociedade que mor-

---

2 Como se vê em documentos relativos ao imóvel "Cristóvão", em Xiririca, de que o pai de Francisca Júlia, Miguel Luso da Silva, herdou parte, em 1863, quando do falecimento da mãe, Damiana Álvares de Freitas. Cf. *Diario Oficial do Estado de São Paulo*, n.115, ano 59º, 24 maio 1949, p.14.

ria e a sociedade que nascia se deu com o pai de Francisca Júlia. Quando já residente em São Paulo, ele se envolveu num incidente que o levaria à cadeia por ter compreendido mal o novo ordenamento social. Presumiu ser quem socialmente não era, como tal agindo em relação a uma figura que tinha as conexões políticas que ele não tinha. Miguel Luso da Silva não sabia, mas era apenas um resíduo da sociedade que se extinguia.

Quando examinamos, no plano microssociológico e cotidiano, as grandes transições sociais, como aquela pela qual passou a sociedade brasileira nos anos em que Francisca Júlia viveu, podemos identificar um conjunto extenso de pequenos dramas e não raro de tragédias que revelam uma realidade social muito pouco idílica. Foi o caso trágico do poeta Batista Cepelos, natural de Cotia, filho de uma escrava com um branco rico e poderoso. Cepelos cursou a Faculdade de Direito. Era protegido de Francisco de Assis Peixoto Gomide, que seria governador temporário de São Paulo justamente no momento da transição do Império para a República, cuja casa frequentava. Tornou-se amigo de uma das filhas de Gomide, Sofia. Em 1906, quando a moça contou ao pai que estavam apaixonados e que pretendiam casar-se, reagiu o pai e a matou com um tiro e se matou em seguida. O casamento era impossível porque incestuoso: Cepelos também era seu filho. Morreria num acidente misterioso no Rio de Janeiro, provavelmente suicídio.[3]

A sociedade daquela transição não progredia aos saltos, mas na relutância de marcos de referência desencontrados, o da mentalidade persistente e o da realidade social privada dos alicerces que davam àquela mentalidade o seu sentido. Há várias

---
3 Cf. Martins, *O coração da pauliceia ainda bate*, op. cit., p.172-3.

significativas evidências de personagens da sociedade paulistana dessa época que viviam a angústia da sensação da falta de alicerces, a falta de chão da expressão popular. Era o modo como a transição social se propunha subjetivamente, na minúscula trama dos relacionamentos do dia a dia. Francisca Júlia viveu essa situação, da qual há em sua vida um conjunto de pequenas, mas significativas indicações.

Apesar dessas dificuldades, ela chegou a fazer parte da primeira Academia Paulista de Letras, a de 1907, que não vingou, mas não quis pertencer à segunda, a de 1909, a atual. É voz corrente que foi porque não queria nela ingressar sem que também ingressasse o irmão, Júlio César da Silva. Em relação ao qual, há evidências, ela se sentia culpada por ter-lhe, involuntariamente, usurpado o prestígio como poeta.

Sua candidatura à segunda Academia, aparentemente, não se deu não porque o parentesco tão próximo o impedisse, pois o poeta, latinista e gramático Sílvio Tibiriçá de Almeida (1867-1924) e sua mulher (e, também, sua prima), a poetisa Presciliana Duarte, amigos de Francisca Júlia, foram fundadores e ocupantes de cadeiras da Academia, na mesma época.

Apesar de outros possíveis fatores, suas manifestações de desdém pela segunda Academia sugerem que ela estava ressentida. Não é impossível que essa contrariedade também tivesse contribuído para mantê-la afastada ou, ao menos, distante do convívio dos escritores paulistanos da época a partir de então. É preciso considerar, porém, que aquele foi um momento de reorientações na vida, no pensamento e na poesia de Francisca Júlia.

É possível pensar na alternativa contrária, a de que a recusa em relação à segunda Academia já expressasse o subjetivo dis-

José de Souza Martins

tanciamento do mundo intelectual, que se agravará com o passar dos anos. À luz do conjunto dos elementos de sua biografia, aqui reunidos, eu agregaria dois fatos que podem ter representado o rompimento que fraturou sua história pessoal, distanciando-a da literatura: a conferência sobre feitiçaria, em 1908, em Itu, que analiso mais adiante, e o casamento, em 1909.

Não só ela foi objeto de suposta discriminação, no que à Academia se refere. Seu grande amigo e padrinho de casamento, o poeta Vicente de Carvalho, publicou no próprio ano de 1909 um livreto muito crítico, distribuído por ele mesmo na porta do Conservatório Dramático e Musical pouco antes do início de uma das sessões da Academia. O livreto começa com o extenso texto "Academia de poucas letras". Queixa-se: "Não mereci do misterioso sufrágio que deu origem à Academia Paulista a honra da entrada no ilustre grêmio".[4]

Esse texto parece documentar que não foi, ou não foi apenas, a suposta não eleição de Júlio César da Silva que levou Francisca Júlia a desdenhar a segunda Academia: "Que significa a fundação de uma Academia Paulista de Letras em que não figura Francisca Júlia da Silva, uma genuína paulista que é a maior poetisa de nossa língua?" – dizia Vicente de Carvalho para entender o fato de que ele próprio não fora incluído no rol inaugural de seus membros.[5] E acrescenta uma lista de escritores paulistas que não haviam sido cogitados para ocupar as primeiras cadeiras da nova Academia. Alguns dos mencionados, e ele próprio, acabariam se tornando membros da instituição, a de 1909. O texto do poeta santista sugere que na primei-

---

4 Cf. Carvalho, *Verso e Proza*, p.V.
5 Cf. Ibid., p.XXIV.

As duas mortes de Francisca Júlia

ra Academia a maior parte dos membros não eram escritores, mas gente rica e diletante, o que provavelmente foi o principal fator de seu fracasso.

Esse argumento será repetido pelo próprio Júlio César da Silva. De vários modos, ao longo da vida, ela recebeu e percebeu indicações e reconhecimentos de que era excelente poetisa, como já vimos, mas isso não a habilitava para viver no mundo que capturara a poesia como meio de afirmação e ostentação. A poesia estava colada a uma condição social que não era a dela, tanto como mulher quanto como pessoa desprovida de meios para ser o que outros eram.

Sua biografia se desenrola, desde o nascimento e mesmo quando já vivia na cidade de São Paulo, em lugares distantes dos cenários próprios para fazer dela a reconhecidamente grande poetisa que se tornaria. Até seus 7 anos, sua família viveu em pequenas vilas do interior, Xiririca e São Luiz do Paraitinga. E em São Paulo viveu alguns anos no bairro de Santa Ifigênia, que mesclava desde moradores da nobreza agrária, e da nascente classe média, até enclaves de pobreza, como casas operárias e cortiços, localizados em ruas muito próximas das duas que foram endereços da família de Miguel Luso da Silva.[6] É verdade que, nesse período, a família de Francisca Júlia viveu o momento relativamente curto e promissor da reformulação da sua situação de classe, quando sua mãe teve escola parti-

---
6 Cf. *Planta Cadastral da Cidade de São Paulo - Sta. Ephigenia, Levantada sob a direção do Engenheiro V. Huet de Bacellar, Relatório de Inspecção da Commissão de exame e inspecção das habitações operarias e cortiços no districto de Sta. Ephigenia* (1893), Arquivo Público do Estado de São Paulo.

cular na rua Aurora nº 16, em 1878.[7] Em 1882, moravam no número 21 da mesma rua.[8]

Alfredo Moreira Pinto (1847-1902), que fora estudante da Faculdade de Direito, surpreendeu-se com a cidade quando a ela voltou, em 1900. Definiu o bairro de Santa Ifigênia como "encantador arrabalde". Classificou a rua Aurora como "uma das mais belas ruas da cidade, toda arborizada".[9] Muito provavelmente, nessa rua ainda vivia Francisca Júlia e já fazia poesia quando Mário de Andrade nela nasceu, em 1893, na casa que teria o número 319. Ela publicaria o primeiro livro, *Mármores*, dois anos depois.

A escola particular da mãe de Francisca Júlia estava instalada na própria moradia da família. Seu pai, em 1877, tornou-se escrivão da Subdelegacia de Polícia e do Juízo de Paz da Freguesia de Santa Ifigênia, na rua Vitória, paralela àquela em que morava. No mesmo ano anuncia que está mudando seu cartório da rua da Conceição, atual avenida Cásper Líbero, para a Ladeira de Santa Ifigênia, atual rua do Seminário.[10] Depois, novamente uma breve passagem da família pelo interior, Cabreúva, em seguida o remoto subúrbio rural paulistano do Lajeado (hoje Guaianases). Mais adiante, o arrabalde dos últimos dias da vida de Francisca Júlia, quando ela e o marido moraram na travessa Conselheiro Furtado nº 12, atual rua Dr. Lund, e seus pais moraram na rua Bonita nº 16, atual rua Dr. Thomaz de Lima,

---

7 Cf. "Escola particular", *A Provincia de São Paulo*, n.1.027, 26 jul. 1878, p.2.
8 Cf. *Novo Almanach de São Paulo para o Anno de 1883*, p.208.
9 Cf. Pinto, *A cidade de São Paulo em 1900 – Impressões de viagem*, p.10, 237.
10 Cf. *Diario de S. Paulo*, Anno XIII, n.3.564, 6 nov. 1877, p.3.

no distrito da Liberdade. Mudanças que indicam oscilações de condição social e o declínio final, que não favoreciam o que era próprio de uma intelectual como ela. Trajetória de um distanciamento em relação a cenários da sociabilidade culta.

Não eram a trajetória nem o meio que, segundo convenções e preconceitos de então, pudessem definir o cenário de relacionamentos de uma intelectual de seu porte. O que fica claro na comparação com a trajetória dos mais notórios frequentadores dos ambientes cultos da São Paulo de então, como os teatros, as salas de concerto e, sobretudo, os salões literários da alta sociedade. No entanto, sua poesia tem a sofisticação que a colocava no cume de uma classificação social propriamente literária.

Na história pessoal de Francisca Júlia, a poesia esteticamente conservadora é revolucionária: inverte a pirâmide social, expressa rupturas de um mundo que se transforma, abre para a mulher a insubordinação intelectual contra a opressiva classificação social. Sua poesia, que comprovava a sofisticação linguística de sua formação, não era expressão das condições sociais e de vizinhança em que vivia. Era, antes, expressão da duplicidade social que marcará sua biografia: intelectualmente era uma coisa, estava lá em cima, e socialmente era outra, estava lá embaixo.

Não raro, essa tensão, revestida de certa melancolia e de certo desencanto, invade seus versos, especialmente os do novo século e da segunda metade de sua vida. Ela era a mulher de condição social simples que criava poesia de inspiração sublime, obra de uma refinada esteta da palavra. O desencontro entre os lugares da vida da poetisa e o refinamento de sua poesia nos remete à dimensão explicativa da geografia imaginária, um recurso para compreender Francisca Júlia e sua circunstância.

Na geografia paroquial da época, as missas de sétimo dia e a missa de trigésimo dia, dela e do marido, em 1920, mandadas celebrar, respectivamente, pela família e por amigos intelectuais, ocorreram na Igreja de Nossa Senhora da Boa Morte, na rua do Carmo, quase esquina da rua da Tabatinguera, e na Igreja de Nossa Senhora dos Remédios, que já não existe no mesmo local, a atual praça João Mendes. Duas igrejas historicamente ligadas à religiosidade, de diferentes modos, de pessoas situadas na margem da sociedade da época e, também, no imaginário da transição social e histórica que estava ocorrendo. Num extremo, escolhida pela família, o passado dos devotos do culto misterioso da Boa Morte, tema do último soneto de Francisca Júlia. E, no outro, escolhida pelos amigos intelectuais, a de Nossa Senhora dos Remédios, a que redimia os cativos; por isso mesmo, fora ela a igreja dos Caifazes de Antonio Bento, um advogado caipira, e Clímaco Barbosa, um médico mestiço, envolvidos ambos nos planos das fugas de escravos das senzalas de fazendas do interior, na fase final da escravidão. Igrejas dos limites: o limite da vida e o limite da sociedade que se extinguia e da sociedade que nascia. Duas demarcações altamente simbólicas dos tormentos da poetisa de Xiririca.

Ambas as igrejas fora dos limites do que era propriamente "a cidade", mas "quase dentro". Ali "terminava" a cidade e começava o arrabalde, o distrito da Liberdade, no qual se situavam os bairros da Glória, do Cambuci (que se confundia com os vizinhos) e Lavapés. Um bom indício do imaginário espacial em que transcorria a vida cotidiana dela e do marido, sociologicamente distante do que hoje se poderia considerar "ali perto" do centro culto e vibrante da *belle époque* paulistana.

As duas mortes de Francisca Júlia

Um centro também imaginário, disperso entre o centro propriamente dito e bairros tão distantes como a Vila Mariana, da Vila Kyrial, do poeta e mecenas da cultura José de Freitas Valle. Lugar frequentadíssimo por artistas e poetas, vários dos quais admiradores de Francisca Júlia, a começar do próprio anfitrião. Ele que, no Senado do Estado, proporá ao governo a homenagem de um túmulo para a poetisa no Cemitério do Araçá, sobre o qual se erguerá a escultura de Victor Brecheret *Musa impassível*, feita em Paris sob encomenda. Ou tão distantes como o Minarete, república estudantil e de poetas do começo do século XX, à qual se juntará Monteiro Lobato, localizada na rua 21 de Abril, no bairro do Belenzinho, em casa que ainda existe.

Tanto no caso da Vila Kyrial quanto no caso do Minarete, o bonde fazia agora, na primeira década do século XX, a ligação que ainda não fazia na época da mudança da família de Francisca Júlia para São Paulo. Freitas Valle, que era professor de francês no Ginásio do Estado, saía de seu palacete e ia para lá de bonde e não de carro. Os habitantes do Minarete relacionavam-se com o centro por meio do bonde. As distâncias desapareciam e novas proximidades sociais tornaram-se possíveis, na novidade espacial fragmentária e moderna do simultaneamente longe e perto.

Novos nexos espaciais integravam num novo centro a São Paulo imaginária das atividades culturais e de referência das pessoas cultas. De modo que nele estar e participar passava a depender cada vez mais da vontade e da disposição de cada um. Isso valia, também, para o maestro Luigi Chiaffarelli (1856-1923) e para Mário de Andrade, que moravam na Barra Funda e em suas casas recebiam alunos e amigos para concertos e tertúlias. Todos eles valiam-se do bonde para circular no interior desse núcleo de alta cultura decorrente da riqueza e das relações econômicas e culturais do café. Uma indicação a mais do peso que tinha a condição social e a condição de mulher no distanciamento de Francisca Júlia em relação à possibilidade da convivência extradoméstica com os intelectuais de então. O bonde também servia o arrabalde em que ela vivia. Nem por isso integrou-a plenamente na rede de relacionamentos da intelectualidade paulistana.

Não é estranho, portanto, que seja parca a biografia conhecida da poetisa, eivada de simplificações e de fabulações, em comparação com a de seus amigos e admiradores da alta sociedade. Para escrever este livro, tive que garimpar, em fontes inesperadas, fragmentos de notícias relativas a uma dispersão biográfica de alguém que, ao longo de uma vida inteira, deixou evidências e rastros meramente adjetivos da circunstância de uma obra literária reconhecida e do maior relevo. A poesia de Francisca Júlia acabou sendo uma poesia um tanto desgarrada da poeta que a concebeu e lhe deu forma, poesia e vida separadas pelo silêncio que é próprio da história de pessoas como ela.

Foi essa uma época conturbada na vida de sua família, marco de seu lento declínio social: nesse ano seu pai, escrivão de cartório, foi demitido em 1885.[11] No ano seguinte seria preso e processado por altercar em público com o juiz de paz durante um julgamento em que atuava como advogado provisionado de uma mulher pobre.[12]

Ainda no pouco mais que vintênio de Francisca Júlia no bairro de Santa Ifigênia, o testemunho de uma adolescente, moradora no bairro vizinho de Santa Cecília, cuja família ia

---

11 Cf. *Correio Paulistano*, Anno XXXII, n.8.735, 4 out. 1885, p.1.
12 Cf. Advogado às direitas, *A Provincia de São Paulo*, Anno XII, n.3.511, 7 dez. 1886, p.2.

As duas mortes de Francisca Júlia

com frequência à missa na Igreja de Santa Ifigênia, narra como eram as relações sociais de moradia e de parentesco na cidade em transição. Leonor de Aguiar (1887-1977) se tornaria soprano conhecida, apresentando-se aqui, no Theatro Municipal, e no exterior. Seria frequentadora da mencionada Vila Kyrial, em cujos saraus, almoços e jantares em boa parte se desenhou a Belle Époque de São Paulo e se concebeu a Semana de Arte Moderna.

De família tradicional, parenta do Patriarca da Independência, José Bonifácio de Andrada e Silva (1763-1838), escreveu um diário narrando o cotidiano da adolescente que era, de sua família e de suas amigas, de 1º de julho a 31 de agosto de 1904, quando estava com 17 anos, mais um de 5 de abril de 1906 e outro de 8 de janeiro de 1907, quando começou a estudar canto.[13] Nas páginas de seus escritos desfilam visitantes de sua família e famílias visitadas, frequentemente de nomes tradicionais como o seu, até o de uma baronesa ou o de uma pessoa próxima eventualmente definida como pobre.

Naqueles relacionamentos, e naquele bairro, no repetitivo dos dias, há os sinais de que o tecido social se esgarçava e se recompunha em novo e diferente padrão. A repetição dos dias não os repetia de fato. Persistia a trama do parentesco antigo, as famílias dessa antiguidade centrípeta do tradicionalismo conectadas de maneira invisível por cima da rede de ruas e quarteirões

---

13 Cf. Aguiar, *Jornal – De 1º de Julho a 31 de Agosto de 1904*, manuscrito, sem numeração de páginas (Acervo de Paulo Bomfim, a quem agradeço o acesso a esse documento). Ela faleceria com 90 anos, em setembro de 1977. Foi sepultada no Cemitério Católico do Santíssimo Sacramento, anexo ao Cemitério do Araçá, em São Paulo.

centrífugos da modernidade e da nascente sociedade de indivíduos das abstrações jurídicas no lugar da sociedade de pessoas. Uma sociedade tradicional, simbólica e densa, reconstituía-se como componente formador da sociedade moderna que se difundia lentamente, ainda que dela diferindo pelos vínculos sociais e pelos costumes.

O *Jornal*, de Leonor de Aguiar, como ela o chama, documenta vivamente o modo peculiar como o passado se regenerava na cotidiana formação da modernidade paulistana. O verso e o reverso na temporalidade socialmente plural e na coexistência de tempos de diferentes épocas, o ontem e o amanhã articulados nos descompassos do então. Pluralidade determinada pelo desencontro das datações, pela gênese singular em diferentes momentos da escala cronológica porque diferentes momentos da estrutura de relações sociais. Uma sociedade em que o evolutivo era menos intenso do que o reiterativo.

Não obstante, uma sociabilidade feminina de rua se evidencia. Tanto quanto as missas frequentes, o bonde e as lojas atraíam as mulheres para fora de casa, mas também o rinque de patinação e até as disputas de futebol com participação de moços conhecidos ou parentes. No *Jornal* de Leonor, sempre o cuidado de mencionar rapazes dos relacionamentos da família presentes nesses lugares. Não se pode deixar de notar certo resguardo da condição feminina, a notória presença de regras, até na referência à conduta cerimoniosa de homens de relacionamentos muito próximos com a narradora. A educação de uma moça como Leonor de Aguiar, que lia livros em francês e se tornaria professora do idioma, aos 20 anos, no Instituto Macedo Soares, provavelmente não foi muito diferente da de

As duas mortes de Francisca Júlia

Francisca Júlia, mesmo sendo esta de uma geração anterior, praticamente educada em casa pela mãe professora e proprietária de uma escola. Aproximavam-se no conhecimento de língua estrangeira, um traço cultural da elite, mas também no gosto pela literatura. Separavam-se, porém, na condição social e no traçado do próprio destino. Sobre essas separações, a tênue difusão de um novo padrão de valores, elenco de aspirações e pretensões coletivas orientadas pela recusa do rústico e escravista de tempos recentes. Coisas de uma sociedade que queria ser outra e diferente, uma ação consciente no sentido da mudança social, do traje à alimentação, da música à leitura, da escola de inspiração republicana e social ao advento da teatralidade da vida cotidiana. Mas uma sociedade que, ao mesmo tempo, não sabia mais do que não queria, nos limites do possível, abrir mão do modo de vida em que fora socializada.

Surpreende o número de publicações da época, revistas e mesmo jornais, dedicados à literatura, em especial à poesia. E, mesmo, as revistas e os jornais femininos. Presciliana Duarte de Almeida lançou em 1897 o jornal *A Mensageira*, com o subtítulo de "Revista literária dedicada à mulher brasileira". Na lista das escritoras que iam surgindo, cita em primeiro lugar Francisca Júlia da Silva. Esclarece, em editorial, a seus leitores que o objetivo da publicação é o de

> Estabelecer entre as brasileiras uma simpatia espiritual, pela comunhão das mesmas ideias, levando-lhes de quinze em quinze dias, ao remansoso lar, algum pensamento novo – sonho de

poeta, ou fruto da observação acurada, eis o fim que modestamente nos propomos.[14]

A referência a Francisca Júlia em primeiro lugar, que, pouco antes, publicava seu primeiro livro e já vinha publicando seus poemas nos jornais, é indicativo de quanto a poetisa paulista era publicamente reconhecida como protagonista e símbolo de um movimento de modernização das relações de gênero. Se tivera queixas quanto ao patriarcalismo que vitimava a mulher, na ousadia poética e na competência artística, destacada, aliás, por vários homens, puxava a invasão feminina ao território de um tipo de dominação que vitimava a mulher.

Se teve ela adversários, entre os homens, que lhe minimizavam o talento e lhe censuravam o atrevimento de apresentar-se em público dotada de um talento que não consideravam próprio das mulheres, teve também grandes apoiadores entre eles, mais do que entre as mulheres. Foram homens que lhe abriram as páginas de jornais e de revistas. Ainda que como reflexo de uma crescente presença da mulher em situações públicas, cuja visibilidade indicava que eram donas de vontade própria e insubmissa. Como no caso emblemático de dona Veridiana Valéria da Silva Prado.

Nem os cemitérios escaparam de uma reordenação visual que levasse em conta a visibilidade da mulher. Foi quando começaram a ser erguidos sobre os túmulos, planos e simples, monumentos e obras de arte para celebrar biografias de personagens da economia e da política. Aos quais se seguiram

---

14 Cf. Almeida, Duas palavras, *A Mensageira*, Anno I, n.1, São Paulo, 15 out. 1897, p.1-2.

As duas mortes de Francisca Júlia

as esculturas de artistas famosos, celebrativas da beleza e de virtudes femininas. Os primeiros nus femininos surgiram em São Paulo em esculturas do Cemitério da Consolação. Destaco as obras de Francisco Leopoldo e Silva (1879-1948), em granito, um no túmulo do poeta Moacyr Piza (1901-1923), que se matou num táxi, na avenida Angélica, em seguida ao assassinato da amante, Nenê Romano. De Francisco Leopoldo e Silva é, também, *Solitudo*, de 1922, de granito, primeiro nu artístico colocado num cemitério de São Paulo, na Consolação, no túmulo da família de Teodureto de Carvalho.

Ainda que tardiamente, esculturas de alta elaboração artística foram disseminadas nos três grandes cemitérios paulistanos, o da Consolação e o do Araçá e, pouco depois da morte de Francisca Júlia, o de São Paulo. Como a referida escultura de Victor Brecheret, colocada em 1923 sobre o túmulo da poetisa no Cemitério do Araçá.[15]

Acabava o que era o confinamento doméstico da mulher, como relata outra paulistana tradicional, Maria Paes de Barros (1851-1952), cuja família, em boa parte de sua vida de criança e jovem, só saía de casa acompanhada do pai ou do marido. E que teve noivo, mal entrada na adolescência, um primo mais velho, por decisão do pai.[16] Ela acabou encontrando um meio peculiar de ingresso no mundo moderno e no da libertação da mulher quando se converteu ao protestantismo e se tornou presbiteriana, uma igreja de tradição republicana, como é próprio do calvinismo, em que homens e mulheres, ao se tor-

---

15 Cf. Chronica, *A Cigarra*, Anno XI, n.220, São Paulo, 15 nov. 1923, p.1.
16 Cf. Barros, *No tempo de dantes*, p.5.

narem membros professos da igreja, se tornam donos de vontade própria na conduta social. Ela se destacaria em atividades beneméritas de sua igreja, de liderança e fora de casa, como foi sua participação na campanha para construção do Hospital Samaritano, um hospital protestante.

Três mulheres de idades bem diferentes que foram, no entanto, contemporâneas, cujas histórias pessoais são marcadas por distintas, sutis e silenciosas manifestações de rebelião, no âmbito da vida cotidiana, em relação a cânones e valores do Antigo Regime. A rebelião com estilo, cada qual encontrando seu próprio meio de expressão do inconformismo.

No caso de Francisca Júlia, a arte desmente a vida, supera limites e limitações do pequeno mundo em que vivia. Ela se antecipou ao que era próprio de sua época e da maioria das mulheres de seu tempo. Porque a diferenciação intelectual de sua pequena família de intelectuais de província contribuiu para criar nela e no irmão o imaginário lírico e formal próprio para a educação dos poetas.

Era o caso do salão de dona Veridiana Valéria da Silva Prado, na avenida Higienópolis, a mulher mais rica do Brasil. E fora antes o caso do salão da Marquesa de Santos (Domitila de Castro Canto e Melo, 1797-1867), já em meados do século XIX, no palacete da rua Alegre, hoje rua Brigadeiro Tobias, que, amante do primeiro Imperador, havia sido, a seu modo, a mulher mais poderosa do país. Numa sociedade que era ainda uma sociedade estamental de privilégios e não propriamente uma sociedade de classes dos juridicamente iguais e economicamente desiguais, os convites para os acontecimentos desses recintos eram muito seletivos, cobiçados pelos destinatários costumeiros ou eventuais, um privilégio estamental, um reconhecimento de condição social.

É claro que podia haver exceções para confirmar a regra. Tinha acesso a sua casa, porque amigo de seu filho Eduardo Prado (1860-1901), como homem culto, o engenheiro, historiador e linguista Teodoro Sampaio (1855-1937), baiano, negro que nascera escravo, libertado por seu pai branco que lhe deu no Rio de Janeiro uma educação refinada. Aliás, um dos fundadores da Escola Politécnica de São Paulo e do Instituto Histórico e Geográfico de São Paulo.

Os salões não estavam limitados às funções de intercâmbio e exibição de cultura literária e musical. Já no palacete da Marquesa de Santos e de Rafael Tobias de Aguiar (1794-1857), fora de relevo o papel do baile na cultura de salão, cuja função era aproximar rapazes e moças de extração social diversa da do parentesco e estimular a exogamia numa sociedade reconhecidamente endogâmica. Como observou, em uma de suas cartas, o historiador cearense Capistrano de Abreu (1853-1927), com parentes em São Paulo e muito amigo de Paulo da Silva Prado, neto de Veridiana Prado, futuro mecenas da Semana de Arte Moderna, os paulistas tinham por costume casar primos com primas.

A própria Veridiana, ainda adolescente, seria casada pelo pai com o tio paterno, os irmãos tornando-se sogro e genro. Era um recurso para evitar a dispersão da riqueza, manter o patrimônio no interior da família e proteger o sangue familiar contra o risco da miscigenação com os que eram considerados social e racialmente ínfimos, não só os negros, mas também os imigrantes, mesmo os ricos. Havia paulista que, ainda que com ressalvas, preferia ser descendente de índio, caso da maioria, a ter parentesco com italiano. Os muros dos belos palacetes da São Paulo de então separavam, distinguiam e classificavam socialmente os de dentro e os de fora. As distâncias sociais eram imensas. O caráter estamental dessas separações se confirmava na admissão nesses recintos dos descendentes de famílias tradicionais que haviam empobrecido. Economicamente desiguais, eram estamentalmente iguais. Esse é um dos aspectos mais fascinantes e menos estudados da história social de São Paulo e do Brasil.

Embora haja historiadores que neguem a persistência do caráter estamental da sociedade brasileira de então, ou até mesmo se omitam em relação a ele, são muitas as indicações de quanto a estrutura de estamentos definia as concepções que regulavam o distanciamento social e as identidades sociais, com prevalência da pureza de sangue e do princípio da honra. Uma peça teatral de Paulo Eiró, *Sangue limpo*, apresentada em São Paulo pela primeira vez em 1861, nove anos antes do nascimento de Francisca Júlia, está centrada nas concepções estamentais que regem o amor impossível de Aires de Saldanha, um fidalgo, e Luísa Proença, uma mestiça de origem fidalga. Embora ambientada nos dias da Independência, o texto expressa e reproduz o que ainda era a sociedade paulista da época da apresentação da obra, pois coincide com textos documentais de então.[17]

Escrevendo muitos anos depois, em 1910, na época de Francisca Júlia, o trágico poeta e romancista paulista Batista Cepelos, na descrição das categorias sociais de seu romance *O vil metal*, ambientado em São Paulo, no interior e na capital, expõe o que tinha diante dos olhos, o que via e compreendia, a sociedade de

---

17 Cf. Eiró, *Sangue limpo*, op. cit., esp. p.43-60.

classes inconstituída, as categorias sociais ainda contaminadas de concepções e valores estamentais. Em sua narrativa, a burguesia ainda é um estrato social que vive mais do ócio que do negócio, que da negação do ócio. Uma das personagens, pretenso escritor em busca de figuras de referência para uma obra jamais escrita, infiltra-se entre os trabalhadores das fábricas, finge-se de operário trajando roupa ensebada e tomando cachaça "para ter o cheiro local" e participar de greves e de reuniões secretas de paredistas.[18] A classe operária fora de seus próprios marcos sociais, ainda concebida com as características sociais da ideologia escravista, de escravos rebeldes e quilombolas.

A sociabilidade dos salões era um modo de estabelecer e difundir parâmetros de uma vida cultural europeizante e socialmente inovadora, sem dúvida. Mas era, também, um modo de circunscrever o vivencial dessa cultura ao número limitado da chamada gente de prol no interior do estamento dominante.[19] E, claro, colocar as novas gerações sob vigilância e enquadramento dos mais velhos para não violar princípios e valores e assegurar a continuidade da estirpe.[20] Mesmo os menos ricos

---

18 Cf. Cepellos, *O vil metal*, p.181.

19 As matinês de dona Veridiana Prado foram frequentadas por José de Freitas Valle, quando moço, que em sua própria Vila Kyrial viria a adotar outro padrão de sociabilidade culta, centrado em almoços e jantares e nas apresentações artísticas. Cf. Valle, D. Veridiana e a vida em plenitude (Conferência), *Revista da Academia Paulista de Letras*, Ano XII, n.46, 12 jun. 1949, p.139-45.

20 Muitos anos depois dos fatos da época de referência da biografia de Francisca Júlia, em 1968, na ocupação do prédio da Faculdade de Filosofia, Ciências e Letras da Universidade de São Paulo pelo movimento estudantil, um dos aspectos da crise de gerações, que por meio dele se expressava, era o da relutante revolta contra essas velhas

dessas famílias continuavam presos aos princípios dos relacionamentos desse círculo fechado.

Mesmo assim, essa sociabilidade, portanto, promovia inovações culturais, ainda que limitada àqueles cujo modo de vida se orientava por valores e concepções de uma sociedade residual e fechada, que estava no começo do fim, que agonizaria lentamente. Um momento de transição e de mudança social.

Não era aí representada, a não ser muito parcialmente, a nova e diversificada sociedade que nascia da prosperidade propiciada pelo café, muito além da economia da fazenda, e, quase simultaneamente, pela indústria, sociedade nascida mais do trabalho do que do lucro e também mais do negócio do que do ócio.

Era a velha sociedade, rígida e fechada, que resistia e inovava nas técnicas sociais de autopreservação. Adaptava-se às mudanças relativamente rápidas, mantendo-se, porém, no marco de um tempo social de mudança lenta. Uma dupla e desencontrada temporalidade submetida a técnicas sociais de manipulação que mantinham as rupturas nos limites da ordem. Não foi por acaso que o golpe de Estado de 1889, que baniu a monarquia e forjou a República, adotou como lema da nação a consigna positivista de Ordem e Progresso, o progresso no marco da ordem. Convém lembrar que a concepção de "ordem" provém da sociedade pré-moderna.

---

regras que impunham aos jovens ricos a privação da liberdade plena pela qual ansiavam. Uma das alunas da Faculdade, Consuelo de Castro, que se revelaria como dramaturga, escreveu uma peça sobre o acontecimento que tem como duas das personagens um casalzinho que vive os dilemas das obrigações da riqueza e da tradição no cenário da rebelião e mesmo de uma suposta revolução destinada a questionar justamente aquilo que são. Cf. Castro, *À prova de fogo*.

As duas mortes de Francisca Júlia

Os bailes de famílias antigas, frequentados por Álvares de Azevedo (1831-1852),[21] já em meados do século XIX, tinham o claro propósito de estimular o contato das rústicas e ricas donzelas paulistas, caipiras, de robusta genealogia, que os frequentavam, com os jovens filhos-família matriculados na Faculdade de Direito. Muitas vezes vindos do interior da província e, em não pequeno número, de outras províncias. Eram assim desviados da vida livre das repúblicas estudantis, que marcaram época em São Paulo, e enquadrados nos parâmetros da vida ordeira e preservadora das linhagens de tradição.

Mas, no tempo de Álvares de Azevedo, essa sociabilidade de festa se limitava aos ritos de regulação do processo de aproximação entre cônjuges potenciais sob vigilância das famílias. Só mais adiante, com a riqueza do café, esses ritos ganhariam os refinamentos da cultura de salão, da música e da literatura sem, eventualmente, perder os propósitos tradicionais de propiciar o mero encontro de jovens da mesma geração ou de moças jovens e homens mais maduros, que era a regra de então.

Mesmo não sendo de família credenciada à participação nesses redutos da tradição, Francisca Júlia viverá em diferentes aspectos de sua vida os dilemas decorrentes dessas regras que, em sua época, estavam entrando em crise.

A ideia dos saraus artísticos e literários em São Paulo tinha uma força que se manifestava nas variantes que assumia para definir a arte e a literatura como um mundo peculiar e seus participantes como pessoas que se identificavam e se distinguiam das demais. Aquilo que de diferentes modos, sobretudo na Europa, era definido como intelectual. Difundiram-se os gabine-

---

21 Cf. *Cartas de Álvares de Azevedo*, passim.

tes de leitura e os clubes de leitura. A própria Francisca Júlia da Silva e seu irmão Júlio César da Silva, já poetas de prestígio e visibilidade pública recente, pela publicação, respectivamente, de *Mármores* (1895) e *Stalactites* (1892), aparecem citados, em 1898, na constituição do que se pode chamar de Academia dos Nove. Não obstante certo tom irônico e implicitamente crítico, transcrevo, pelo valor documental, a notícia que o *Correio Paulistano* publicou com o título de "Reuniões Literárias":

Alguns rapazes de letras, finos espíritos de eleição, no intuito, aliás nobre e digno de aplausos, de se isolarem das más correntes literárias, de traçarem entre si e os pequenos grupos de *écrivassiers*, que passeiam pelas ruas da Capital a sua ruidosa mediocridade, uma espécie de cordão sanitário, que os possa isolar completamente, resolveram fundar uma sociedade de letras, academia d'Arte, cujos umbrais só consigam transpor os eleitos da inteligência.

Estes eleitos, que não são mais que nove, escolhidos a dedo com o mais rigoroso escrúpulo, são: Afonso Arinos, o delicado conteur brasileiro, artista até ao apuro e que poucos rivais encontra, pode-se dizer com segurança, na torneadura de um período, na fatura de um conto; Wenceslau de Queiroz, espírito de uma rara orientação artística, prosador e poeta, que conquistou, com seu esforço apenas um nome invejável no jornalismo; Adolfo Araújo, o popular boêmio, um dos escritores mais corretos do nosso meio, original e brilhante, de um talento extraordinariamente maleável, o qual, com a mesma facilidade com que burila um soneto, faz um artigo de crítica ou rabisca sobre os joelhos, às pressas, no intervalo de uma libação, uma crítica esfuziante; Júlio César da Silva, o poeta, talvez mais característico que conhecemos, possuidor de uma grande educação literária, do qual se apontam esparsos em revistas e jornais, sonetos preciosos, penetrados de uma poesia sugestiva e mística; João Luso, o aplaudido autor dos Contos da Minha Terra; Sylvio de Almeida, José Vicente Sobrinho e as poetisas Francisca Júlia da Silva e Zalina Rolim, aquela, a parnasiana dos Mármores da qual se conhecem sonetos magistrais, de uma perfeição herediana, esta a delicada cantora do Coração.

Nove escritores apenas, ninguém mais.

As reuniões, que serão semanais, terão lugar na casa de uma distinta família.

Espécie de academia de letras, essas reuniões serão presididas por qualquer dos sócios, ao acaso, escolhido na ocasião, ao qual incumbirá dar parecer crítico, analisar os trabalhos, sujeito, já se vê, a discutir e a responder às controvérsias que se suscitarem.

Esses escritores, reunindo-se assim, semanalmente, tem também em vista, o que mais importante é, a publicação de uma revista, repositório dos trabalhos mais seletos, cujas páginas serão francas a toda a verdadeira aptidão artística, sem preconceitos de escola.

É inútil dizer que essas reuniões serão frequentadas por senhoras distintas para dar uma nota de alegria à gravidade das discussões.[22]

Não é improvável que a notícia tenha sido maliciosamente plantada para desqualificar os nove autores mencionados. Wenceslau de Queiroz (1863-1921) era da União Católica e, se

---

22 Reuniões litterarias, *Correio Paulistano*, Anno XLIV, n.12.482, 12 abr. 1898, p.1.

Júlio César não o era, ao menos foi redator do *Diário de São Paulo*, um jornal católico. João Luso (1874-1950) era monarquista. Se a notícia foi plantada por Adolfo Araújo (1873-1915), um irreverente, inimigo de Júlio César, tem a indicação de uma oposição ideológica e doutrinária ao grupo de que Francisca Júlia fazia parte. Mas é provável que tivesse um fundo de verdade quanto às reuniões do grupo, o que talvez acrescente uma explicação ao elenco de razões para o distanciamento dela em relação aos festivos grupos de intelectuais de São Paulo.

Alguns desses autores estão frequentemente presentes nas mesmas publicações da época. Pelo menos Júlio César, Sílvio de Almeida e João Luso foram editores de revistas ou jornais. Vários dedicaram poemas a outros membros do grupo ou escreveram artigos críticos para destacar suas obras.

Há, porém, um senão que perturba e compromete o texto. Em 1895, Adolfo Araújo, arrolado como participante do grupo, publicara longo e violento artigo sobre Júlio César da Silva e seu livro, definindo-o como "maníaco extravagante".[23] Reduziu a nada sua obra e sua pessoa. No ano seguinte, por nada, voltou à carga contra Júlio César. Em crônica sobre o famoso leilão anual de uvas – cultivadas por seu jardineiro, Francesco Marengo – de dona Veridiana Prado em favor da Santa Casa, Adolfo Araújo elogia a iniciativa. E esclarece que foi tranquila porque "sem os recitativos do sr. Júlio César da Silva".[24] Como poderiam estar juntos dois anos depois?

---

23 Cf. Araujo, Os gafanhotos (Chronica escandalosa), *O Democrata Federal*, Anno I, n.179, São Paulo, 26 out. 1895, p.1.
24 Cf. Araujo, Chronica, *O Commercio de S. Paulo*, Anno IV, n.880, São Paulo, 9 fev. 1896, p.1.

As duas mortes de Francisca Júlia

De qualquer modo, em dezembro de 1896, surgia o *Cenáculo*, jornal paulistano que se autodefinia como "Periodico Litterario", tendo como colaboradores justamente vários dos mencionados naquela notícia. Há certo tom de "resposta" defensiva na apresentação da publicação, com insinuações sobre a riqueza do café e a ignorância da elite em relação à literatura. Uma indicação sugestiva da tensão que atravessava a cultura literária paulista de então.[25]

Apesar da evidente influência da mãe e do pai, ela professora e ele cultor da língua, foi o irmão o mentor intelectual de Francisca Júlia, ele que já era frequentador dos grupos literários e boêmios da Faculdade de Direito, por onde se filtravam as novidades e tendências das letras, vindas sobretudo da França. Aristêo Seixas, amigo dos dois, que escreveu o primeiro denso estudo sobre a obra de Francisca Júlia, disse sobre Júlio César, em 1915:

> [...] teve por esse tempo a rara felicidade de guiar as asas, nos primeiros ensaios de seu voo de águia, à sua irmã d. Francisca Júlia, a maior poetisa que tem tido a língua portuguesa, aquém e além dos mares, com erudição; por ventura, menos variada que a da marquesa d'Alorna, porém mais artista, mais sonora, mais elegante, mais fulgente, com estro muito mais poderoso. A irmã foi-lhe uma discípula aproveitada, mais que aproveitada, porque, excedendo ao mestre, o deixou longe, muito longe, para perder-se na admiração da mais bela plêiade de escritores e poetas que o Brasil tem tido; para viver, como vive ainda, no rubro clarão de

---

25 Cf. *Cenaculo – Periodico Litterario*, Anno I, n.1, São Paulo, 2 jun. 1898, p.1.

sua glória. / E Júlio César, ou se extasiou com o luminoso triunfo da aprendiz, ou se deixou arrastar pela boemia do seu espírito. Como quer que seja, o bardo das Stalactites, que lhe constituíram tão promissora estreia, não produziu nada mais, senão agora, vinte e quatro anos depois![26]

Num depoimento de 1931, já nos anos finais da vida, Júlio César esclarece definitivamente as influências literárias que recebeu (e recebeu sua irmã) dentro de casa, onde poetas amigos do pai se reuniam frequentemente. Portanto, sua influência no despertar literário da irmã foi complementar, tudo sugere que mais no sentido de dar visibilidade à sua obra. Diz ele, na referida entrevista:

> Para a minha formação literária quais os autores que mais contribuíram? – Parece-me que aprendi a versejar quase ao mesmo tempo em que aprendi a ler. Na minha infância, os amigos de meu pai, que frequentavam a nossa casa assiduamente, eram Raimundo Corrêa e Teófilo Dias. Habituado a ouvir versos quase todos os dias, acabei por habituar os meus ouvidos ao seu ritmo, e quando, mais tarde, na adolescência, li o Tratado de Versificação, de Castilho, [do romântico Antonio Feliciano de Castilho, Tratado de Versificação Portuguesa, Lisboa, 1851], já não encontrei novidade. Aos quinze anos estreei nas letras, com um volume de versos, e nele não descubro hoje um verso imperfeito, um pronome mal colocado, uma sintaxe suspeita. Raimundo Corrêa foi

---

26 A propósito da publicação de *A morte de Pierrot*, de Júlio César da Silva, cf. Seixas, Homens e livros, *Correio Paulistano*, n.18.827, 12 dez. 1915, p.4.

o poeta que mais amei. Todos os demais que li de então para cá não exerceram sobre mim tão profunda influência como aquele.[27]

Francisca Júlia e Júlio César foram, pois, desde pequenos, já em São Paulo, influenciados pelo parnasianismo e pelo simbolismo de Raimundo Corrêa e de Teófilo Dias (1854-1889). Por essa época, os dois maranhenses eram alunos da Faculdade de Direito: Raimundo Corrêa entre 1878 e 1882, tendo em 1879 publicado *Primeiros sonhos*.[28] Teófilo Dias, entre 1877 e 1881, já havia publicado alguns livros, e estava em vésperas de publicar *Lira dos verdes anos* (1883). Mesma época, portanto, da chegada da família de Miguel Luso da Silva a São Paulo, no bairro de Santa Ifigênia.

Essas amizades e as reuniões literárias em sua casa são uma indicação de que, nesse momento, Miguel Luso definia um horizonte para a família, tanto na vida intelectual quanto na ascensão social, quanto, até mesmo na vida política, de que já participara em Xiririca. De que se afastará progressivamente, batido pelas circunstâncias sociais adversas que, nas transformações sociais da época, reclassificavam socialmente os moradores da cidade para menos do que supunham ser e do que haviam sido no interior. Ele foi uma das vítimas dessa reclassificação social quando se deslocou para a capital.

A sociedade paulista se transformava em decorrência de iniciativas culturais, como a desses grupos paralelos à cintilante

---

27 Cf. O momento literário XVII – Júlio Cesar da Silva, *A Gazeta*, Anno XXVI, n.7.699, São Paulo, 3 out. 1931, p.2.
28 Cf. *Correio Paulistano*, Anno XXIX, n.7.850, 2 dez. 1882, p.2; Vampré, *Memorias para a Historia da Academia de São Paulo*, v.II, p.382.

cultura de salão, que inovavam em nome do que sempre havia sido e não, principalmente, em nome do que inevitavelmente viria a ser. A sociedade mudava no afã de permanecer.

A sátira que há em Mário de Andrade e em Oswald de Andrade é, no fundo, o espanto pelo advento de anomalias formais de conduta e de pensamento, na sociedade que nascia e que lhe dava a aparência de um sistema de colagens. Esse espanto só o é por referência a uma rígida e conservadora concepção de ordem.

Moderno não era nem a antecipação do futuro nem a possibilidade do futuro, mas o conjunto dos resíduos do passado, mediados por aquilo que era novo mas não tinha lugar num modo de ser e de pensar que o estranhava. A atualidade do moderno se debatia entre temporalidades, o que, de certo modo, assegurava algum lugar a todos. Ainda que vários dos modernos pudessem se autorrepresentar como personagens de uma temporalidade só ou dominante.

Cornélio Pires, que fez parte do elenco de colaboradores de *O Pirralho*, de Oswald de Andrade, de que foram também colaboradores Francisca Júlia e seu irmão, fez, em 1911, a primeira conferência sobre a cultura caipira, na Escola Americana, o Mackenzie. Seu interesse pelo caipira estava fortemente centrado na consciência das perdas decorrentes das transformações sociais e culturais que ocorriam na cidade de São Paulo naquela época. Em 1929, gravaria "A moda do bonde camarão", um verdadeiro documento da crítica conservadora das novidades, os produtos e signos do mundo moderno. Por meio da troça, o caipira como sujeito que personificava a tradição e estranhava as coisas da nova realidade. Outra variante da crítica como estranhamento cultural, a mudança interpretada e admitida no marco cautelosamente irônico dos desencontros entre um modo de ser e de pensar e os novos cenários, ritmos e concepções da vida.[29]

Conjuntamente, a sua obra de resgate, difusão e interpretação da cultura caipira e a obra de seu primo Amadeu Amaral, sobre o *Dialeto Caipira*, que se tornaria membro da Academia Brasileira de Letras, representam a assimilação da herança cultural caipira e mameluca pelas formas cultas de expressão. A tradição vernacular, portanto, recriada por mediações narrativas e interpretativas cultas.

Em termos cronologicamente amplos, aproximadamente de 1880 a 1930, é o tempo em que o mameluco, o caipira, sobrevivente da servidão do índio administrado, é reconhecido como objeto de conhecimento e símbolo do "nativismo regional paulista" – na pintura de Almeida Júnior (1850-1899), no interesse de Amadeu Amaral por seu dialeto, nos causos e narrativas do sertão de Otoniel Mota, nas histórias de Valdomiro Silveira (1873-1941), nos casos, anedotas e modas de viola de Cornélio Pires, na literatura de Ruth Guimarães (1920-2014). O que começara com a viola caipira de Pedro Vaz, em 1887, o instrumento de caipiras e mulatos, ao subir aos palcos de teatro e música eruditos, que já tocava a música que nos dizia quem éramos quando ainda tentávamos ser.[30]

---

29 Cf. Martins, *Capitalismo e Tradicionalismo*, op. cit., p.129-47.
30 Cf. Id., Viola caipira, *O Estado de S. Paulo* [Caderno *Metrópole*], 1 abr. 2013, p.C6. (Reproduzido em Martins, *O coração da pauliceia ainda bate*, op. cit., p.133-4).

Os atores da Semana de Arte Moderna darão peculiar expressão a essas inquietações identitárias de quase meio século. Não inventaram nada. Apenas arremataram com estilo próprio aquilo que estilo não tinha, expressões de busca e de criação de uma extensa lista de intelectuais. Na interpretação do Brasil, definiram uma forma que depois da Semana revelará e realizará seu próprio conteúdo.

Não se pode esquecer, no entanto, a densa conferência de Graça Aranha (1868-1931), na Semana de Arte Moderna, sobre "A emoção estética na arte moderna", reproduzida na íntegra no jornal *O Estado de S. Paulo*, pronunciada no Theatro Municipal na segunda-feira, 13 de fevereiro de 1922.[31] Ele dirá:

> O que nos interessa é a transfiguração de nós mesmos pela magia do som, que exprimirá a arte do músico divino. É na essência da arte que está a Arte. É no sentimento vago do Infinito que está a soberana emoção artística derivada do som, da forma e da cor. Para o artista a natureza é uma "fuga" perene no Tempo imaginário. Enquanto para os outros a natureza é fixa e eterna, para ele tudo passa e a Arte é a representação dessa transformação incessante. Transmitir por ela as vagas emoções absolutas vindas dos sentidos e realizar nesta emoção estética a unidade com o Todo é a suprema alegria do espírito. Não obstante, no Brasil, no fundo de toda a poesia, mesmo liberta, jaz aquela porção de tristeza, aquela nostalgia irremediável, que é o substrato do nosso lirismo. É verdade que há um esforço de libertação dessa melancolia racial, e a poesia se desforra na amargura do humorismo,

---

31 Cf. Artes e Artistas, *O Estado de S. Paulo*, Anno XLVIII, n.15.736, 14 fev. 1922, p.2.

As duas mortes de Francisca Júlia

que é uma expressão de desencantamento, um permanente sarcasmo contra o que é e não devia ser, quase uma arte de vencidos.[32]

Uma proclamação na perspectiva da tradição conservadora, regulada pelo pressuposto de uma totalidade que dá sentido ao que é fragmentário e disperso, desarticulado e sem sentido.[33] Retorno e busca, desencontro de tempos sociais, mais do que moderno, modernidade, tensão e contradição, a permanência naquilo que muda.

Aquela foi uma época de integração, ainda que problemática, em ritmos e níveis desiguais, de novos contingentes humanos à sociedade paulista de então, como o imigrante recém-chegado, o negro recém-saído da escravidão e o branco de condição modesta, sobrante de um estamento dominante que ruía para as posições inferiores da nova sociedade ou se diluía, ascendendo, na burguesia que estava nascendo. Mas a diferenciação social, que rapidamente se difunde em São Paulo, entre as décadas finais do século XIX e as primeiras décadas do século XX, não era suficiente para abrir as portas da alta sociedade, como se chamava, aos oriundos da baixa sociedade, mesmo que se tornassem ricos, como muitos se tornaram. Aquela não era uma sociedade de indivíduos, os sujeitos jurídicos do contrato social. Era uma sociedade de famílias extensas, patriarcais. A riqueza era, sem dúvida, um item das separações sociais e da classificação so-

---

32 Paulo Prado, patrono da Semana de Arte Moderna, que foi amigo e quase parente de Graça Aranha, retomou esse tema, reconstruindo os fatores sociais e históricos e as minúcias da tristeza brasileira seis anos depois da conferência no Theatro Municipal. Cf. Prado, *Retrato do Brasil - Ensaio sobre a tristeza brasileira*.

33 Cf. Nisbet, *Tradition and Revolt (Historical and Sociological Essays)*, esp. p.73-89.

cial. Mas o eram, também, a linhagem e os vínculos de sangue. E tinham mais expressão do que se reconhece as distinções culturais e, por meio delas, os níveis desiguais de compreensão da realidade e de definição das identidades sociais.

Não se tratava, portanto, de adotar ou aceitar classificações sociais apenas com base na cor da pele nem na comprovada origem de alguns na escravidão. Especialmente numa época em que o número de escravos na cidade de São Paulo era insignificante e em que até mesmo antigos escravos, libertos, tinham se tornado também eles senhores de escravos de ganho, como acontecia com os negros que eram donos de pequenos negócios ao redor da Igreja e do Cemitério da Irmandade de Nossa Senhora do Rosário dos Homens Pretos. Nada mais nada menos do que é hoje a centralíssima e cara praça Antônio Prado.

Em 1886, os negros, livres e escravos, eram 8,2% da população da capital. Negros e mulatos constituíam um quarto da população paulistana. Dois terços da população eram de brancos propriamente brasileiros, excluídos, portanto, os imigrantes estrangeiros aqui chegados em grande número a partir, aproximadamente, de 1875. Majoritariamente, uma população que desde sempre convivia com a escravidão que agonizava.[34]

Na conferência sobre feitiçaria, feita em Itu, em 1908, a fala de Francisca Júlia demonstra que, para ela, a inserção e a diferenciação social tinham uma dimensão cultural e envolviam preconceitos culturais no âmbito da identidade social, como se vê nesta passagem:

> Entre nós, a feitiçaria só é cultivada e em pequena escala, pelas camadas mais baixas do povo e geralmente só lhe dão crédito as

---

34 Cf. Fernandes, *A integração do negro na sociedade de classes*, v.I, p.41.

As duas mortes de Francisca Júlia

pessoas retardadas no seu desenvolvimento psíquico. Torna-se, por isso, repelida pelas pessoas de bom senso. Entretanto, despojada das superstições e fantasmagorias, a Feitiçaria pode ser encarada sob um ponto de vista mais sério.

Em outro momento de sua conferência esclarece a diferenciação que pretende quanto a níveis evolutivos da feitiçaria:

[...] e em nosso país, onde ela é praticada especialmente pelos negros, que a trouxeram da África e aqui a transmitem oralmente a seus discípulos, e que empregam as suas aptidões principalmente na cura pelas ervas.[35]

Aceitava uma prática e uma crença a que imputava níveis de evolução, como era próprio das ideias da época, mas uma crença que, no fundo, julgava compartilhar com os negros e descendentes de escravos. Com os quais, porém, não se identificava, como ocorria com os brasileiros não negros, na época. Por tratar de um tema dos ínfimos, justificava-se com a ciência para diferençar-se e desatrelar-se desse comum imaginário e alçar-se à cultura dos brancos, na tese subjacente à conferência, baseada no pressuposto da evolução.

Sua identidade era a de uma pessoa "puxada" para dois extremos opostos da realidade social. Em relação aos quais empenhava-se em produzir uma racionalização que depurasse de elementos primitivos sua convicção de que a feitiçaria era uma realidade consistente, acima das diferenças sociais.

---

35 Cf. [Francisca Júlia da Silva], Conferencia literaria, *Republica*, Anno IX, n.702, Ytú, 3 jul. 1908, p.1.

Na época, na Europa, os intelectuais que se opunham ao naturalismo da obra de Émile Zola interessavam-se pelo ocultismo, pelo espiritismo, tentavam por aí superar a decadência que afetava as expressões culturais, especialmente na literatura. Um ano antes da publicação de *Esfinges*, publicou ela o poema "Vidas anteriores" na revista paulistana *A Nova Cruz – Revista Mensal de Artes e Letras*, de junho de 1907.[36] Nele, a poetisa alude a uma concepção muito singular de outras vidas de quem repousa num túmulo:

> Quando, curva a cabeça, à toa, o passo tardo,
> Por desertas ruas caminho,
> À hora crepuscular em que, sob o céu pardo,
> Asas se cruzam no ar em demanda do ninho,
>
> E o céu é triste, o ambiente é leve, e as auras puras
> Deixam, suspensas no ar, a amargura das notas,
> Vêm-me recordações obscuras
> Que no sepulcro estão das épocas remotas.
>
> Na Índia vejo-me a ler sóbrio o gesto e voz clara,
> A multidão que escuta o sábio Verbo e o Exemplo,
> Preces do Bagavata e do Vedanta – Sara,
> Sob os negros umbrais de um arruinado templo.

---

36 Cf. Júlia, *Esphinges*, op. cit., p.161-2. O *Correio Paulistano* divulgou o lançamento da revista, reproduzindo-lhe o índice. Cf *Correio Paulistano*, n.15.738, 9 jun. 1907, p.3. Infelizmente, há um único exemplar dessa revista no acervo do Instituto Histórico e Geográfico de São Paulo, transferido para o Arquivo Público do Estado de São Paulo, justamente do primeiro número, relativo ao ano de 1905.

As duas mortes de Francisca Júlia

> Fui chela, fui faquir, fui shaberon; e inda hoje
> Minha imaginação, no seu voo altaneiro,
> Desprende-se, ala-se e foge
> Para aquelas regiões onde nasci primeiro.

Essa foi uma tendência que se difundiu no Brasil, à qual Francisca Júlia aderiu, como mostra a conferência, e que sutilmente influenciou sua poesia a partir de *Esfinges*. Ela procura enraizar sua análise na cultura e nas tradições brasileiras, ainda que, de modo positivista, peneirando o primitivismo na peneira da ciência. Mas que era e continua sendo um tema forte em nossa cultura, como o são, também, o tema do invisível, do medo e do avesso nos fundamentos desta sociedade, como se vê na pesquisa sobre satanás, da escritora Ruth Guimarães, amiga e interlocutora de Mário de Andrade.[37] E se vê no imaginário que atravessa a obra de Guimarães Rosa, especialmente em *Grande Sertão: Veredas*.

No fundo, como pessoa comum, era o que não queria ser e culturalmente não podia ser, e como escritora não podia ser o que poderia tornar-se, se sua aceitação da realidade da feitiçaria ficasse aquém da linha demarcatória da ciência.

A biografia de Francisca Júlia é, em si, um documento, porque é desconstrutiva da estamental realidade social da época, expressão das lentas transformações sociais traduzidas nos desencontros de sua personalidade. Nesse sentido, ela foi a história social em carne viva. Há nela os imensos dilemas pessoais do advento da sociedade de classes, nas dissimulações e indecisões da classe média mal esboçada, dividida entre referências históricas opostas.

---

37 Cf. Guimarães, *Os filhos do medo*.

Álbum de Francisca Júlia

Francisca Júlia da Silva, 1903.
O Archivo Illustrado, Anno V, n.XXXVI, São Paulo, 1903, p.277.

KÓSMOS

EM CAMINHO DA LUZ

A Lucio de Mendonça

Porque descri de ti e da tua bondade
Ante a taça de fel que me chegaste á bocca,
(Alma de pouca fé!) a fé era tão pouca,
Que resvalei pela impiedade.

Exilada da Luz que antes me enchia o seio,
Mal firme o passo, o olhar vasio, poeira e nada,
Assim vivi, por largo espaço, abandonada,
A alma no mais pungente anceio.

A estrada que eu pizava era larga e florida;
Era florido então o solo que pizava;
Mas a cegueira d'alma aos meus olhos velava
O que de bom contem a vida.

Um remedio encontrei para todos os males
E um lenitivo achei para todas as dôres,
Hoje a estrada que trilho é coberta de flôres,
Desde a planicie até aos valles.

E' a palavra de Christo o ideal a que me abraço;
O tecto em que me abrigo é o seu sagrado templo;
O seu amor, o seu perdão, o seu exemplo,
Guiam-me agora o incerto passo.

Ai de mim que tão mal minha missão na terra
Conhecera! Ai de mim que não sabia quanto
As almas purifica o baptismo do pranto
Quando uma grande dôr encerra!

FRANCISCA JULIA DA SILVA.

Francisca Júlia da Silva, 1905.
Kosmos, Anno II, n.6, Rio de Janeiro, junho de 1905, p.13.

Francisca Júlia da Silva, 1913.
O Pirralho, Anno III, n.114, São Paulo, 25 de outubro de 1913, p.3.

Francisca Júlia da Silva, 1917.
A Cigarra, n.73, Anno IV, sexta-feira, 24 de agosto de 1917, p.4.

O poeta Júlio César da Silva, irmão de Francisca Júlia.
Autor e data não identificados. Fonte: Wikipedia.

João Luso, 1896.
Autor não identificado, *A Bohemia*, 1º Anno, n.6, São Paulo, agosto de 1896, p.1.

Foto de João Luso dedicada, em janeiro de 1922, ao escritor Félix Pacheco, seu amigo, da Academia Brasileira de Letras. Acervo J. S. Martins.

Vinheta da página "Chronica", de Olavo Bilac, em que, sob o pseudônimo de Fantasio, ele analisou e fez o decisivo reconhecimento de *Mármores*, primeiro livro de Francisca Júlia, recém-lançado, 1895.
A Cigarra, Anno I, n.10, Rio de Janeiro, 4 de julho de 1895, p.2.

Propaganda do xarope Bromil, assinada por Olavo Bilac, 1910.
Fon-Fon, Anno X, n. 29, Rio de Janeiro, 15 de julho de 1916, p.21.

"Musa impassível", 1923.
Escultura de Victor Brecheret, inspirada no soneto "Vênus", para o túmulo de Francisca Júlia da Silva, no Cemitério do Araçá, hoje na Pinacoteca do Estado, São Paulo.
Foto de José de Souza Martins.

Circunstância sem pompa

A vida cultural não estava circunscrita aos saraus e bailes dos salões de acesso restrito. A cultura, no tempo de Francisca Júlia, e até por meio dela e das pessoas que com ela se identificavam, libertava-se da concepção tradicional paulista da vida cultural fechada no mundo privado dos ricos e herdeiros de tradições. A cultura aprisionada nos recintos da vida rigidamente privada dos bem-nascidos. Os que não tinham incertezas.

Gente como ela, seu irmão Júlio César, Zalina Rolim, Amadeu Amaral, João Luso e outros mais criaram seu próprio salão simbólico nas páginas dos jornais e revistas.[1] Ali, exibiam e até comentavam os trabalhos uns dos outros. De que os salões públicos, onde eventualmente se apresentavam para declamar seus poemas, eram expressões e desdobramentos. Uma contrapartida democrática e pública do salão literário excludente dos palacetes e das mansões.

---

[1] É uma inferência possível a partir da rica e diversificada informação sobre a imprensa na mesma época de Francisca Júlia. Cf. Martins, *Imprensa e práticas culturais, 1890-1822.*

Nesse sentido, Francisca Júlia era moderna sem ser, propriamente, modernista. Ela reconhecia, na prática, que a arte não se consumava na mera redação de um texto para desfrute de poucos e prazer dos autores. Nos modos como a difundia, sua poesia tinha funções educativas e civilizadoras. Era um momento da práxis fundada em valores estamentais, atenuados, porém, pelo esforço de estender aos ínfimos a grande cultura. Uma característica cultural da elite paulista, cuja maior expressão foi a criação da Universidade de São Paulo, em 1934, enquanto Universidade pública, laica e gratuita, na formulação de seu criador, Júlio de Mesquita Filho.

Moderna, também, na concepção da audiência de suas obras, liberta das limitações de divulgação ao serem apresentadas nas páginas dos grandes jornais quase que simultaneamente à sua publicação na forma de livro.

Uma etnografia do modo de vida da época, visto nos próprios escritos que depreciaram e nos que exaltaram a pessoa da poetisa, revela que moderno não era apenas o estilo de um autor assim reconhecido, mas, antes de tudo, seu desligamento da vida e dos valores domésticos e familiares como condição de sua obra. A vida segmentada, que não era o caso de Francisca Júlia. Ela manteve a unidade da vida doméstica com a vida intelectual, o que, isso sim, contrariava o que era próprio da modernidade. Situação de muitas mulheres da época, como se viu na história pessoal das escritoras que foram contemporâneas e até amigas de Francisca Júlia.

Tratava-se de uma concepção típico-ideal da vida, possível em relação ao imaginário do que era um homem, mas impossível em relação ao imaginário do que era uma mulher. Francisca Júlia era

As duas mortes de Francisca Júlia

reconhecidamente excelente poetisa, melhor e mais competente do que os poetas de sua geração. E era também competente e dedicada na vida familiar e doméstica, nas artes da costura e da agulha.[2] À luz do senso comum preconceituoso de então, era isso que pesava contra seu prestígio enquanto poeta.

O senso comum de então pressupunha que fazer poesia era indício "evolutivo" de ruptura com a vida doméstica e o que ela representava enquanto persistência da sociedade retrógrada do passado.

Se rupturas são indicações de adesão à sociedade moderna e a alguns dos seus modernismos, Francisca Júlia praticou-as corajosamente muito além do que ousaram os próprios modernistas. Em primeiro lugar, ao conciliar o ativismo poético com sua presença nos periódicos de então, ela rompeu com o autoritarismo evolucionista do modernismo que preconizava a separação entre o moderno e a tradição, entre o racional e o costume. Ela não aderiu ao modernismo mas aderiu à modernidade, enquanto totalidade constituída pela contradição de juntar temporalidades datadas de diferentes épocas históricas, o passado, o presente e o futuro. Nela, o futuro estava exatamente no primado vivencial da forma.

A ruptura estava, também, na busca criativa de uma religiosidade não conformista, moderna porque ecumênica e pluralista, anti-institucional, oposta ao catolicismo ultramontano da romanização que se difundira no Brasil a partir da última década do século XIX.

---

2 Cf. Francisca Júlia - O inesperado trespasse da grande poetisa brasileira, *A Cigarra*, Anno VII, n.147, São Paulo, 1 nov. 1920, p.6-7.

José de Souza Martins

Rosalina Coelho Lisboa, em interpretação puramente poética da biografia e do drama de Francisca Júlia, dirá a esse respeito, em 1923:

Seu Deus não é o clássico *"Dieu de la foudre, Dieu des vents, Dieu des armées"* [Deus do Relâmpago, Deus dos Ventos, Deus dos Exércitos] nem um Cristo colérico expulsando vendilhões, a látegos, do templo, mas um Cristo sonhador e melancólico, escravo da volúpia de perdoar, que esconde nas dobras do manto divino as mãos feridas, para que os homens se não lembrem de o haver maltratado.[3]

Ela criara sua própria religião, um traço da fé moderna, a que pressupõe a liberdade criativa da pessoa que crê. Algo que sugere certo calvinismo na relação pouco convencional da poetisa em sua concepção do transcendente, mesmo numa configuração católica, como se vê no poema dedicado a Santa Teresa de Ávila. Nessa ousadia, era muito mais moderna do que os modernistas.

Comparativamente, Oswald de Andrade, o modernista típico ideal, não sofria as objeções sofridas por ela. Ele era religioso, católico convencional, e familista. No entanto, dividido no estilo de vida que levava.

O episódio mais emblemático de sua vida, nesse aspecto, foi o de sua atitude em relação à tragédia de sua amante, a Normalista, que com ele convivera nos encontros e reuniões de intelectuais em sua *garçonnière* da rua Líbero Badaró.

---

3 Lisboa, A página de Eva, op. cit.

Separaram-se, ficaram sem se ver um longo tempo. Um dia, viram-se de longe no centro da cidade, cumprimentaram-se com um aceno, ele a seguiu à distância e viu que ela entrara num sobrado da rua Formosa, no Parque do Anhangabaú. Perguntou o que era lá a um homem que saía e ficou sabendo que era uma casa de rapazes.

Algum tempo depois, a Normalista o procurou, estava grávida e precisava da ajuda para fazer um aborto. Ele a ajudou. Foi avisado durante um concerto no Theatro Municipal, por um médico amigo, que a intervenção tivera complicações. Alcançou-a no leito de morte. Providenciou o casamento *in extremis* e sepultou-a no túmulo de sua família no Cemitério da Consolação. Além disso, em relação à mãe e ao padrasto dela, pobres, acolheu-os como genro e deu-lhes uma casa para morar em São Paulo, pois eram do interior.

Enfim, uma família real e fictícia ao mesmo tempo, expressão de uma dupla moralidade, como a que, de certo modo, é recomendada na *Arte de amar*, de Júlio César da Silva.

Quem, como Francisca Júlia, conservadora, não se ajustava à dupla moral dos novos costumes ou ao perfil da dupla personalidade para expressar as identidades fragmentadas da nova sociedade, ficava à margem do modernismo que se difundia fragmentariamente. Refugiava-se, mas inovadora e criativamente, nos resíduos da sociabilidade tradicional e familista.

O recurso de expor sua obra no salão imaginário e alternativo das revistas e jornais abria-lhe uma brecha culturalmente criativa a uma outra manifestação própria do modernismo. A da libertação da criação cultural das quatro paredes dos palacetes da sociedade tradicional. A modernidade como modo de vida democraticamente pluralista na diversidade de seus tempos. O modernismo não era o tempo único, embora se tornasse, simbolicamente, forma dominante da nossa modernidade. Gente como Francisca Júlia expressou, viveu e sofreu os dilemas dessa pluralidade desafiadora.[4]

O que tinha repercussões interessantes, de uma popularidade de classe média, que dela fazia uma intelectual pública, bem diversa do intelectual recluso, de salão. Como os que precisaram recorrer ao evento ruidoso da Semana de Arte Moderna para ser vistos e ouvidos, como protagonistas, aos olhos da própria elite, como se fosse um escândalo, quando era, na verdade, e de certo modo eles o intuíam, em especial Mário de Andrade, uma revolução cultural.

Foi o modo de os modernistas ganharem visibilidade e reconhecimento do público mais amplo da criação cultural. Fora dos estreitos limites dos relacionamentos pessoais, face a face, de pessoas com nome e endereço, da vida dos salões privados, que os tolhera e adiara a possibilidade da irrupção do moderno. O jeito como o modernismo emergiu aqui, em boa parte como travessura de filhos da elite, foi uma transgressão do modo de vida de uma sociedade que se tornara consumidora das mercadorias da modernidade norteada pelos valores estamentais e conservadores da sociedade tradicional.

---

4 Em análise propriamente literária da obra de Francisca Júlia, diferentemente da análise sociológica que aqui faço, João Vicente conclui, sobre as diversas temporalidades também na poesia de Francisca Júlia, que "A quebra da promessa de impassibilidade e culto da forma, feita por Francisca Júlia, que demonstrou desde suas primeiras produções tendências românticas, simbolistas e decadentistas, também pode ser vista, metonimicamente, em graus diversos, é claro, como praxe nos poetas parnasianos brasileiros". Cf. Vicente, Rigidez escultórica e busca temática clássica: o rigor formal na poesia de Francisca Júlia, *Universitas Humanas*, v.11, n.1, Brasília, jan./jun. 2014, p.29.

As duas mortes de Francisca Júlia

Francisca Júlia – e também os que adotaram o mesmo modo de expressão pública – foi, nesse sentido, moderna antes dos modernistas. Porque o modernismo não estava apenas no estilo das obras, mas também, e necessariamente, na interpretação da circunstância que lhes dava sentido.

Ela teve uma popularidade legítima quase até o fim da vida. Era admirada pelo que ensinava aos outros, enquanto os modernistas tornaram-se admirados pelo que mostravam de si mesmos. Algumas iniciativas em relação a Francisca Júlia mostram-na como era vista "de fora". Não como "pessoa de si mesma", mas como "pessoa da sociedade inteira". Ela interpretada como ser relacional.

No agitado ano de 1917, um denso ano na história social da cidade de São Paulo, houve um despertar de consciência em relação ao silêncio e ao distanciamento de Francisca Júlia da sociabilidade intelectual. Algo que não aconteceu com as outras escritoras que também perderam visibilidade.

"Pranto de luar"

Foi quando surgiu um movimento em favor de grandes homenagens a ela promovidas por intelectuais de São Paulo. A iniciativa de vários escritores da época mostra que se disseminara certa preocupação nos meios culturais com o seu silêncio, o declínio de sua produção poética.

O Pirralho, de Oswald de Andrade, que tinha o subtítulo de "Revista Illustrada de importância evidente", em setembro de 1917, menciona a

[...] festa que se projeta fazer à excelsa poetisa paulista. [...] uma vez que se trata de uma das verdadeiras glórias das letras pátrias, que por sua modéstia excessiva quase se alheia ao movimento literário, em que seus pares se empenham, uma vez que se trata de uma homenagem das principais revistas que vem à luz nesta alta capital...[5]

A homenagem preparada para a poetisa foi, provavelmente, uma das maiores que um escritor paulista já recebera, pelo que se depreende do seu anúncio oficial:

> Vários homens de letras desta capital promovem, em breve, uma grande homenagem à poetisa paulista d. Francisca Júlia, à brilhante artista dos "Mármores", cujo nome figura entre os dos mais notáveis cultores do verso no Brasil.
>
> Recolhida, há muito, à calma do seu lar, roubada aos torneios da arte, onde o seu nome se aureola de uma tão justa glória literária, a distinta autora dos "Mármores", vão surpreendê-la agora as homenagens dos admiradores do seu fúlgido talento.
>
> Não houvesse tanto de admiração e intensa emoção afetiva no gesto merecido dos intelectuais paulistas, e diríamos que essa homenagem já se fazia tardar.
>
> A consagração dos intelectuais paulistas, que envolve ao mesmo tempo a todo o Brasil intelectual que admira a poetisa dos "Mármores", é sem dúvida merecedora de aplausos e vem tornar uma realidade a ideia, há muito projetada, de uma homenagem a Francisca Júlia, ideia que, desde seu início, ganhou a adesão de quase todo o mundo literário paulista.
>
> Os promotores dessa homenagem acabam de reunir-se, constituindo a seguinte comissão, encarregada de realizá-la: Vicente de

---

5 Cf. Francisca Júlia, *O Pirralho*, n.243, São Paulo, set. 1917, p.1.

As duas mortes de Francisca Júlia

Carvalho, presidente honorário; Alfredo Pujol, presidente efetivo; Amadeu Amaral, vice-presidente; Martins Fontes, Armando Prado, secretário; Wenceslau de Queiroz, Valdomiro Silveira, Cassiano Ricardo, pela "Panoplia"; Plínio Barreto, pela "Revista do Brasil"; Gelásio Pimenta, pel' "A Cigarra"; Oswald de Andrade, pel' "O Pirralho"; d. Virgínia de Souza Salles, pela "Revista Feminina"; tesoureira; Simões Pinto, pel' "A Vida Moderna", secretário; Gomes Cardim, Alberto Faria e José Gonçalves.

A comissão fará distribuir a seguinte circular:

A comissão abaixo assinada tomou a si a obra, que julga justa, necessária e meritória, de uma grande homenagem à egrégia poetisa paulista Francisca Júlia da Silva cujo espírito faz honra à sociedade que colaborou na sua formação e cujas produções hão de ficar na história da literatura brasileira como um exemplo luminoso de esforço sincero e nobre em prol da arte pura.

Esperamos que todos os paulistas que se interessam pelas cousas do pensamento e da arte hão de concorrer para tal homenagem com o mesmo prazer e a mesma explicável ufania que a comissão experimenta em promovê-la.

O programa que a comissão deseja desenvolver cifra-se no seguinte: – realização de uma grande sessão literária, cujo detalhe será oportunamente publicado; oferta de um medalhão de bronze com o retrato da ilustre paulista à Academia Brasileira de Letras e – caso haja recursos bastantes – uma edição completa e distinta da obra poética de Francisca Júlia.

A comissão confiante na vossa cultura e generosidade e nos vossos sentimentos paulistas ousa pedir a vossa adesão à homenagem projetada e o vosso concurso financeiro para as respectivas despesas.

As listas de subscrições se acham ao vosso dispor com os membros da comissão abaixo assinada, assim como nos escritórios dos jornais da manhã.[6]

É possível que o evento estivesse relacionado com intenção de propor o nome de Francisca Júlia para uma das Cadeiras da Academia Brasileira de Letras. Pelo menos, é o que permite supor a entrega de um medalhão com o retrato de Francisca Júlia à Academia, entrega que nunca se efetivou devido à morte da pessoa que, na comissão, estava encarregada das providências respectivas.

A expressão "vários homens de letras desta capital" tanto pode ser uma reação às ocasiões em que a poeta foi discriminada por ser mulher quanto um aval em favor de sua eventual candidatura para neutralizar resistências ao seu nome justamente por isso.

O longo *intermezzo* mostra as minúcias de entrelinhas nas três ocorrências de 1917 na vida de Francisca Júlia, como se fosse anotação à margem do texto. Expõe a relevância do acaso e do disperso na compreensão de sua solidão. O tempo mostrará que eram episódios do lento adeus que foi se esboçando aos poucos ao seu redor.

Esse era o mundo de Francisca Júlia, um mundo de indefinições. Ele está subjacente à conferência da poetisa em Itu, em cujas entrelinhas há evidências da estrutura de referência de sua consciência social. Aquilo que não era visível ao exame

---

6 Cf. Francisca Júlia da Silva - Uma homenagem à notável poetisa paulista!, *Correio Paulistano*, n.19.422, São Paulo, 4 ago. 1917, p.2.

dos críticos literários que, durante sua vida e depois dela, examinaram e interpretaram sua obra.

Provavelmente, um aspecto decisivo para compreender sua interpretação da própria obra está proposto nas duas edições de um mesmo livro com títulos diferentes – *Mármores* e *Esfinges* –, havendo neles poucas diferenças de conteúdo. Na primeira, ela é predominantemente parnasiana e, na segunda, ela é predominantemente simbolista.

Péricles Eugênio da Silva Ramos (1919-1992) ressaltou essa diferença na edição definitiva e completa da obra poética da autora. Alfredo Bosi foi adiante ao identificar nos traços simbolistas da segunda obra indícios de uma espiritualidade não visível na primeira edição.

Em *Esfinges*, Francisca Júlia superpõe diferente significação à prisão da linearidade dura e formal de *Mármores*. Sua própria reinterpretação do parnasianismo de sua poesia à luz de um misticismo e de uma religiosidade que estavam lá, em vários de seus poemas, mas sem o destaque que pediam as sutis incongruências e dúvidas existenciais que se expressarão em poemas, conferência e artigo a partir, justamente, de 1903.

Em "Redenção da humanidade", do Natal de 1904, soneto publicado na primeira página do *Correio Paulistano*, precedido e decifrado pela epígrafe de seis versículos de Ezequiel e de Isaías – nestes, a tensão entre a tenebrosa punição e a profética libertação.[7] O poema já havia sido publicado em 1903, quando

---

7 Cf. Silva, Redempção da Humanidade, *Correio Paulistano*, n.14.862, São Paulo, 25 dez. 1904, p.2.

saiu a edição de *Esfinges*, com o título de "Humanidade redimida", porém, sem os versículos da epígrafe.[8]

Seu acréscimo na edição do jornal, junto com a própria edição de *Esfinges* como reedição modificada de *Mármores*, parece indicar que Francisca Júlia estava descobrindo e expondo a polissemia de seus versos, decorrente da pluralidade dos meios de sua divulgação e do público que os acolhia. Ou, então, que o mesmo público os lia diferentes vezes de diferentes modos.

Num dia de Natal, expressamente indicado no rodapé do poema, tinha um enquadramento que lhe acentuava significados diferentes dos da edição em livro. O livro não era apenas o texto, mas também sua circunstância.

Chama a atenção do leitor que, na epígrafe, a ordem dos profetas para Francisca Júlia é inversa à de sua ordem na estrutura da Bíblia Sagrada. Na ordem de Francisca Júlia, a punição apocalíptica vem antes da libertação, a promessa da escuridão punitiva vem antes da promessa da luz redentora. Provavelmente, um questionamento simbólico da concepção de destino como castigo.

Uma inversão que faz sentido à vista de seus poemas, especialmente os últimos, relativos à morte, em que a morte se propõe como superação e libertação para a eternidade das muitas vidas a que aludiu num deles. A própria poesia como o momento da luz no rito de passagem de que a morte não é fim, mas transição. Nesse sentido, a redução da criação poética de Francisca Júlia nos últimos anos de sua vida não foi propriamente decadência da poetisa, ainda que fosse declínio do seu

---

8 Cf. Silva, *Esphinges*, op. cit., p.153-5.

parnasianismo; foi, sim, o consciente e lento cumprimento de um rito de passagem.

Isso dá ao seu poema do Natal de 1904 as propriedades de uma poesia exegética, menos poético do que poderia ser, de uma Francisca Júlia não só religiosa, mas também missionária, de uma concepção própria da morte, da transcendência e da religião.

No fundo, também, era um poema de libertação em relação à dominação do pai, de que já ressaltei indícios de ruptura em face de um relacionamento culturalmente dominado. Disfarçadamente, uma significativa expressão de consciência crítica da mulher em relação às coerções da estrutura retrógrada da família do Antigo Regime. Grito que terá seu eco no suicídio no dia de Todos os Santos de 1920, uma forma de aceleração da passagem.

Redenção da Humanidade

Depois veio a palavra do Senhor a mim, dizendo:
E tu, ó filho do homem, assim diz o Senhor Jeová acerca da terra d'Israel! Vem o fim, o fim vem sobre os quatro cantos da terra.

Agora vem o fim sobre ti, porque enviarei sobre ti a minha Ira, e te julgarei conforme os teus caminhos, e trarei sobre ti as tuas abominações.

E não te poupará o meu olho, nem me apiedarei de ti, mas porei sobre ti os teus caminhos, e as tuas abominações estarão no meio de ti; e sabereis que sou o senhor.

Ezequiel 7, 1-4

Mas a terra, que foi angustiada, não será entenebrecida; envileceu nos primeiros tempos, a terra de Zebulom, e a terra de Naftali; mas nos últimos a enobreceu junto ao caminho do mar, d'além do Jordão, na Galileia dos gentios.
O povo, que andava em trevas, viu uma grande luz, e sobre os que habitavam na terra da sombra da morte resplandeceu uma luz.

Isaías 9, 1-2

O Homem era cativo. A Humanidade escrava,
Arrastava da Lei as pesadas correntes;
E a voz de Jeová colérica ameaçava
Entre nuvens de fogo e entre sarças ardentes.

Mísero condenado a infindável degredo
O Homem, nas aflições e nos transes da dor,
Tinha, a apertar-lhe a gorja, a golilha do medo,
Tinha, a prender-lhe os pés, os grilhões do terror.

Homens, punha-os a Dor todos no mesmo nível;
E eles achavam só, no mal e na desgraça,
Para os erros da Fé – o anátema terrível
Para as faltas da vida – uma perpétua ameaça.

E os profetas de Deus, com sua voz ardente,
Como quem vai lançando das sementes no chão,
Espalhavam assim a maldita semente
De que o Homem colheria o envenenado pão.

Mas um dia, o clamor dos profetas calou-se:
A Luz irradiou-se em jorros, mal contida,
E o Templo do Senhor uma tremura doce
Correu, desde o alicerce à altiva torre erguida.

As duas mortes de Francisca Júlia

Tinha nascido enfim o Verbo feito Exemplo,
A cuja doce voz de perdão e de dó,
Foi-se desmoronando o velho e áspero Templo:
De ruínas que era então, fez um monte de pó.

Cristo tinha nascido; e com ele a bondade
Nas almas; e no lar do cristão a concórdia;
E desde então abriu-se a toda a Humanidade
A era mansa da Paz e da Misericórdia.

O poema é a narrativa minuciosa do apagamento dessa tensão, que antecede o nascimento de um Cristo que inaugura uma nova era de paz e concórdia. À luz do desdobramento da biografia de Francisca Júlia, a partir de então, o fato de ver aí a libertação de todos em relação aos cerceamentos, tanto dos que têm o poder do castigo quanto dos que anunciam a redenção e têm o poder de superá-lo.

Na ampliação dos seus canais de comunicação e expressão havia a abertura para o diálogo com mentalidades diferentes da mentalidade dominante. Neles, ela se mostra aberta à diversidade do ver e do compreender, o que se reflete no acolhimento do seu poema "Vidas anteriores" pelo mensário espírita *Verdade e luz*, em 1907.[9]

---

9 Cf. Silva, Vidas anteriores, *Verdade e luz*, Anno XVII, n.408, São Paulo, 31 maio 1907, p.20. O poema foi reproduzido do jornal *República*, que presumo seja o mesmo jornal publicado em Itu (SP), onde, em 1908, fora publicada a íntegra da conferência de Francisca Júlia sobre feitiçaria. O diretor de *Verdade e luz* era o famoso líder espírita Antonio Gonçalves da Silva Batuíra. Era editado e impresso na

As limitações e dilemas dos intelectuais que viviam no mundo social do meio-termo e da indefinição, do que mais tarde se definiria como classe média, criaram a possibilidade de inovações no modo da apresentação social das pessoas talentosas, especialmente dos escritores.[10]

Numa sociedade como a brasileira da época, especialmente com suas características de transição, mais presentes na cidade de São Paulo daquele momento histórico, mais intensas eram a possibilidade e a necessidade da teatralização da apresentação social e das condutas nas diferentes circunstâncias e locais da sociabilidade diversificada. Também aí se vê indício de uma sociabilidade moderna cautelosamente à margem da sociabilidade tradicional.

Eram, no fim das contas, estratégias para contornar tanto os persistentes enquadramentos estamentais quanto as incertezas e riscos da sociedade de classes, especialmente duros em relação às mulheres. Não só porque na referência do estamento as pessoas eram o que eram em decorrência do nascimento e das marcas que dele exibiam, como o modo de viver, de trajar, de caminhar, de falar.

Mas também porque, na dupla situação, regulada por dois códigos completamente diferentes no modo de ser, a referência da classe social impunha a cada um a teatralização da apresentação social, o fingimento. No estamento, cada qual era o que era, desde o berço; já na classe social, cada um era o que parecia ser, deste o atual. Portanto, neste caso, cada um era também o que

---

rua Espírita, nº 28, próxima da rua em que Francisca Júlia e o marido morarão depois de casados quando em São Paulo.
10 Cf. Goffman, *La Presentación de la Persona en la Vida Cotidiana*, passim.

poderia ser a partir da manipulação de impressões de terceiros a seu respeito, como sugere Erving Goffman (1922-1982). Um mundo mais flexível, diverso do da rigidez contida na poesia de *Mármores*. Também para a poetisa, tanto no conteúdo da poesia quanto na liberdade dos temas.

Penso que se pode remeter o movimento paralelo à cultura de salão, da qual Francisca Júlia participou, ao que observa Antonio Candido em relação a esse período, num parágrafo de um de seus livros em que há uma referência à poetisa paulista: "[...] talvez nunca tenha havido em São Paulo uma coincidência tão grande entre a inspiração dos criadores, o gosto do público, a aprovação das elites".[11]

O que, de certo modo, explica por que os pequenos e seletos grupos ao pé do túmulo de Francisca Júlia, no dia do seu sepultamento e nas missas por sua intenção nos dias de luto, tenham sido de intelectuais majoritariamente da elite. Gente que, afinal, não pertencia à sua classe social nem com ela se identificava.

Alguns pronunciamentos sobre sua morte, nos dias seguintes, implicitamente ressaltam esse estranhamento, na solidão daquela hora, o que a identifica como a poetisa fora do lugar, autora de versos de um tempo poético ultrapassado. Em suma, a personificação da anomia no plano da arte e da literatura, a vida vivida como desconexão. O público que ali estava era o público da realidade cultural que viria e não o público da realidade cultural do que até ali fora próprio de sua poesia.

A coincidência que Antonio Candido assinala, e que o caso de Francisca Júlia exemplifica, é a da pluralização da sociedade

---

11 Cf. Candido, *Literatura e sociedade*, op. cit., p.190.

daquele momento na diversidade conflitiva de concepções e de mentalidades. O teatro, a poesia, a música, a pintura, atraíam um público de curiosos em face da modernidade de um modo de vida novo, o da transição social convertida em espetáculo. Isso fica evidente no *Diário* de Paulo Nogueira. Ele estava aberto à pluralidade do conhecimento e de suas expressões, não porque soubesse, mas porque queria saber.

Expressão da modernização anômala nas temporalidades descompassadas de uma sociedade de colagem em que o passado permanece e o futuro chega antes do tempo para estabelecer um presente ao mesmo tempo inatual. Francisca Júlia viveu e sofreu essa transição como poeta: as palavras da poesia sem bocas para dizê-las e sem ouvidos para ouvi-las. O refinamento desenraizado do Parnaso.

Coincidência ou não, a primeira publicação de um poema de Francisca Júlia ocorreu na mesma semana em que completara 20 anos. Suas poesias passaram a ser reproduzidas em publicações de São Paulo, do Rio de Janeiro e de outros estados, o que a transformou em autora nacional, antes mesmo de publicar o primeiro livro, algo bem diverso dos limites do provincianismo afrancesado dos salões das famílias de prol. Os jornais e revistas democratizaram a poesia ao abrir-lhe suas páginas e ao abrigarem os versos de outros autores, vários dos quais, como ela, socialmente à margem do núcleo social de reprodução da cultura erudita.

O primeiro sarau de que Francisca Júlia participou foi em 1895, mesmo ano do lançamento de seu livro *Mármores*, na noite de 18 de fevereiro, uma segunda-feira. Significativamente, não foi um sarau mundano, mas um sarau beneficente no Clube Germânia, cujas trezentas cadeiras estavam todas

As duas mortes de Francisca Júlia

ocupadas, para recolher fundos destinados a auxiliar órfãos e viúvas das vítimas do incêndio e naufrágio da barca *Terceira*, da Companhia Cantareira, que levava 150 passageiros, no dia 6 de janeiro, na baía da Guanabara.[12]
Apresentava-se pela primeira vez em público.

[...] ao princípio com a voz um pouco trêmula".[13] [...] Mas quando a sua figura esbelta e distinta surgiu nesse estrado conduzida pelo braço de um poeta já sagrado pela opinião – o nosso colega do Estado Filinto de Almeida (1857-1945), uma salva de palmas partiu do salão e deu-lhe certamente a animação necessária em tão cruel momento. / E então ela, feito o silêncio na sala, começou a dizer os seus esplêndidos versos ao princípio um pouco baixo e depois aos poucos elevando gradualmente a voz recitou-os esplendidamente dando-lhe o cunho varonil e artístico de sua musa tersa e vigorosa.[14]

Ela recitou os dois sonetos da "Musa impassível", publicados alguns dias antes na primeira página do *Correio Paulistano*.
Um ano depois, em janeiro de 1896, Francisca Júlia compareceu a um concerto, também no Club Germânia, que ficava onde é hoje a rua Dom José de Barros, no centro de São Paulo, organizado pelo maestro João Gomes de Araújo (1846-1943) e pelo poeta Paulo Orozimbo. Pelo luxuoso local do evento e

---

12 Cf. Grande catastrophe: O incendio da barca *Terceira*, *Jornal do Brasil*, Anno V, n.7, Rio de Janeiro, 7 jan. 1895, p.1.
13 Cf. Redondo, O sarau do dia 18, *Correio Paulistano*, Anno XLI, n.11.488, São Paulo, 25 fev. 1895, p.2.
14 Cf. Sarau artístico, *Correio Paulistano*, Anno LXI, n.11.483, São Paulo, 20 fev. 1895, p.1.

pelo maestro, já famoso, tratava-se de um acontecimento social. Francisca Júlia foi convidada a recitar seus versos. O jornal monarquista *O Comércio de S. Paulo* noticiou o evento com este comentário:

> Não só a parte musical como a literária agradaram bastante, figurando nesta a sra. d. Francisca Júlia da Silva, que recitou uns versos razoáveis.[15]

Esses são os desencontros sociais de sua biografia que me estimulam e motivam para a reflexão que aqui desenvolvo.

Tendo presente, no entanto, as mediações de uma aparentemente limitada referência sociológica, que sugere a prudência de não cair na tentação das grandes explicações situacionais. Como aconteceria se reduzisse à concepção de estrutura de classes a explicação da poesia e da poetisa pela suposta situação de classe social de quem escreve e do que pensa.

Muitas vezes há pequenos detalhes da situação social de uma pessoa que só ao fim da biografia podem ser interpretados como detalhes decisivos, que pesam mais do que as grandes e abstratas referências no modo de pensar de uma sociedade e de exprimir esse pensamento. São as biografias dos que, de certo modo, ficaram à margem da história e foram menos diretamente afetados pelas determinações sociais de um definido momento histórico. Aqueles detalhes que representam, muitas vezes, ousadia e inovação.

---

15 Cf. *O Commercio de São Paulo*, Anno IV, n.864, São Paulo, 22 jan. 1896, p.1.

As duas mortes de Francisca Júlia

No meu modo de ver, esse é o caso de Francisca Júlia da Silva. Respeitada pelos grandes, viveu, no entanto, fora e, de certo modo, longe do grande mundo da riqueza, do poder e da cultura, o mundo dos protagonistas de época. Nesse sentido, beneficiada para compreender e expressar o grande mundo, que só pode ser visto e decifrado por quem não é pequeno.

Nessas duas situações de apresentação pública da poetisa em São Paulo, ela é identificada pelos estigmas de origem que carrega: tanto ao recitar timidamente dois de seus mais belos e emblemáticos sonetos quanto, na segunda ocasião, na depreciação em relação a seus versos.

A migração de Xiririca para São Luiz do Paraitinga e dali para São Paulo, depois para Cabreúva e de lá para o Lajeado, na extrema periferia de São Paulo, foi depositando marcas de ressocializações parciais na formação de sua personalidade e, de outro modo, também na de seu pai. O que foi muito comum na São Paulo dessa época.

São Luiz, de 1875 a 1878, quando ali moraram, tinha economia mais robusta do que Xiririca, o número de seus fazendeiros era maior, tinha diversificada população urbana de comerciantes, artesãos e profissionais liberais.[16] Por essa época, o número de escravos era o forte indicador de riqueza regional e pessoal. Em 1884, ali havia 1.642 escravos, mais do que em Cruzeiro, Jacareí, Mogi das Cruzes, Queluz, Paraibuna, Santa Branca.[17]

Miguel Luso da Silva, comerciante, não podia deixar de se deslocar para uma região mais dinâmica do que Xiririca, numa

---
16 Cf. Luné; Fonseca (orgs.), op. cit., p.180ss.
17 Cf. Motta Sobrinho, *A civilização do café*, p.109.

época em que a expansão do território do café multiplicava as atividades econômicas e abria novas oportunidades para os talentosos e ousados. Há vários pequenos indícios de que era o seu caso.

Uma indicação de como iam as coisas na família de Miguel Luso da Silva, por essa época, é a notícia de julho de 1875 de que, no dia 16, ele e a esposa, com seu criado Miguel da Silva, seguiram para a Corte no vapor *Paulista*. Apenas cerca de 5% dos passageiros brasileiros dessa viagem estavam acompanhados de criados.[18] Indício de que os deslocamentos da família, nesse período, não estavam relacionados com dificuldades econômicas.

O afastamento de Cecília Isabel da escola pública de São Luiz do Paraitinga, em 1878, ano da mudança para São Paulo, sugere que foi ela motivada por um rearranjo nas opções e na vida da família, especialmente do marido. Opções que redundarão, ao cabo, na frustração da ascensão social indicada na tentativa, sem êxito, de ser tabelião e, pior, na perseguição política que sofreria e na consequente demissão como cartorário da Freguesia de Sta. Efigênia. Uma família que, em termos materiais, dentro de algum tempo daria sinais de que, aos poucos, passava a depender mais da esposa do que do marido.

Num primeiro instante, a mudança para São Paulo estava associada a vários indícios de busca de uma nova e melhor situação social. A que supostamente podiam ter pessoas como eles naquele cenário de grandes transformações sociais. Menos pela eventual melhora econômica e mais pela possibilidade de acompanhar o avanço da civilização animado pelas abundâncias da florescente etapa paulista da economia do café.

---

18 Cf. *Diario de S. Paulo*, Anno X, n.2.900, 20 jul. 1875, p.3.

As duas mortes de Francisca Júlia

Já em janeiro de 1878, Cecília Isabel, que era professora leiga, obtivera medida administrativa que mandava o diretor da Escola Normal de São Paulo, depois Caetano de Campos, matriculá-la no primeiro ano do curso de formação de professores do ensino primário, o das primeiras letras, com ordenado, ainda lotada numa cadeira da vila do Alto Paraíba.[19] Era aquilo que mais tarde se difundiria como comissionamento de professores leigos para cursarem a Escola Normal e, a partir de 1934, como comissionamento de professores normalistas para cursarem a Faculdade de Filosofia, Ciências e Letras da Universidade de São Paulo.

Eram culturalmente limitadas e limitantes as condições dos lugares em que a família de Francisca Júlia viveu antes de chegar à cidade de São Paulo. O que é essencial para compreender quanto as mudanças de lugar de residência foram fatores do excepcional fato de que tanto ela quanto seu irmão se tornassem poetas reconhecidos, de grande talento. Esse é um dos enigmas que procuro decifrar neste trabalho: como se explica esse fato nas condições da infância e da adolescência dos dois?

A origem e a migração por localidades caipiras, numa fase formativa, até a fixação da residência em São Paulo, são fatores adversos na compreensão de que Francisca Júlia se tornasse a poetisa que precocemente foi. Não é o situacional, portanto, que explica o excepcional desse fato. O que mais provavelmente o explica é ser a mãe de Francisca Júlia professora leiga e indícios de comportamento de seu pai sugerirem que sua casa era uma casa de livros, de mãe e pai leitores e cultos. É a primeira explicação para o fato de que ela, muito jovem, já escrevesse poemas.

---

19 Cf. *Diario de S. Paulo*, Anno XIII, n.3.628, 13 jan. 1878, p.1.

José de Souza Martins

Numa das escolas de que Cecília Isabel foi docente, o Grupo Escolar da Penha, em 1913, quando ainda vinculada à escola do Lajeado, uma das atividades que promoveu com as alunas do segundo ano do curso primário foi justamente a de estimulá-las à leitura pública de poesia e, em alguns casos, a escrever poesia para apresentação no encerramento do ano letivo.[20]

Não se deve esquecer que muitos dos nossos grandes nomes da literatura e das artes nasceram e foram educados em ambientes supostamente improváveis para o florescimento da literatura e da arte, como as fazendas e localidades do interior. Porém, a possibilidade era limitada aos beneficiários da próspera sociedade da grande lavoura, que tinha conexões econômicas e culturais com a Europa, especialmente com a França.

Os cenários de origem dos literatos e artistas paulistas, da mesma geração de Francisca Júlia, de vários modos diferiam do seu, urbano desde o início da vida. Porém, um urbano aquém do padrão de civilidade de muitas das grandes e ricas fazendas. Havia nelas mais mentalidade urbana, decorrente dos poderosos vínculos econômicos que mantinham com os grandes centros da civilização, do que nas pequenas cidades de província.

Em muitas fazendas de café de São Paulo e do Rio e de cana-de-açúcar do Nordeste havia bibliotecas, e fazendeiros assinavam revistas literárias francesas. Mesmo nossos jornais, como os do Rio de Janeiro e de São Paulo, lidos nas fazendas, publicavam, regularmente, romances de autores estrangeiros consagrados, em capítulos. Frequentemente, na primeira página. Naquela época o leitor de jornal era antes um leitor de livros, um apreciador de literatura.

---

20 Cf. *Correio Paulistano*, n.18.108, 17 dez. 1913, p.2.

Quando, há alguns anos, visitei a sede, já sem função, da Fazenda Santa Veridiana, que pertencera à família Silva Prado, no interior de São Paulo, notei com espanto que havia ali restos de uma biblioteca de livros franceses e vários guias antigos da Paris da *belle époque*. José Estanislau do Amaral Filho (1855-1947), pai de Tarsila do Amaral, dono de várias fazendas, que numa delas vivia, não dispensava no jantar sopa liofilizada francesa, um menosprezo pelas verduras frescas da horta caipira que toda fazenda que se prezasse possuía. Até aí chegava a influência da Europa distante. A cultura francesa, na casa de José Estanislau, não se limitava à mesa. A própria Tarsila aprendeu francês na fazenda, quando criança, com uma professora belga.

Nas fazendas paulistas mais ricas, mesmo de gente que mal disfarçava o sotaque caipira, a vida se pautava por uma referência cultural híbrida, num curioso e até criativo diálogo com a cultura europeia e cosmopolita. O *Diário* do fazendeiro Paulo de Almeida Nogueira, cuja cronologia coincide com uma parte da mesma época da biografia de Francisca Júlia, contém extenso número de anotações, justamente relativas à dupla vida de um homem dividido entre a roça e grandes eventos culturais na cidade de São Paulo e, uma vez ao ano, na Europa.[21]

A cidade só começara a deixar de ser a pequena cidade colonial e caipira com a expansão dos cafezais para o Oeste. Os próprios paulistas só deixarão de ser caipiras quando se fixarem definitivamente nas cidades, a vida regulada pelos valores da cultura e da vida urbanas. Foi a partir de quando a cidade de São Paulo se tornou ponto de convergência ferroviária para o acesso das mercadorias, especialmente o café, ao porto de

---

21 Cf. Nogueira, *Minha vida*, op. cit.

Santos, pela São Paulo Railway Company. E a Capital, em contrapartida, tornou-se ponto de afluxo e reprodução capitalista do dinheiro do café e de tudo que a abundância de dinheiro possibilita.

Uma das consequências foi a reconstrução e crescimento de São Paulo já a partir de 1873, época em que a família de Francisca Júlia chegou à cidade, sendo as velhas construções de taipa substituídas por edificações de pedra, tijolo e cimento. O que promoveu o surgimento de bairros como Campos Elíseos, Santa Ifigênia, Vila Buarque, Higienópolis, a avenida Paulista, e neles os palacetes dos grandes industriais e dos fazendeiros que se deslocaram para a cidade em busca de estilo e de conforto.

Mudanças que se acentuaram no decênio da administração de Antônio da Silva Prado (1840-1929), primeiro prefeito de São Paulo, a partir de 1899 e em toda a primeira década do século XX. Fora ele um dos patronos decisivos da abolição da escravatura, do advento do trabalho livre e da imigração subvencionada. Era grande cafeicultor e empresário: sua família era a maior plantadora de café do mundo. De convicção monárquica e conservador, foi, no entanto, um patrono da nossa modernização econômica, urbana, social e até mesmo política.

A rede ferroviária paulista permitia a esses grandes agricultores morar na capital e, com facilidade, estar em suas fazendas nos momentos decisivos da faina agrícola, como o da distribuição das tarefas, o da colheita do café, o do seu beneficiamento e o dos pagamentos e acertos de contas.

A difusão cultural do cosmopolitismo depende de agentes ativos, para os quais tenha sentido. Os fazendeiros desempenharam esse papel. É o que explica que aqui, em boa medida, esse cosmopolitismo se difundirá, também pela mediação dessas fazendas, para a capital e para algumas cidades como Campinas e Santos, e não o contrário. Cidades onde encontrará outros agentes, de vários modos alcançados por mecanismos de importação cultural. Dentre eles, menciono a função disseminadora de cultura das casas comissárias de café que, administrando as vendas e as compras dos fazendeiros, administravam também sua pauta de consumo de coisas e de ideias importadas.[22]

Foi o capital comercial e não o capital agrícola que assegurou a modernização dos costumes da elite cafeeira e induziu a modernização dos equipamentos domésticos e da própria concepção de habitação. Num extremo, para exemplificar, a introdução do uso celebrativo de flores nas *corbeilles* oferecidas aos artistas nos concertos e seu uso decorativo nas reuniões sociais. A introdução do passatempo da jardinagem masculina e do cultivo de flores deveu-se à ação de um comerciante de origem francesa, Jules Joly. Ele foi o primeiro livreiro de São Paulo, dono da primeira floricultura, importador de sementes e dono de uma chácara de flores no bairro do Brás, algo tão diferente do costume que a princesa Isabel a visitou em 1884, em bonde puxado a burro.[23]

---

22 A principal personagem do documentário cinematográfico *O Vale*, de João Salles, um descendente de velho e grande fazendeiro de café da área fluminense do Vale do Paraíba, exibe velhos objetos franceses de uso desse seu antepassado, que chegou a ser senhor de oitocentos escravos. Sem contar a decoração da casa-grande da fazenda, com materiais importados da França e no gosto francês da época.
23 Cf. Martins, As flores da Rua Joly, *O Estado de S. Paulo* [Caderno *Metrópole*], 4 mar. 2013, p.C8. Reproduzido em Martins, *O coração da pauliceia ainda bate*, op. cit., p.127-8.

Parâmetros de cultura europeia, especialmente francesa, eram lentamente filtrados e reformulados por um olhar de gente que foi socializada na roça. O que fará que o vivencial de um fazendeiro, José Estanislau do Amaral Filho, já mencionado, vá se expressar com originalidade no olhar desconstrutivo de sua filha Tarsila do Amaral, artista plástica, também ela moradora de roça. José Estanislau era admirador da pintura do piracicabano Almeida Júnior, que estudou em Paris. Deu à filha um quadro desse pintor, *O violeiro*, de 1899, que está hoje na Pinacoteca de São Paulo. Uma referência temática, mas não uma referência estética nas inovações do modo de ver e de pintar de Tarsila. Uma boa indicação sobre influências pré-modernas na gestação da alta cultura no Brasil, que ganhará corpo na Semana de Arte Moderna sem negar radicalmente o Brasil tradicional e da roça. A antropofagia da Semana é isso, deglutir o passado para botar o ovo vital do modernismo. *Macunaíma* é seu resultado.

Nossos jornais do final do século XIX e dos primeiros anos do século XX documentam e refletem essa influência cultural europeia intensa. Quando Anatole France (1844-1924) visitou São Paulo, em 1909, foi recebido como um herói da cultura e da civilização. Eram muitos os que já haviam lido suas obras. Bondes especiais foram cedidos pela Light para transportar os estudantes à estação do Norte, no Brás, onde aguardariam o trem especial que o trazia do Rio de Janeiro, e acompanhá-lo ao Grande Hotel da Rotisserie Sportsman, onde se hospedaria, na entrada do Viaduto do Chá, no lugar do hoje prédio Matarazzo e Prefeitura. Em automóvel cedido por rica família de São Paulo, foi levado ao hotel, seguido por uma multidão entusiasmada.

As duas mortes de Francisca Júlia

Retornava da Argentina à França e viera a São Paulo subornado pelo escritor Alfredo Pujol (1865-1930), pois o escritor francês tinha contrato com os argentinos para um ciclo de conferências em Buenos Aires, com cláusula de restrição a que fizesse conferências no Brasil, onde faria escala.[24] Um quarto de século depois, Claude Lévi-Strauss (1908-2009) notaria que Voltaire (1694-1778) e Anatole France, "mesmo no fundo do sertão, continuavam suspensos na cultura nacional".

Num lugar do interior foi recebido por um exagerado fazendeiro com alusões entusiásticas a Anatole France, como se o antropólogo belga e o escritor francês fossem, no fundo, uma só e mesma pessoa.[25]

Na visita do compositor Camille Saint-Saëns (1835-1921) a São Paulo, em 1899, que se apresentou no salão da residência do maestro Luigi Chiaffarelli, o noticiário dos jornais comportou citações e transcrições em francês.[26] Só a língua francesa era digna e apropriada para reproduzir a fala de europeus cultos numa cidade em que, nas ruas, se falava ainda o português com forte sotaque caipira e já se disseminava o sotaque de dialetos italianos pelos bairros operários.

Como se a tradução pudesse macular o original para o pequeno público que compreendia até mesmo as sutilezas da

---

24 Cf. Martins, Anatole em São Paulo, *O Estado de S. Paulo* [Caderno *Metrópole*], 24 set. 2012, p.C6. Reproduzido em Martins, *O coração da pauliceia ainda bate*, op. cit., p.176-7.
25 Cf. Lévi-Strauss, *Tristes trópicos*, p.25.
26 Cf. *Correio Paulistano*, Anno XLVI, n.12.875, 8 jul. 1899, p.1; *O Estado de S. Paulo*, Anno XXV, n.7.541, 15 jul. 1899, p.2 (Comentários de Camille Saint-Säens sobre o desempenho de Henrique Oswald em concerto na casa do maestro Luigi Chiaffarelli).

língua francesa. Nas casas de muitas famílias brasileiras ricas se falava francês no dia a dia. Em meados do século XIX, Álvares de Azevedo escrevia de São Paulo em francês para a família no Rio. E, nas primeiras décadas do século XX, José de Freitas Valle, o mecenas das artes, em sua Vila Kyrial, na Vila Mariana, reduto de preparação da Semana de Arte Moderna, escrevia poemas simbolistas em francês, sob pseudônimo de um imaginário poeta francês, Jacques D'Avray.[27]

À margem dessa cultura cosmopolita, dominada pela cultura francesa, São Paulo viveu a singular gestação de um espaço híbrido e mesmo de uma cultura híbrida das improvisações residuais de uma cidade que, por largo tempo, foi a dos restos. A dos imigrantes que não cabiam nos países de origem; a dos escravos e ex-escravos que não cabiam na escravidão em crise, que acabava; a dos caipiras que já não cabiam nas roças e nos cafezais que passavam por transformações tecnológicas; a das línguas misturadas, das habitações improvisadas, dos cortiços promíscuos.

Era a São Paulo dos arrabaldes, a espacialidade residual do urbano inconstituído, insuficiente, inacabado. Mesmo na língua, Juó Bananére, pseudônimo de um paulista dos antigos, o engenheiro Alexandre Ribeiro Marcondes Machado (1892-1933), inventa o dialeto ítalo-paulista. Cornélio Pires inventa a música sertaneja, urbana, baseada na música caipira, nas tradições caipiras e na mentalidade caipira. A cidade ganha referências culturais residuais. Inventa o singular mundo espacial e social do arrabalde e do subúrbio.

---

27 Cf. Camargos, *Villa Kyrial - Crônica da Belle Époque Paulistana*, p.115-20.

As duas mortes de Francisca Júlia

Francisca Júlia e sua família serão personagens desse cenário de transição inacabada, não evolutiva. Viverão e morrerão nos arrabaldes de São Paulo. Seu drama, seus dilemas e mesmo sua tragédia expressarão as insuficiências e rupturas da São Paulo do crescimento econômico acelerado, do desenvolvimento cultural de colagem e do desenvolvimento social lento e retardatário.

Há indícios de que os futuros participantes da Semana de Arte Moderna tenham intuído que São Paulo era a humanidade de personagens como ela, que admiravam, porque completa naquilo que não eram e incompleta naquilo que queriam ser. Mesmo nos resmungos de Mário de Andrade quanto à poesia admirável dessa grande esteta da palavra, é possível, sem esforço, percebê-la como a referência a ser superada, a ser vencida. Francisca Júlia era quem admiravam e não queriam ser. Essa foi a raiz do nacionalismo cultural, sobretudo paulista. Francisca Júlia foi a personagem invisível e oculta da Semana, o fantasma que assombrava os espíritos dos que na Semana tentavam reinventar o Brasil.

Em *Macunaíma*, o Brasil fragmentário do que não éramos se apossa da panela de barro dos anônimos, dos sem graça nem estilo, para fermentar o cauim da nacionalidade. Uma boca desdentada de intelectuais desenraizados e de cultura francesa mastiga os caroços de milho das espigas respigadas na tiguera do povo para preparar a bebida ritual e popular da brasilidade. Na tensão dos contrários, cuspiram na panela de Francisca Júlia a mastigação para que ali fermentasse e desse origem à cachaça do nosso nós macunaímico para um porre sem cura.

Dilemas da vida sem métrica

Já nas décadas finais do século XIX, as ferrovias facilitaram a conurbação cultural invertida em relação ao que, no geral, entende a sociologia ser a tendência evolutiva da vida urbana, a cidade civilizando o campo. Em boa medida, em São Paulo, como sugeri, a grande propriedade, que abrigou o europeísmo importado graças ao dinheiro do café, civilizou a cidade. Os fazendeiros que povoaram os novos bairros fizeram a opção pela capital e pelos novos bairros chiques com base nas referências culturais que já orientavam sua visão de mundo e sua concepção europeizada da vida. Uma França paulista, de imitação, como espaço imaginário da criação.

Muitos iam à Europa anualmente, após a colheita e a entrega do café às casas comissárias, para desfrutar parte dos créditos que possuíam com os importadores europeus.

Um traço curioso dessa combinação peculiar, como conta Paulo Duarte (1899-1984) em suas memórias, é o de que havia fazendeiros que embarcavam no navio da viagem uma vaca leiteira para o leite das crianças da família durante o trajeto, vaca que ficava hospedada num estábulo do porto de Le Havre à espera do dia do retorno.

A roça caipira persistia na mentalidade desses fazendeiros, tocados mas não convencidos pela cultura europeia: em relação à alimentação das crianças, resistiam ao uso do leite condensado dos navios. Ali por 1876, a Farinha Láctea Nestlé chegou a São Paulo, pela Casa Levy, da família do grande compositor brasileiro Alexandre Levy. Sua publicidade de jornal tinha por chamada a designação "ama de leite", anúncio corriqueiro tanto de quem procurava amamentadora de aluguel para os recém-nascidos quanto de quem se oferecia para essa função.[1] O produto lácteo moderno, para ser aceito, teve que encontrar caminho no imaginário tradicional e escravista da concepção de amamentação dos bebês paulistas da época.

Houve aí, também, fatores de natureza prática, a economia mais complexa do capital financeiro e do capital comercial impondo aos novos ricos um estilo de vida de maior mobilidade, a definição do cotidiano como o tempo de referência da vida moderna, o tempo das horas e minutos, em oposição ao lento tempo cíclico da roça, que é o tempo das estações do ano, do plantio e da colheita. E, também, o desdobramento do novo estilo de vida nas instituições propriamente civilizadoras, como a Academia de Direito, a Escola Politécnica, a Faculdade de Medicina, os teatros, as salas de concerto, as livrarias e as bibliotecas.

Os muitos estudantes que passaram pela Faculdade de Direito, oriundos de fazendas e pequenas localidades, ali se inteiraram dos modismos literários europeus de modo mais sistemático.

---

[1] Cf. Martins, Seios de aluguel, O *Estado de S. Paulo* [Caderno *Metrópole*], 30 jul. 2012, p.C8. Reproduzido em Martins, O *coração da pauliceia ainda bate*, op. cit., p.114-5.

As duas mortes de Francisca Júlia

Além dos que se tornaram ou se confirmaram poetas renomados, como Paulo Eiró, Castro Alves (1847-1871), Álvares de Azevedo, Fagundes Varella, vários outros chegaram a versejar, com algum talento, que se lê nas páginas dos almanaques do último quarto do século XIX e mesmo nas revistas e jornais da época. Outros ficaram nas formalidades das quadras de métricas e rimas sem inspiração, como se vê nas preciosas notas biográficas de antigos alunos, reunidas por Almeida Nogueira (1851-1914) nos volumes sobre *A Academia de S. Paulo*.[2]

Mas tentaram. A cultura literária da Faculdade de Direito lhes dava a vestimenta formal do estilo para expressar sentimentos e modos de ver originários de situações sociais que aqui eram chamados de caipiras e a poesia chamava de campestres. O que vai marcar o pensamento das primeiras décadas republicanas não só como pensamento fora do lugar, mas também como lugar fora do pensamento, um duplo desencontro. A Semana de Arte Moderna corrigirá esse estado de anomia e tentará juntar nossos opostos na construção imaginária do nosso nós, um nós com estilo, a diversidade do absurdo que éramos e somos, como em *Macunaíma*, de Mário de Andrade.

É significativo que em 1911, poucos meses após o término da administração municipal de Antônio da Silva Prado, que o construíra, tenha sido inaugurado o Theatro Municipal de São Paulo. Em 1909 foi criada a atual Academia Paulista de Letras. A arte e a literatura deixavam de ser passatempos descolados a enfeitar o bucolismo rural ou o refúgio dos palacetes para se tornarem necessidades sociais e existenciais, itens especializados da vida urbana e da urbanização da conduta e da mentalidade coletiva.

---

2 Cf. Nogueira, *A Academia de S. Paulo – Tradições e Reminiscências*.

As cartas de Francisca Júlia para sua amiga de São Paulo, Ester Rocha, enviadas de Cabreúva, em 1906, são documentos eloquentes de quanto o desenvolvimento urbano ganhara vida própria e o mundo rústico se tornara irrespirável para as pessoas cultas, como ela. O eixo da cultura erudita se deslocara definitivamente para a cidade grande e rica. Em sua poesia, a roça será contemplada a distância, mitificada em parâmetros clássicos do Parnaso, irreal e formalmente bela. Será, já não sendo, porque transportada para outro âmbito do conhecimento, o da arte pela arte.

A grande transformação da sociedade brasileira, nessa época, que se reflete tanto na concepção da poesia, num extremo, quanto na concepção das coisas materiais, no outro, é a do surgimento das condições sociais de uma realidade liberta do imediato da mera reprodução da vida. Se nessa mesma transição social o grande capital se libertara de suas aplicações práticas e setoriais para expressar-se no cume do capitalismo, o do capital financeiro, em que o dinheiro alcança sua máxima abstração, também na literatura houve desvencilhamentos que a levaram, como na obra de Francisca Júlia, ao refinamento extremo da forma pela forma. O real desdobrado nas sofisticadas instâncias do desprendimento, que cria as condições tanto da ação racional quanto da invenção formal.

Num artigo em *A Cigarra*, quando do lançamento de *Mármores*, em 1895, Olavo Bilac foi direto a esse ponto essencial de sua poesia: "Quando li, há pouco mais de um ano, os primeiros versos de Francisca Júlia, surpreendeu-me o seu estilo. Havia ali a demonstração de um culto entranhado da Forma, – culto que não tem muitos sacerdotes (ai de nós!) nos dias de hoje".[3]

---

3 Cf. Fantasio [Olavo Bilac], "Chronica", op. cit.

As duas mortes de Francisca Júlia

A poesia de Francisca Júlia, ousadamente, modernamente, libertava os versos da rude materialidade das coisas e dos sentimentos. Era moderna nesse sentido, talvez por isso admirada pelos modernistas de 1922.

O eixo lógico da vida e da cultura chegara a sua máxima possibilidade na circunstância e no momento. A poesia de Francisca Júlia se realiza, em boa parte, porque ela nascera e vivia à margem das mediações conciliadoras entre o rústico e o civilizado que enredaram os filhos-família que passaram pela Faculdade de Direito. Sua poesia floresce descolada de enraizamentos e conciliações, como forma pura, de uma beleza sem a mancha e as vacilações do real.

É que, no limite, o real engendrara uma trama de mediações entre as "determinações em última instância" e suas expressões culturais mais elaboradas. É o que garante a sofisticada liberdade de criação, a imaginação desvencilhada do imaginário e seus travejamentos materiais. É o momento em que a poesia explica poeticamente a poesia.

A exacerbação da forma literária, na poesia de Francisca Júlia, desprende-se da dinâmica social que demarca a vida de sua família e que a arrasta para os dilemas nem sempre generosos dos rumos da emergente sociedade do trabalho livre.

Pouco depois da residência em São Luiz do Paraitinga, em outubro do ano de 1878, o pai de Francisca Júlia está em São Paulo, como escrivão do Juizado de Paz da Freguesia de Santa Ifigênia.[4] No mesmo ano de 1878, em 26 de julho, a mãe de Francisca Júlia publicara em *A Província de São Paulo* este anún-

---
4 Cf. *Correio Paulistano*, Anno XXV, n.6.574, 11 out. 1878, p.2; *Jornal da Tarde*, Anno I, n.24, São Paulo, 29 nov. 1878, p.3.

cio: "Cecília Isabel da Silva, aluna-mestra da Escola Normal e ex-professora pública aprovada plenamente em exame perante o governo, oferece-se para lecionar crianças de ambos os sexos, em casa de sua residência, sita à rua Aurora n⁰ 16. As matérias de ensino são aquelas adotadas nas escolas públicas primárias".[5] A publicidade da escola foi divulgada em outros jornais, em diferentes momentos desse ano. O que sugere que seus vencimentos de comissionada pediam o complemento de ganhos outros, além do que ganhava o marido como cartorário. A família firmou-se em São Paulo ao menos pelas duas décadas seguintes, a partir de 1878. A partir da residência na rua Aurora, aparentemente foi o que parece ter sido uma progressiva aproximação do pequeno centro da cidade. Depois, o distanciamento: o interior, o subúrbio longínquo, o bairro popular no fim da vida, quando seus pais moraram na rua Bonita, no distrito da Liberdade.

As localizações geográficas da família documentaram sua ascensão e queda, as incertezas próprias de uma sociedade em transição, um momento de realocação social de pessoas e famílias.

É falso o pressuposto de que os brancos e livres estavam na nova sociedade estamentalmente seguros nas posições que ocuparam na sociedade que se extinguia, e que a abolição da escravidão não afetava seu lugar no mundo. É equivocado supor que, com essas mudanças, apenas os que foram chamados de novos comensais, os libertos, estavam condenados a procurar na nova sociedade nichos de acomodação já fora do abrigo patriarcal da escravidão.

---

5 Cf. *A Provincia de São Paulo*, Anno IV, n.1.027, 26 jul. 1878, p.2.

Excetuadas as famílias muito ricas dos grandes fazendeiros, especialmente os de café, poucos escaparam da corrosão de identidades próprias da rígida ordenação da sociedade fundada no escravismo. Os negros libertos viveram o impacto da transformação social e da desilusão num único dia, entre a manhã e a noite do 13 de maio de 1888. Abertos os portões das senzalas, muitos se dispersaram no mundo livre para retornar ao antigo abrigo, que fora o do seu cativeiro, no final do mesmo dia, em busca de um prato de feijão com farinha e de uma esteira para repousar os ossos já cansados das ilusões da liberdade.[6] Descobriram que a liberdade para eles, como para todos os demais, não era mais do que liberdade condicional, a liberdade limitada pelas funções econômicas do trabalho livre e do homem livre, as da reprodução ampliada do capital.

A libertação do escravo tinha por função libertar apenas o seu trabalho, não a sua pessoa, que não foi libertada, foi simplesmente descartada. A pessoa do cativo deixava de ser mercadoria, como os semoventes, para ser mercadoria apenas sua força de trabalho, para deixar de ser animal de trabalho e assumir a função propriamente capitalista de capital variável.

Mesmo os antigos senhores de escravos tiveram que ressocializar-se para se adaptar a uma sociedade que parecia a mesma, mas que não conheciam. Episódios problemáticos de

---

6 Cf. o revelador depoimento, escrito dois meses antes da abolição da escravatura e publicado um mês antes da Lei Áurea, do Conselheiro Paula Souza: Valioso testemunho, *A Província de São Paulo*, Anno XIV, n.3.906, 8 abr. 1886, p.1. Florestan Fernandes faz uma esclarecedora análise do impacto e da circunstância da alforria dos escravos na visão que da liberdade podia ter o recente ex-cativo. Cf. Fernandes, *A integração do negro na sociedade de classes*, v.I, p.12-7.

inadaptação dos que ficaram agarrados a uma visão de mundo e a um modo de ser completamente anômicos confirmam as dificuldades mesmo dos abastados. A sociedade do trabalho livre era um mundo aberto sobre o possível, mas também sobre o inimaginável, uma loteria das oportunidades do novo e das dificuldades dos que ficaram sem rumo com as mudanças que se deram em todos os âmbitos sociais. Especialmente, na errante trajetória do pai de Francisca Júlia há indícios da tortuosidade dos caminhos naquela situação social de transição.

Um cronista, ao definir o perfil da poetisa, em 1893, algum tempo antes do lançamento de *Mármores*, como se a estivesse apresentando ao público, achou necessário ressaltar três vezes que Francisca Júlia era branca:

[...] Vou descrever-te um rápido perfil de d. Francisca Júlia da Silva. É uma "jeune-fille" clara, de olhos negros e límpidos à flor do rosto, beiços rosados, tez e fronte, da alvura setinosa das camélias na frase de um poeta. Rosto oval, cabelos castanhos, estatura mediana. Mãos brancas, nervosas, finas e delicadas.[7]

Definir traços físicos das pessoas fora próprio da cultura da escravidão nos anúncios de jornal sobre escravos fugidos. É espantoso que o autor tenha julgado necessário descrevê-la desse modo para atestar que ela era branca, a lógica do escravismo para descrever alguém alforriada pela brancura e pela poesia.

---

7 Cf. Berlinda: Francisca Júlia da Silva, CXXXI, *Correio Paulistano*, Anno XXXIX, n.10.988, 4 jun. 1893, p.1.

Uma visão dos marcos depreciativos da concepção de mulher na sociedade de então. A poesia era branca.

Mesmo um admirador, que era então o poeta principiante Côrrea Júnior, ao término da entrevista que com ela fez, em 1916, para o jornal carioca *A Epoca*, assim descreveu a despedida: "Gratos pela extrema bondade com que nos recebeu a grande poetisa, apertamos-lhe o lírio esguio e branco da sua mão".[8]

René Thiollier, que seria ativo participante da Semana de Arte Moderna, no mesmo dia do sepultamento de Francisca Júlia, na elegia da poetisa, ressalta na visão do recinto de seu velório:

> [...] ao transpor o limiar da exígua saleta, onde se encontrava o seu caixão; fitando demoradamente, em silêncio, o seu corpo, – as suas pequeninas mãos brancas, em cruz, sobre o peito, abandonadas para sempre do ritmo da vida...[9]

Coisas do olhar acostumado com o parâmetro cromático de uma sociedade de mestiços, que era a sociedade paulista de então, com fortes marcas do mameluco que os paulistas se tornaram desde a época das Bandeiras. A brancura, além do mais, era, também, a cor do poder e do mando.

O reparo na brancura da pele era, no fundo e inadvertidamente, uma informação sobre a origem da família no estamen-

---

8 [Côrrea Júnior], Recordações de uma noite..., op. cit.
9 Cf. Thiollier, Francisca Júlia (De volta do cemitério 2.XI.1920), apud Camargos, *Musa Impassível – A poetisa Francisca Júlia no cinzel de Victor Brecheret*, p.96.

to superior da sociedade que se extinguia, o estamento dos supostamente puros de sangue, das famílias que eventualmente não foram maculadas pela marca da mestiçagem. Ou em portugueses recentes não degradados nas ocupações ínfimas. Portanto, um indício a mais de certa marginalidade documentada da poetisa também no âmbito racial. Precisava de atestados de brancura para legitimar sua obra poética.

Mas a valorização da brancura da mulher tinha outras referências, estéticas, na própria literatura. Num de seus sonetos, Vicente de Carvalho, admiradíssimo por Francisca Júlia, de quem seria padrinho de casamento, em 1909, também alude à alvura do mármore para se referir a um grupo de mulheres sensuais:

> Tem a alvura do mármore: lascivas
> Formas, os lábios feitos para o beijo,
> E indiferente e desdenhoso as vejo
> Belas, airosas, pálidas, altivas...[10]

Uma das expressões dos dilemas sociais da família foi a da trajetória do irmão de Francisca Júlia, Júlio César, que fez os preparatórios para a Faculdade de Direito, em 1887, e se diplomou em 1893. O que pode ser um primeiro indício da situação material da família aparece num fato de menor importância, mas sociologicamente significativo. No último ano do curso de Direito, Júlio César assina a lista organizada pelos estudantes que se juntaram à subscrição nacional para socorrer os

---

10 Cf. Carvalho, *Poemas e canções*, p.11.

órfãos e as viúvas das 125 vítimas do naufrágio do couraçado *Solimões*, da Marinha Brasileira, na costa uruguaia.[11] Contribuiu com 2 mil réis.

Excetuados um contribuinte com 10 mil réis e, no outro extremo, um com apenas 1 mil réis e, no meio, um com 3 mil réis, os signatários da lista podem ser divididos em dois grupos: um, de contribuintes de 5 mil réis e mais cada um (70%), e outro, de contribuintes de 3 mil réis para baixo cada um (30%), como se fossem dois extratos sociais a retratar os ricos e os não tão ricos que frequentavam as aulas do largo de São Francisco. Júlio César estava no segundo grupo, o grupo inferior.[12]

Ao contrário do que se diz sobre Júlio César, de que, apesar de formado em Direito, nunca teria exercido a advocacia, como, aliás, consta de seus necrológios, de 1936, ele teve banca de advogado.[13] Na maior parte de sua vida foi jornalista e editor de revistas culturais. Em fevereiro de 1895, recém-formado, anunciava em jornal ter aberto "o seu escritório de advogado à rua XV de Novembro nº 56".[14] Em 15 de abril, o *Correio Paulistano* noticia que agora seu escritório ficava na rua de São Bento, nos altos do número 54.[15] Estava, então, associado ao pai, Miguel Luso da Silva, mencionado como solicitador. É a única referência à condição de rábula do pai da poetisa, nessa fase.

---

11 Cf. *O Paiz*, Anno VIII, n.3.675, Rio de Janeiro, 24 maio 1892, p.1; *Correio Paulistano*, Anno XXXVIII, n.10.712, 12 jun. 1892, p.1.
12 Cf. *Correio Paulistano*, Anno XXXVIII, n.10.712, 14 jun. 1892, p.1.
13 Cf. Júlio Cesar da Silva, *Correio de S. Paulo*, Anno V, n.1.252, 15 jul. 1926, p.3.
14 Cf. *O Estado de S. Paulo*, Anno XXI, n.5.952, 16 fev. 1895, p.2.
15 Cf. *Correio Paulistano*, Anno XLI, n.11.533, 15 abr. 1895, p.1.

Júlio César morava na rua 24 de Maio n⁰ 41, não havendo indicação de que fosse ali a residência de toda a família ou só a dele. Era o arrabalde, na classificação espacial da época, quando a construção do primeiro viaduto do Chá, inaugurado em 1892, começava a estender os limites da cidade para o largo dos Curros, atual praça da República. Até então, o centro da cidade estava limitado ao famoso Triângulo, formado pelas ruas XV de Novembro, Direita e de São Bento.

Apesar das aparentes dificuldades da família, não é estranho que, nessa cultura europeia e erudita, Francisca Júlia, na década final do século XIX, dominasse com talento o parnasianismo e conhecesse as obras dos poetas alemães. Foi tradutora de poesias de Goethe e de Heine. Seu pai era cultor da língua portuguesa, na qual Francisca Júlia se revelará verdadeira e erudita mestra.

A comprovação desse fato vem de dois comentários ácidos publicados em *A Província de São Paulo* pelo pai da poetisa, Miguel Luso da Silva, que entrou em conflito com certo alferes João Antonio Ribeiro de Lima, em 1886, juiz de paz de Santa Ifigênia, nomeado inspetor literário das escolas daquela freguesia. Insurgia-se contra essa nomeação de um iletrado, que falava português sofrível e revelava extensa ignorância de nossa língua: "Nesta briosa província em que se procura até melhorar a raça dos animais, nomeia-se para inspetor literário da primeira freguesia, da capital, um indivíduo quase analfabeto...".[16] Um sujeito que trocava o "b" pelo "v" e vice-versa, do tipo "bas-

---

16 Cf. Silva, O "Correio Paulistano", *A Província de São Paulo*, Ano XII, n.3.521, 19 dez. 1886, p.1; *A Província de São Paulo*, Anno XII, n.3.523, 22 dez. 1886, p.1.

sora" por vassoura. Ou "haberia" no lugar de haveria, como expressamente denuncia Miguel Luso da Silva.

O alferes invocou, porém, contra as pretensões linguísticas do pai de Francisca Júlia, sua outra concepção da língua portuguesa, a de que quem tem poder pode falar a língua portuguesa que quiser. Como a confirmar a objeção de Miguel Luso da Silva ao seu precário domínio da língua, mandou o alferes recado escrito por interposta e anônima pessoa, publicado no *Correio Paulistano*: "Quando, porém, tais ataques importam a exploração de escândalos e a quebra de certos preceitos de dignidade social, são eles previstos pelas leis".[17]

Por trás da estamental e arcaica dignidade social do ofendido estava o fato de que fora vereador, era coletor de rendas provinciais, juiz de paz da freguesia de Santa Ifigênia, festeiro do Divino Espírito Santo da freguesia, de que era festeira nada menos que a Condessa de Três Rios, futura marquesa, a mais alta posição de titulares do Império. Miguel Luso da Silva era apenas um escrivão do Juizado de Paz, que a reação do alferes punha no devido lugar. Não era a competência no rigor da língua que definia a posição social da pessoa.

Nesse episódio há, também, uma confirmação do fato que mencionei antes, relativo à brancura de Francisca Júlia, que não era racial, mas estamental. A atitude de seu pai sugere a mentalidade de alguém procedente do velho estamento senhorial, que já fora vereador, comerciante e autônomo, que não lograra compreender que era agora, na sociedade que se transformava, apenas um assalariado, um escriturário de cartório. A reação

---

17 Cf. O Sr. Ribeiro de Lima, *Correio Paulistano*, Anno XXXIII, n.9.091, 15 dez. 1886.

do alferes foi uma reação de enquadramento de Miguel Luso num mundo em que o "você sabe com quem está falando?" tinha mudado de significado.

O pobre pai de Francisca Júlia penou. Acabou preso por ter ofendido o juiz na estação de polícia, numa audiência pública, em 2 de dezembro. Teve que pagar fiança para não ficar na cadeia. Foi julgado com base num artigo do Código Criminal que tratava de agressão física, quando a notícia se refere a agressão verbal. Uma poderosa indicação de quanto os pré-julgamentos baseados no poder pessoal dos régulos e mandões de certo modo conformavam os enquadramentos legais. Seria absolvido pelo Tribunal do Júri, por reticentes 8 votos a 4, em maio do ano seguinte.[18] Votação que deixou claro quem era quem, social e politicamente. Miguel Luso safou-se, mas não se impôs.

Seu ato foi um exagero quanto à língua, mas um indício do rigor de como a língua portuguesa era tratada no âmbito da família da poetisa. Além de indicar que o refinamento da língua era um valor circunscrito e menor na minúscula sociedade paulistana de então.

Esse conflito documenta um dos aspectos menos considerados nas análises sobre a diferenciação social da sociedade brasileira pela época do fim da escravidão e da disseminação do trabalho livre, época em que o poder pesava muito e a cultura pesava pouco.

Os embates em nome da cultura e do refinamento cultural podem ser rastreados em pequenas ocorrências, não necessariamente no âmbito policial e penal, mas no extenso recurso à troça, à ironia e à anedota para demarcar as diferenças sociais

---

18 Cf. *Correio Paulistano*, Anno XXXIII, n.9.203, 5 maio 1887, p.2.

e minimizar a importância costumeira de ricos e poderosos, não raro rústicos e incultos. O que repercutia na experiência e na consciência dos que, desprovidos de cabedais, tentavam se realocar na sociedade que, ao se tornar competitiva, peneirava e descartava os desprovidos dos necessários meios.

Miguel Luso da Silva tinha consciência de que eram limitadas as oportunidades sociais para os que buscavam um lugar na sociedade que se transformava. Em 1882, fizera concurso para o cargo de escrivão do 2º Tabelião de Notas de São Paulo. Inscreveram-se quatorze pessoas, sete das quais eram bacharéis em Direito e duas ostentavam patentes militares da Guarda Nacional. Ou seja, metade gente com formação superior ou com conexões poderosas.[19] Ele não estava em nenhum dos dois grupos.

No ano anterior, na qualificação dos votantes da freguesia de Santa Ifigênia, arrolados por renda, dos dezenove moradores do segundo quarteirão, que era o seu, situava-se num grupo intermediário com renda anual de um conto de réis, tendo nove votantes abaixo dele e seis acima.[20]

Pode-se presumir a influência que igualmente teve na educação literária dos filhos o fato de que a mãe de Francisca Júlia fizera o curso de professora normalista na Escola Normal de São Paulo, que no ensino seguia padrões de curso pré-universitário, rigorosa nos exames orais e nas reprovações. Pela mesma

---

19 Cf. *Gazeta da Tarde*, Anno XII, n.149, Rio de Janeiro, 3 jul. 1882, p.2.
20 Cf. Lista geral dos cidadãos da Parochia de Santa Iphigenia qualificados votantes pela Junta Municipal em sua primeira reunião em novembro de 1880, *Correio Paulistano*, Anno XXVII, n.7.211, 11 dez. 1880, p.3.

época, dali saiu a primeira mulher a fazer os preparatórios para a Faculdade de Direito, Felicidade Perpétua de Macedo, uma educadora notável, que se tornaria lente da Escola Normal. Um dos momentos da biografia de Francisca Júlia, que tem dado lugar a fabulações, foi o do período curto em que viveu em Cabreúva, pequena localidade na região de Salto e de Itu. Não está claro o motivo pelo qual sua família se mudou para lá. Tudo indica que não foi um caso motivado apenas pela transferência de sua mãe de uma escola para outra, como se pode rastrear na documentação relativa à sua trajetória como educadora. Pois ali "foi reintegrada no magistério, com provimento na 1ª escola da vila de Cabreúva", o que indica que, no período paulistano, se desligara do ensino público e agora a ele retornava.[21] Por sua vez, em 1907, Miguel Luso da Silva obtinha do Tribunal de Justiça "a reforma de sua provisão para continuar a exercer o ofício de solicitador na comarca de Itu", a que pertencia Cabreúva.[22] Indícios de dificuldades materiais na vida da família, a que já aludi.

Numa carta a sua amiga Ester Rocha, escrita entre outubro e dezembro de 1906, Francisca Júlia comenta, referindo-se ao pai, que "o velho está bem doente".[23] A ida dos pais para o interior, a reintegração da mãe no magistério público, a presença da filha, ocupada no trabalho doméstico e no auxílio à mãe nas atividades escolares, podem ser indicações de que, por motivo

---

21 Cf. *Diario Official do Estado de São Paulo*, Anno 15, n.229, 18 out. 1905, p.1.
22 Cf. *Correio Paulistano*, n.15.797, 7 ago. 1907, p.4.
23 Cf. Campos, Cartas inéditas de Francisca Júlia, *Suplemento Literário (O Estado de S. Paulo)*, n.145, São Paulo, 24 ago. 1959, p.4.

da saúde do pai, a família passou a depender exclusivamente do trabalho de Cecília Isabel da Silva. E, subsidiariamente, de aulas particulares de Francisca Júlia.

A poetisa encontrava-se em Cabreúva muito contrariada, pelo que se vê em passagens das quatro cartas que foram publicadas por Milton de Godoy Campos, em 1959: "Aqui neste verdadeiro desterro"; "A minha estada aqui é, felizmente, provisória"; "Tudo aqui é difícil, tudo, até um banho!"; "No dia 11 ou 18 de dezembro [de 1906] aí estarei, se Deus quiser, para não mais voltar a esta insípida Cabreúva...". Explica que voltará a São Paulo, mas "os velhos, sim, cá ficam".

As cartas de Cabreúva não confirmam a difundida concepção romântica de que ali Francisca Júlia se apaixonara por um jovem farmacêutico, formado no Rio de Janeiro, que lhe daria o fora para casar-se com outra, devolvendo-lhe pelo correio, numa caixa de sapatos, as cartas que ela lhe enviara.

As cartas para a amiga Ester Rocha são muito claras sobre esse suposto namoro. Numa delas, provavelmente de fins de outubro, diz à amiga: "quase me apaixonei [...] mas fugi a tempo do perigo de me apaixonar. O rapaz é lindíssimo", acrescenta. "Dizem que o homem é doido e eu tenho medo dele", arremata. "Não estou, felizmente, apaixonada, mas quase estive a princípio. Se ele não fosse louco..."

É curiosa certa fabulação em relação à vida afetiva de Francisca Júlia. Essa carta não tem qualquer referência à suposta paixão frustrada de mulher abandonada pelo namorado ou noivo.

São da mesma linhagem fantasiosa as fabulações em torno de uma Francisca Júlia apaixonada pelo marido que, vendo-o morto, suicida-se ou morre naturalmente debruçada sobre o caixão funerário.

Há um relativamente variado conjunto de fatores que podem ter sido responsáveis pela opção trágica, como a depressão, além, é claro, dos fatores sociais adversos e os sentimentos íntimos de reconstituição difícil. Mas como motivação para o destaque atual desse aspecto fantasioso na biografia da poetisa há uma ideologia de gênero. Na suposição de que, naquela época, a mulher estava condenada à paixão, mesmo a paixão impossível ou a paixão inexistente, o que é de difícil comprovação no caso de Francisca Júlia, em relação a quem há indícios de certo ceticismo quanto às definições convencionais da condição feminina, a da mulher de prendas domésticas, como se disse durante largo tempo.

No entanto, no mais minucioso e bem cuidado estudo sobre a biografia e a obra de Francisca Júlia, Péricles Eugênio da Silva Ramos achou, e provavelmente tinha razão, que deveria investigar a fundo a impressão corrente de que tivera ela uma paixão profunda, que não se consumou em noivado nem em casamento. Foi atrás de pistas do misterioso moço do Rio de Janeiro. Descartou alguns nomes e se concentrou em João Luso, dramaturgo português radicado em São Paulo e, mais tarde, no Rio.[24]

João Luso era o pseudônimo de Armando Erse de Figueiredo (1874-1950), frequente nas seções literárias de jornais e revistas. Era muito amigo do irmão de Francisca Júlia, Júlio

---

24 Opinião diferente encontro em Maria Aparecida Schumaher e Érico Vital Brazil (orgs.), *Dicionário Mulheres do Brasil: De 1500 até a atualidade - Biográfico e ilustrado*, p.244. Nesse livro os autores dizem que Francisca Júlia da Silva "Na juventude teve um amor não correspondido pelo poeta Aristêo Seixas".

César da Silva, que lhe dedicou uma poesia. Foi dos primeiros a comentar o primeiro livro dela, *Mármores*, num artigo de primeira página em *O Estado de S. Paulo*.[25]

Não obstante essa proximidade, João Luso era um empresário, era rico, e a família de Francisca Júlia não só não o era, como estava em decadência naquele momento de transição e de rearranjos de posições sociais. Um momento em que a posição social da mulher e do homem contava muito nos namoros, nos noivados e nos arranjos matrimoniais, havendo ainda resquícios do costume do dote da mulher para concretizar um casamento.

A poetisa, seu irmão e João Luso aparecem com frequência nas mesmas publicações e até no mesmo dia. Na notícia de alusão ao que chamo de Academia dos Nove, de 1898, os três estão na lista dos membros mencionados pelo informante anônimo. Portanto, é plausível a suposição de Péricles Eugênio da Silva Ramos, de uma paixão de Francisca Júlia por João Luso. Ele era o homem de retrato oposto ao retrato negativo que ela desenhara em relação ao farmacêutico louco de Cabreúva.

Os três homens sucessivos de sua vida – João Luso, o farmacêutico e o marido – também evidenciam a história da decadência social de sua família: João Luso era um intelectual de talento reconhecido, rico e bonito, amor dos 24 anos; o farmacêutico só era bonito, amor dos 36 anos; o marido era um modesto telegrafista de segunda classe da Estrada de Ferro Central do Brasil, amor dos 37 anos.

---

25 Luso, Mármores, *O Estado de S. Paulo*, Anno XXI, n.6.094, 10 jul. 1895, p.1.

O pseudônimo de João Luso tinha claramente uma intenção política. Ele fazia parte do Partido Monarquista,[26] numa época em que a monarquia era associada, por estudantes da Faculdade de Direito, a uma sobrevivência do colonialismo português. Coincidência ou não, o pai de Francisca Júlia, quando ainda em Xiririca, também mudara de nome à época do nascimento da filha. Chamava-se Miguel Fidélis da Silva e passou a assinar-se Miguel Luso da Silva.[27] Coincidindo com a Lei do Ventre Livre e mais claramente com a República, houve em São Paulo a moda de mudar o sobrenome por motivação política. Os dois Lusos sugerem apreço pela monarquia e ao Portugal que ela, entre nós, simbolizava.

No lado oposto, uma facção da família Almeida Prado adotou o sobrenome de Tibiriçá Piratininga. Um escravo de São Caetano, que foi libertado em 1871, adotou o sobrenome Piratininga. Outros também adotaram sobrenomes indígenas. Motivações nativistas e antilusitanas.

Cecília Isabel da Silva, mãe de Francisca Júlia, assume sua cadeira no Lajeado no dia 24 de outubro de 1908. No dia 15 de janeiro de 1909 é publicado no *Correio Paulistano* o anúncio de contratação de casamento de Francisca Júlia, de 37 anos, com Philadelpho Edmundo Münster, telegrafista de segunda classe da Estrada de Ferro Central do Brasil, na estação do Lajeado.[28]

---

26 Cf. Acta da Reunião Popular Monarchista realizada a 20 do corrente n'esta Capital, *Auctoridade*, Orgam do Centro dos Estudantes Monarchistas, Anno I, n.36, São Paulo, 27 set. 1896, p.4.
27 Cf. *Diario Oficial do Estado de São Paulo*, n.115, Ano 59º, 24 maio 1949, p.14.
28 Cf. *Annuario Administrativo, Agricola, Profissional, Mercantil e Industrial do Rio de Janeiro e Indicador para 1908*, p.1.354.

As duas mortes de Francisca Júlia

No dia 16 de fevereiro, o mesmo jornal noticia que o casamento seria realizado dali a onze dias, no dia 27 de fevereiro.[29] Tudo muito rápido, em todos os sentidos, numa época de noivados demorados e cautelosos, apenas cerca de quatro meses desde a transferência da mãe para a escola do povoado.

Numa carta de Cabreúva, de 6 de agosto de 1906, a Ester Rocha, ela parecera uma moça interessada, mas sem entusiasmo, no casamento de amigas e conhecidas. Além do desdém pelo farmacêutico bonito e doido, comentou: "Em Cabreúva, é que não há casamentos, pela simples razão de não haver moços. Os únicos, são os professores, mas esses... Um horror, *mia carina*! Ah! Como isto é triste!".

O casamento com o telegrafista da Central do Brasil, num lugarejo dos confins rurais da cidade de São Paulo, indica um extenso recuo social de Francisca Júlia. Foi celebrado na capela do Lajeado e Francisca Júlia teve como padrinho o poeta Vicente de Carvalho, a quem, na dedicatória de seu soneto "Desejo inútil", define como "querido mestre e amigo". Recuo, também, em relação ao romantismo, mesmo tênue, que aquelas cartas indicam. O casamento durará doze anos, em boa parte consumido pela tuberculose do marido e de uma Francisca Júlia, depois de alguns anos, também enferma.

Na vida e na obra de Francisca Júlia, Guaianases confirma um novo e definitivo período, uma inflexão em relação às poesias rigorosamente formais dos primeiros anos. É o que se anuncia na edição de *Esfinges*, como mencionei antes. É nesse

---

29 Cf. Nupcias, *Correio Paulistano*, n.16.352, 16 fev. 1909, p.3; *Correio Paulistano*, n.16.365, 1 mar. 1909, p.3.

sentido que se pode reconhecer um desafio nos dois livros mais conhecidos de suas poesias: o primeiro livro, *Mármores*,[30] foi publicado em 1895, e o segundo, *Esfinges*,[31] em 1903 (e republicado em 1921).

Em boa parte, como vimos, o segundo é reedição do primeiro. A autora, porém, não só mudou significativamente o título como fez alterações na organização do conteúdo do segundo em relação ao primeiro. Sete dos poemas de *Mármores* foram suprimidos na reedição e dezenove poemas novos foram introduzidos em *Esfinges*, alguns originários de *Alma infantil*, de 1899. O "decifra-me ou devoro-te" de *Esfinges* anuncia o mergulho da autora numa realidade de enigmas.

O título e o conteúdo de *Mármores* estão mais ligados ao perfil parnasiano da autora. Seria esse o perfil que ficaria na memória que se tem de sua pessoa e de sua obra, a começar da escultura encomendada pelo governo de São Paulo, a Victor Brecheret, para ser colocada em seu túmulo no Cemitério do Araçá, *Musa impassível*. É o título dos dois sonetos emblemáticos de seu primeiro livro.[32] Mas a escultura é, no meu modo de ver, inspirada no poema "Vênus", escrito num ano inter-

---

30 Cf. Silva, *Mármores*, op. cit. Sou imensamente agradecido a Paulo Bomfim que me presenteou com seu exemplar desse primeiro e raro livro da poetisa.
31 Cf. Silva, *Esphinges,* op. cit.
32 Danificada pela poluição ambiental, a escultura de Brecheret foi removida, em 2006, para a Pinacoteca do Estado, restaurada e exposta naquele recinto. Uma réplica em outro material foi colocada sobre o túmulo de Francisca Júlia no lugar da escultura original. Cf. Camargos, *Musa impassível – A poetisa Francisca Júlia no cinzel de Victor Brecheret*, op. cit., p.90ss.

mediário entre os anos em que foram escritos os dois sonetos daquele título.[33]

Vários dos poemas de *Mármores* que não reaparecem em *Esfinges* são os que têm como tema a fragilidade do amor, em especial no que parecem ser as fantasias de uma adolescente quanto ao príncipe encantado. Daí decorre a impressão de uma história que não aconteceu, que não era verdadeira. O que parece ser expressão do seu ceticismo em relação ao amor, como na beleza plástica do soneto "Quadro incompleto":

> Foi um rico painel. Traço por traço,
> Nele notava-se a paixão do artista.
> Via-se, ao fundo, a tortuosa crista
> De altas montanhas a beijar o espaço.
>
> No centro, um rio, a distender o braço,
> Selvas banhava em triunfal conquista.
> Ao longo, dois amantes, pela lista
> De um carreiro, seguiam, passo a passo.
>
> Foi um rico painel. Uma obra finda
> A primor, que, apesar de velha, ainda
> Conservava das cores a frescura.
>
> Hoje, porém, não é como era d'antes:
> Pois no ponto onde estavam os amantes,
> Existe apenas uma nódoa escura.

---

33 Cf. Silva, Vênus, *A Semana*, Anno V, Tomo V, n.40, Rio de Janeiro, 5 maio 1894, p.315.

Esfinges não só indica um desdobramento da poesia de Francisca Júlia em direção ao simbolismo e em direção a temas como o do soneto "Rústica", em que o desfecho do último verso desencanta a adolescência da personagem e o bucolismo da narrativa e canta o trabalho feminino e a solidão da espera:

> Da casinha, em que vive, o reboco alvacento
> Reflete o ribeirão na água clara e sonora.
> Este é o ninho feliz e obscuro em que ela mora;
> Além o seu quintal, este, o seu aposento.
>
> Vem do campo, a correr; e úmida do relento,
> Toda ela, fresca do ar, tanto aroma evapora,
> Que parece trazer consigo, lá de fora,
> Na desordem da roupa e do cabelo, o vento...
>
> E senta-se. Compõe as roupas. Olha em torno
> Com seus olhos azuis onde a inocência boia;
> Nessa meia penumbra e nesse ambiente morno,
>
> Pegando da costura à luz da claraboia,
> Põe na ponta do dedo em feitio de adorno,
> O seu lindo dedal com pretensão de joia.

A estrutura do livro indica também uma mudança na personalidade da autora na tendência para o místico. Ainda solteira, numa sociedade em que casar era a sina da mulher de situação social como a dela. Estava nos seus 32 anos e, para os padrões da sociedade da época, já distanciada da juventude de quando publicara a primeira edição do livro, tinha 24 anos e tinha tudo pela frente.

De qualquer modo, não parece ser propriamente uma ruptura com a Francisca Júlia parnasiana, apesar da entonação simbolista.[34] Foi nesse sentido que o interpretou Aristêo Seixas no minucioso estudo que fez da obra da poetisa, em 1918: "*Esphinges* serão, portanto, quando muito, uma edição correta e aumentada de *Mármores*. Nunca, porém, um livro novo".[35]

Mas nele se acentua o seu perfil simbolista e até dela faz contemporânea dos primeiros autores dessa corrente literária entre nós. Uma autora mais religiosa, mais mística. Nesse livro ela acrescenta à dureza marmórea do formalismo da língua, que predomina no imaginário de *Mármores*, a leveza simbólica do espírito.

A maior visibilidade do simbolismo na segunda versão da obra, que é a mesma e ao mesmo tempo não o é, não a priva do mérito literário que Aristêo Seixas nela valoriza, o do parnasianismo em face do simbolismo. O primor da técnica dos *enjambements* na segunda versão relembra-nos todo o tempo a persistência decisiva da opção estética original da autora. Observou Alfredo Bosi:

> Como alguns neófitos de segunda hora, porém, a poetisa atravessou a fronteira que a separa do Simbolismo, cujo ideário

---

34 Esses dois momentos estão assinalados no livro definitivo e bem cuidado de Péricles Eugênio da Silva Ramos sobre a vida e a obra de Francisca Júlia. Cf. Silva, *Poesias*, op. cit.

35 Cf. Seixas, D. Francisca Júlia da Silva, a sua produção literária, e o seu prestigio nas letras nacionaes - VIII, *Correio Paulistano*, n.19.679, 21 abr. 1918, p.1.

se afinava com as inquietações religiosas da sua maturidade: Em Esfinges, já aparecem exemplos nítidos dessa nova postura espiritual e artística.[36]

No meu modo de ver, uma outra e significativamente pioneira interpretação das diferenças entre *Mármores* e *Esfinges* é a do poeta Vicente de Carvalho, pouco menos de ano e meio antes da morte de Francisca Júlia. Trata-o em "Uma carta de Vicente de Carvalho", dedicada ao poeta e crítico literário Manoel Carlos, publicada em *A Cigarra*.[37] O destinatário conhecera pessoalmente a poetisa quando a visitara e ao marido, em casa, em 1913. Vicente de Carvalho o convidava a interessar-se pela importância da análise de sua obra para que não caísse ela no esquecimento.

Vicente de Carvalho a conhecia como pessoa e poeta. Tinha por ela alto apreço. E ela por ele.

Sua análise da poesia de Francisca Júlia já ressalta a relevância explicativa dos dois momentos que a distinguem. Mas, em linha diversa, não estilística nem teórica e sim vivencial e social. No texto, ele a trata como homem, para revelar, no fim, que se trata de poesia de mulher:

> Ao entrar na mocidade, o poeta se considerava digno de ser olhado e visto, do alto da torre de marfim da sua arte, o que resplandecia de beleza e perfeição. Sobre a chata planície onde rastejava a existência dos seres vulgares, só via, com seus olhos

---

36 Cf. Bosi, *História concisa da Literatura Brasileira*, p.230.
37 Cf. Uma carta de Vicente de Carvalho, *A Cigarra*, Anno VI, n.115, São Paulo, 1 jul. 1919, p.4-5.

ávidos de esplendores, como um nevoeiro denso, um tom neutro de cinza empoeirando tudo.

[...] Mas o seu olhar, humanizando-se, baixava, do alto da torre de mármore em que ele, orgulhoso e ingenuamente, sonhara encerrar-se para a planície, desenevoada já do tom neutro que a empoeirava. A sua impassibilidade afrouxara, infiltrada de ternura pelos que sofrem obscuramente, de simpatia pelos humildes condenados sem culpa à humildade, de piedade para com tudo que vive.

[...] E, como para fechar de todo, com chave de ouro, a fase de impassibilidade parnasiana do poeta, vencido afinal pelas realidades da vida...

E, finalmente, os versos

[...] se foram impregnando, cada vez mais, de melancolia até atingir à profunda e desanimada tristeza deste soneto "Outra vida".

A transição do parnasianismo para o simbolismo, como vê Péricles Eugênio da Silva Ramos na obra de Francisca Júlia e reconheceu Alfredo Bosi como expressão poética de um despertar religioso, foi o modo literário de viver sofridamente o que testemunhou e descreveu Vicente de Carvalho: o despertar da consciência social da poetisa no esgarçamento das barreiras estamentais em que fora socializada, no patriarcalismo da margem da sociedade escravista.

A escravidão cegara aquela sociedade de senhores de relações sociais de dominação clientelista e de servidão ideológica para a condição humana de cativos e ínfimos, vistos e tratados como coisa, que derivava de sua condição social de semoventes ou de serviçais, de gente considerada aquém da condição humana. O rompimento da barreira estamental, representada por essa mentalidade, no caso de Francisca Júlia, mostrou-lhe, ainda que deformadamente, a realidade do mundo profundamente desigual em que vivera. Cujos resíduos sociais vinham à luz do dia na nova sociedade pós-escravista, o negro abandonado à própria sorte pela abolição,[38] como força de trabalho trocada pela do imigrante barato importado pelo governo. A desumanização antiga substituída por uma nova desumanização decorrente de um trabalho livre aquém da igualdade contratual e salarial, subcapitalista.

Com grande probabilidade, em sua vida esse desvendamento decorreu da mencionada decadência social de sua família, cruamente revelada nas adversidades de seu pai, que, na cidade de São Paulo, diferente do que fora em Xiririca, não foi reconhecido como igual por aqueles cuja situação social considerava a sua e já não era.

Portanto, as necessidades expressionais da "nova" Francisca Júlia combinavam não só carências religiosas e possibilidades estéticas. Mas também a mediação das transformações sociais que atingiam a consciência social de gente como ela por meio do reconhecimento de insuficiências sociais e desigualdades desencontradas com a consciência poética que naquela situação social podia ter.

Assim, a metamorfose que *Esfinges* documenta não o propõe como um novo livro, mas o mesmo livro numa inclinação estilística por meio da qual a autora se busca numa outra e

---

38 Cf. Fernandes, *A integração do negro na sociedade de classes*, op. cit.

imaginária pessoa, a outra de si mesma. Nele, ela se descobre aprisionada por um dilema que é estético e existencial ao mesmo tempo.

Por isso, arrisco-me a dizer que o recurso de editar *Mármores*, em versão modificada, sob o título e a estrutura de *Esfinges*, expressa uma concepção muito peculiar de obra literária, que Francisca Júlia propõe nesse procedimento. Ela transfere a questão do estilo para um plano de fundo em relação ao protagonismo da própria autora em face da obra, como fonte e mediação da inspiração poética. Essencialmente, à questão do vivido e do vivencial.

De certo modo ela nos diz que o poeta e suas inquietações, tensões, alegrias, sofrimentos e incertezas vêm primeiro e sua poesia, depois. Mas esse vir primeiro não é um falar como indivíduo, mas como sujeito poiético e não apenas poético, sujeito que tenta criar mesmo na repetição da forma.

Os dois livros documentam uma concepção de poesia diferente da que prevalecia entre os poetas da época, servos das formas. Em Francisca Júlia, e nessa providência ousada, a poetisa, seu modo de ver e seus sentimentos se propõem discretamente como centro e referência de sua poesia, coisa que não se vê nos sonetos frios de *Mármores*, como mostra Vicente de Carvalho.

Só assim posso entender a biografia de poetisas brasileiras que, com prováveis dificuldades para mudar de estilo, para traduzir em poesia a realidade polissêmica, silenciaram e desistiram. Entre a poesia e a vida, optaram ou foram levadas a optar pela vida, pela "sina de mulher", como muitos entendiam e ainda entendem quando dizem que "lugar da mulher é na cozinha".

Homens passaram pelo mesmo processo, a forma poética de sua opção e filiação, em certo momento, como barreira e limite. No debate travado entre Aristêo Seixas e Nuto Sant'Anna sobre a obra de Francisca Júlia, no *Correio Paulistano*, em 1918, isso fica evidente também em relação a eles. Nesse debate, não posso deixar de ver o próprio Nuto Sant'Anna, jovem ainda, reconhecendo-se já vencido pelas limitações de uma poesia em descompasso com o mundo cambiante, fecundo na gestação de formas e de inspirações.

Francisca Júlia mostrou sua competência poética transitando entre estilos (e aí incluo suas poesias infantis), o estilo como momento do simultâneo. E não como etapa de uma escala de mudanças. Na simultaneidade e na diversidade de formas e concepções de uma nova era que abria a sociedade brasileira para a unidade do diverso, do múltiplo e das diferenças.

Em sua obra, mesmo na mais formal, a parnasiana, a crua realidade social e pessoal se transfigura para se tornar poesia. Nela, o estilo da poesia fala como expressão do modo de vida no mundo do poeta, do estilo poético como forma de arte que, no fundo, nos diz que a vida sem estilo é a vida sem sentido. Portanto, sua poesia é busca, invenção, contrapartida. O poeta como mediador do vivencial, como se dá também com o músico, o pintor, o escultor. Como descobridor do belo que se oculta nas entrelinhas da vida e de seus embates. Mesmo no absoluto da forma poética, na aparência falsa de poesia desenraizada.

Morte sem rima

Por tudo que enumerei até aqui sobre Francisca Júlia e sua família, sinto-me atraído pela possibilidade de destacar alguns aspectos de sua biografia para propor uma compreensão sociológica da relação entre sua história pessoal e sua obra. Tenho consciência de que esse é um procedimento limitado, especialmente quanto a uma autora como ela, uma artista convictamente comprometida com a concepção de que a poesia deve ser expressão da arte pela arte. Mas a ele não me limito.

O antirromantismo marmóreo dos poemas do primeiro livro, *Mármores,* demonstra grande cuidado formal com a construção dos versos e com o rigor da língua, um trabalho verdadeiramente escultórico, de uma estética limpa e bem cuidada, o cinzel da autora gravando na pedra imaginária cuidadosos detalhes de linguagem que subjugam o conteúdo dos poemas. Na obra de Francisca Júlia, a própria língua portuguesa é um poema, tudo o mais é decorrência. Esse é um dado decisivo para a compreensão de sua poesia à luz de sua situação social, o que não quer dizer uma situação social genérica, mas o modo como ela se situava socialmente e como compreendia essa relação.

Nesse sentido, o enquadramento da família de Francisca Júlia já então como família de classe média, no pressuposto de uma consumada sociedade de classes, seria um engano pelo significado que tem hoje tal conceituação. A estrutura social dessa época era uma estrutura de transição, como tenho insistido para definir o ângulo sociológico da interpretação que faço, que combinava relações sociais e mentalidade pré-modernas e, em esboço, relações sociais de classes, propriamente ditas, referentes ao mundo urbano e industrial.

Como na história de Hans Staden (1525-1576), destinado ao rito antropofágico dos tupinambá que o haviam aprisionado, quando um deles disse: "Lá vem nossa comida saltitando". Aquela transição foi e, de certo modo, continua sendo, a do nosso saltitar em direção ao mundo moderno, sem nunca chegar a ele. Como interpretou Guimarães Rosa (1908-1967), é o meio da travessia que nos explica.

Não é o que entendo ser a definição sociológica apropriada para compreender os fundamentos sociais da poesia de Francisca Júlia.

Invocar Karl Marx (1818-1883) e sua teoria da fetichização da mercadoria e das classes sociais, como já li, para definir a sociedade brasileira, e mesmo a prosperidade da sociedade paulista desse momento, deixa de lado que o Brasil da época ainda transitava do escravismo para uma sociedade baseada no trabalho livre, como reitero. Que, sequer era genericamente trabalho assalariado, a forma coisificadora por excelência, do humano, no modo capitalista de produção.

É esse um recurso impróprio para explicar a poesia de Francisca Júlia, suas peculiaridades e sua diferença em relação a outros autores. As relações sociais dominadas e reificadas pela mercadoria mal se esboçavam entre nós.

Como indiquei, a concepção ideológica de classe social é completamente inútil, especialmente em situações de transição, para explicar a arte e a literatura, que guardam significativa distância em relação às determinações de classe. É o mesmo que recorrer ao sistema conceitual de Marx para explicar a organização social de uma tribo do Xingu ou os adornos corporais da tribo Xikrin, que são obras de arte.

O pressuposto da coisificação dos relacionamentos e da gestação de uma mentalidade por ela determinada, que fosse se refletir numa poética dominada pela hipostasia da forma, desistoriciza o imaginário e o remete a fundamentos sociologicamente artificiais, a uma causalidade que, na melhor das hipóteses, exige previamente vasto desbastamento de mediações. Quem se aventura por essa linha de interpretação da poesia, longe de ver a suposta e indemonstrável correspondência linear entre o parnasianismo e o mundo das mercadorias de luxo, deveria compreender sociologicamente o enorme desencontro que há entre uma coisa e outra.

No mínimo, pressupor que a poesia parnasiana é artigo de luxo, isto é, mercadoria superficial e inútil, de ostentação, e que a poesia de Francisca Júlia se explica por sua situação social de poetisa da classe média, a classe dos aspirantes ao luxo, reduz a poesia ao impoético das coisificações da sociedade capitalista.

É premissa que pede que se reconheça a real situação social de sua família decadente, como mostro aqui, para compreender a improcedência ou no mínimo a insuficiência sociológica da hipótese. E, mais ainda, pede que se expliquem os fundamentos lógicos, históricos e artísticos, a legitimidade da suposição de causalidade entre arte e situação social da artista.

Os ricos ou bem situados, que se manifestariam sobre arte e literatura na Semana de Arte Moderna de 1922, não se encontrariam no parnasianismo. Eles se tornariam, na verdade, adversários até duros da poesia parnasiana, como se vê num texto de Mário de Andrade, em particular em sua referência à poesia de Francisca Júlia. Mário de Andrade, aliás, era um rico apenas vicário porque comensal dos abonados mais do que um abonado ele próprio, como ocorria com vários membros da confraria de José de Freitas Valle, mecenas das artes, admirador, aliás, de Francisca Júlia. Ele próprio, um poeta simbolista.

O desembargador e poeta Manoel Carlos, que visitara o casal Francisca Júlia e Philadelpho Münster, anotou que "a casa, embora modesta, era muito bem arranjada".[1] Não foi apenas um dizer por dizer que o poeta Cyro Costa (1879-1937), que se tornaria membro da Academia Paulista de Letras, lembrou no ato do sepultamento da poetisa no Cemitério do Araçá, no Dia de Finados de 1920: "Morreste, opulenta, no orgulho da tua pobreza".[2] E uma semana depois, o senador Freitas Valle, em discurso no Congresso Estadual, também mencionou: "Venho ainda emocionado das últimas homenagens fúnebres que foram prestadas a Francisca Júlia. Éramos poucos, muito poucos. Não quero censurar: limito-me a deplorar. A morte, é certo, iguala a todos; mas, infelizmente, a sociedade ainda distingue entre os mortos...".[3]

---

1 Cf. Silva, *Poesias*, op. cit., p.19 (rodapé).
2 Cf. *Correio Paulistano*, n.20.597, 3 nov. 1920, p.3.
3 Cf. *Correio Paulistano*, n.20.603, 9 nov. 1920, p.2.

As duas mortes de Francisca Júlia

Alguns meses depois, ainda repercutia o discurso de Cyro Costa nestes versos de Amasília Campos, publicados na revista quinzenal *A Cigarra*:

[...] Riquezas para os outros conquistaste
E em torno a ti tesouros espargiste;
Mas pela vida, tímida, passaste,
Ignorada do mundo, pobre e triste.

[...] Para que o nome teu te sobreviva,
Ingrata e generosa, deu-te a sorte
Durante a vida uma pobreza altiva
E a coroa de glória para a morte.[4]

Entre as pessoas cultas, causava impressão que a mais refinada poetisa brasileira fosse pobre e, ao mesmo tempo, altiva e vivesse modestamente, como uma pessoa fora do lugar. Significativamente, não porque fosse indevida sua condição de poetisa culta, mas porque era injusto que alguém de tanto talento tivesse que viver em condições sociais inferiores às do seu merecimento.

Um indício de que na consciência social das primeiras décadas do Brasil do trabalho livre os méritos individuais contavam como méritos pessoais no processo de ascensão social que marcava o reordenamento das relações sociais e a estrutura social de classes que emergia. Não eram méritos conquistados, eram méritos de nascimento. O mérito vinha antes, herdado —

---

4 Cf. Campos, Francisca Júlia, *A Cigarra*, Anno VIII, n.155, 1 mar. 1921, p.8.

estamental. Um valor social da sociedade tradicional capturado pela nova sociedade.

Já no fim da escravidão a disseminação dos gabinetes de leitura e das entidades de difusão do livro, não raro em associação com a alfabetização, constituiu uma indicação importante de que a liberdade era um bem associado à cultura e ao livro – ao romance e à poesia.[5] Nosso imaginário da liberdade não era jurídico, como determinaria a Lei Áurea. Era literário. Em nosso entendimento difuso, na época, liberdade sem poesia não é liberdade, não liberta de fato.

Ainda hoje, os pretos conscientes da desigualdade que os vitima ou ameaça desdenham a liberdade formalmente jurídica daquela lei e buscam identidade na liberdade personificada por um herói morto por ela, Zumbi. A liberdade com heroísmo e poesia.

No Brasil da abolição da escravatura e da proclamação da República, a ideia da liberdade e da cidadania passou pela métrica e pela rima dos poetas de então. Não me lembro, aliás, de uma única poesia que defendesse a escravidão. O cativeiro não era lírico nem inspirava as harmonias da estética da palavra.

Não foi extensa a lista dos que compareceram ao sepultamento de Francisca Júlia, publicada pelos jornais, mas lá estavam René Thiollier, Valdomiro Silveira, Emiliano Di Cavalcanti, Guilherme de Almeida, Menotti Del Picchia, Oswald de Andrade, Martins Fontes. Foi relativamente extensa, no entanto, a lista dos escritores conhecidos que enviaram condolências à família.[6]

---

5 Cf. Martins, Os clubes de leitura no tempo de dantes, in: Clementin (org.), *Literatura nos Clubes Paulistas*, p.159-62.
6 Cf. *Correio Paulistano*, n.20.605, 11 nov. 1920, p.3.

Comparado com outros enterros de notáveis nos cemitérios de São Paulo, um funeral minúsculo, a maioria enviando telegramas, mais apreço pela poesia da autora do que pela autora da poesia. Talvez porque tenha ela vivido sempre longe dos acontecimentos sociais, quando muito comparecendo a funerais de conhecidos como, alguns meses antes, o do pai de seu amigo, o escritor Valdomiro Silveira.

Escrevendo sob o pseudônimo de Hélios, no ano seguinte, Menotti Del Picchia lembraria daquele dia:

> Relendo esse livro maravilhoso [*Esfinges*], onde a artista perfeita deixou, em estilhas de imortalidade, sua alma, recordei-me daquela manhã triste em que, entre poças de lama, entre o chuvisco impertinente, levamos seu corpo ao cemitério./ Nenhuma pompa. Poucos fiéis. Muita tristeza. Alguém mesmo, vendo trotar na lama do Araçá aquele macabro magote, batido pela chuva, teria um gesto de piedade pelo ser aparentemente anônimo e obscuro que seguia para a vala, sem préstito empenachado, sem cauda de autos fúnebres, sem escândalos policrômicos de coroas... / Entretanto era a autora das Esfinges que ali ia, nessa manhã lúgubre. Era a maior poetisa que o Brasil teve em todos os tempos, a mais brilhante artista da rima da nossa pátria.[7]

O mesmo Cyro Costa, no emocionado discurso funerário, ao pé do túmulo, enfatizou outro aspecto significativo da vida de Francisca Júlia: "Viveste só. Quiseste viver só. Na tua solidão criadora, rompeste, porém, um dia, de um só golpe, o mármore

---

7 Cf. Hélios [Menotti Del Picchia], Chronica Social – Esphinges, op. cit.

divino dos teus Versos". De fato, a biografia de Francisca Júlia é ritmada por momentos de publicações, manifestações e aparições públicas, reguladas pelas lonjuras sociais em que morava, e momentos de silêncios e invisibilidades cada vez mais longos.

A solidão derradeira de Francisca Júlia foi observada por uma adolescente de 13 anos, a futura escritora e acadêmica Maria de Lourdes Teixeira (1907-1989):

> Menina obcecada por literatura, no dia aprazado pedi a uma tia que me acompanhasse à igreja da Boa Morte (a única vez em toda minha vida que entrei no velho templo paulistano). Confesso eu, muito mais do que orar pela poetisa dos Argonautas, levou-me lá a certeza de que a igreja estaria repleta de escritores, os quais eu talvez reconhecesse por retratos de jornais e revistas. Doce ingenuidade. Logo ao entrar a desilusão. A igreja estava praticamente vazia. Apenas um ou outro vulto feminino, separados, fazendo suas orações. Logo mais, porém, ao começar a missa, vi entrarem três senhores bem-postos, imponentes, solenemente trajados de escuro, que se colocaram em lugares da frente, próximos ao altar. Olhei-os com discreta atenção. Dois deles me eram desconhecidos. Mas, no terceiro, reconheci a proverbial distinção e a elegância de René Thiollier, que me era familiar através de fotografias e desenhos publicados pela revista A Cigarra, de Gelásio Pimenta.[8]

Ela não vivia no miolo urbano da civilidade, sua vida puxada para dentro das limitações da vida doméstica, mesmo antes de casada, coisa reiteradamente mencionada nas notícias a seu res-

---

8 Cf. Teixeira, *A carruagem alada*, p.256-7.

peito. Em 1913, em depoimento para *O Pirralho*, de São Paulo, confessava que

> [...] há muito tempo já que me desinteressei das nossas letras; de modo que, se alguma coisa se tem feito entre nós que realmente valha, não me chegou às mãos ou me passou despercebida. Vivo de reler as coisas lidas, o que quer dizer que não trato, por falta de curiosidade, de buscar emoções novas, contentando-me com recordar, na leitura dos poetas e prosadores em que procurei educar o meu gosto, as minhas velhas emoções. É um prazer esse, que não troco por nenhum outro.[9]

De seu marido, Philadelpho Edmundo Münster, que era natural de Barra Mansa (RJ), ouviu o desembargador Manoel Carlos: "Dizem que a Chiquinha é uma grande poetisa. Eu não sei. Não sou poeta".[10] Um homem do lado de lá de uma cidade de espaços classificados, como centro, arrabalde e subúrbio, diferençados e contrapostos. Entre o lar e um sarau, se fosse essa sua opção, Francisca Júlia teria que atravessar mundos, nas curtas distâncias geográficas e longas distâncias sociais e culturais.

As fotos dessa época, como as de Aurélio Becherini (1879-1939), mostram que, a apenas alguns passos do largo da Sé, estava-se em ruelas de casebres decadentes, de gente pobre, o que ainda restava da São Paulo colonial.[11] Um pouco adiante,

---

9 Cf. Francisca Júlia fala ao "Pirralho", *O Pirralho*, n.114, São Paulo, 25 out. 1913, p.3.
10 Cf. Silva, *Poesias*, op. cit.
11 Cf. Martins, O nascimento da vida cotidiana paulistana, in: Fernandes Junior (ed.), *Aurélio Becherini*, p.43-83.

já numa rua da São Paulo republicana dos pobres, estava-se na casa em que o casal morreria.

É na duplicidade de mundos que Francisca Júlia oscila e é nela, no nicho de silêncio da sua relativa reclusão no limitado mundo do arrabalde, que sua imaginação poética trabalha, cada vez menos, até os anos da morte lenta que se consumaria no Dia de Todos os Santos, de 1920.[12] Foi pouco antes da saída do funeral do marido, imolada no suicídio e na morte que ela própria sugerira em vários de seus últimos poemas, como neste soneto sem título, o último, que não chegou a retocar, como se vê:

> Sem a ver, sei que o seu olhar o meu procura...
> Sinto, sem a tocar, a sua mão na minha,
> E, quanto mais pesada a noite se avizinha,
> Mais clara, ao seu olhar, vejo a aurora futura.
>
> Pastora, ela conduz, de bem a bem, sozinha,
> A alma que se desviou do Céu, que era a Ventura,
> E viu a terra em flor, e a humanidade pura,
> Na boa fé de quem nunca o mal adivinha.

---

12 Embora não tenha sido o único, Raimundo de Menezes contribuiu para que se difundisse uma versão romântica e fantasiosa da morte de Francisca Júlia. Primeiro, ao dizer que seu marido Philadelpho Münster "adoecera inesperadamente e inesperadamente morrera". Ele estava tuberculoso há tempos. Depois, ao descrever a poetisa debruçada sobre o caixão do marido, quando também morreu. Cf. Menezes, Francisca Júlia, *O Estado de S. Paulo*, Ano LXIX, n.22.360, 9 abr. 1948, p.6.

As duas mortes de Francisca Júlia

A Morte... À minha sede ela abre veios d'água...
E do meu coração arranca toda a mágoa,
E varre, dos meus pés, a impureza do pó...

E não sei quem já fui ou quem sou: esquecida
Até do próprio bem que haja acaso na Vida,
Alcanço, como pobre, a riqueza de Jó.[13]

Em outro poema, publicado em *A Cigarra*, em 1919, um ano antes do suicídio,[14] Francisca Júlia liga a solidão à morte:

Outra vida

Se o dia de hoje é igual ao dia que me espera
Depois, resta-me, o consolo incessante
De sentir, sob os pés, a cada passo adiante,
Que se muda o meu chão para o chão de outra esfera.

Eu não me esquivo à dor nem maldigo a severa
Lei que me condenou à tortura constante;
Porque em tudo adivinho a morte a todo instante,
Abro o seio, risonha, à mão que o dilacera.

No ambiente que me envolve há trevas do seu luto;
Na minha solidão a sua voz escuto,
E sinto, contra o meu, o seu hálito frio.

---

13 Cf. Silva, *Poesias*, op. cit., p.137-8.
14 Cf. *A Cigarra*, Anno VI, n.115, São Paulo, 1 jul. 1919, p.5.

Morte, curta é a jornada e o meu fim está perto!
Feliz, contigo irei, sem olhar o deserto
Que deixo atrás de mim, vago, imenso, vazio...[15]

Há uma narrativa social nos dois sonetos, ainda que não seja esse o propósito da autora e ainda que trazer essa narrativa à evidência seja sociologicamente irrelevante, até porque poesia é poesia e sociologia é sociologia. O que não exclui que os poetas são sujeitos de situações sociais que transformam em elaboração estética as referências que definem as bases de seus sentimentos, percepções e interpretações. Um soneto como esse não é, obviamente, uma "reportagem", nem mesmo é evidência de um modo socialmente difundido de conceber a morte. Provavelmente, foi concepção única da própria finitude de Francisca Júlia e da sua terminação próxima dentre as muitíssimas pessoas que morriam diariamente na cidade de São Paulo.

Porém, é sem dúvida expressão do modo muito pessoal como Francisca Júlia foi morrendo socialmente aos poucos, a partir, aproximadamente, de 1915. Sociologicamente, a morte é uma coisa, culminação do morrer, que é outra.[16] O tempo da morte é breve, e comporta uma sociologia que é mais a do rito do passamento, enquanto o tempo do morrer é lento, socialmente marcado por momentos, mediações, consciência e elaboração social da finitude. O poema de Francisca Júlia é um momento desse processo. É documento densamente social que entrecruza o sofrimento interior do sujeito que morre com a elaboração

---

15 Cf. Silva, Outra vida, *A Cigarra*, Anno VI, n.5, São Paulo, 1 jul. 1919, p.5.
16 Cf. Kubler-Ross, *On Death and Dying*; cf., também, dessa autora, *Questions and Answers on Death and Dying*.

de um modo de morrer que é, antes de tudo, morte de poeta e não morte de quem não tem o sentido poético da vida.

Mesmo que, com razão, a boa crítica literária não reconheça na poesia, no romance, no conto, um caráter documental da realidade social, não deixa de reconhecer certo elo entre a obra de arte e suas referências sociais. Artistas e escritores, independentemente de sua arte, vivem a duplicidade do diário trânsito difícil entre o mundo da vida cotidiana e o mundo da arte e da literatura. Cada um desses mundos tem seu próprio estilo cognitivo e, portanto, seu peculiar e intransferível modo de conhecer a vida e de interpretá-la, o conhecimento de senso comum e o conhecimento artístico.[17]

A "matéria-prima" de referência pode ser a mesma, mas o resultado não é o mesmo. Num caso como o deste soneto, a obra de arte desconstrói o vivido de Francisca Júlia. Lentamente, sua vida se esvaía e nessa drenagem sua poesia ia se tornando pouca e cinzenta.

Esses dois sonetos mostram o que lhe resta de poesia como o grande esforço para revestir com a dimensão do belo o triunfo sobre o tenebroso da própria morte. Na poesia, a negação da vida e não a negação da morte, a afirmação da harmonia num mundo cotidiano e doméstico pobre e desarmônico. É nesse desencontro que está a dimensão propriamente social da poesia e é na morte que está a chave do enigma de Francisca Júlia.

Péricles Eugênio da Silva Ramos, o grande estudioso da obra da poetisa paulista, numa revisão crítica de autores que a essa obra se referiram sem dar maior atenção à beleza e ao significado profundo dos seus sonetos do fim da vida, ressalta-

---

17 Cf. Schutz; Luckmann, *Las Estructuras del Mundo de la Vida*, p.25-108.

-lhes a importância em relação à "Musa impassível".[18] Destaca "Outra vida", "Alma ansiosa", "Esperança", este último escrito um mês antes da morte de Francisca Júlia, dedicado a Alarico Silveira (1875-1943), um dos irmãos Silveira, seus amigos:

> Ela, só ela é boa e piedosa a esperança,
> Palma, que sempre verde, os corações agita,
> E, na sua missão de aliviar a desdita,
> Enxuga o pranto, ilude a fome, o impulso amansa.
>
> Ela, que é para o velho o que é para a criança,
> Ela, que a mão amiga estende à gente aflita,
> Conduz-me para além do que meu sonho alcança,
> De região em região, onde outra luz palpita.
>
> É tão boa essa luz, que os calhaus do caminho
> Hão de ser, se os houver, macios como arminho,
> E de encará-la o meu olhar jamais se furta.
>
> Só não sei em que mundo, em que estrela, em que esfera
> A verdadeira paz entre bênçãos me espera,
> Sei que o caminho é bom e a viagem é tão curta...[19]

Nem por isso, em sua poesia deixam de estar presentes as contradições sociais que lhe chegavam à consciência como indignada compreensão das desigualdades. Mas justamente poesia

---

18 Cf. Ramos, Origem e evolução do soneto brasileiro, Caderno *Cultura*, Ano VII, n.428, 1 out. 1988, p.6, *O Estado de S. Paulo*, Ano 109, n.34.848.

19 Cf. Silva, *Esphinges*, op. cit., p.167-8.

menor e frágil em face da bela elaboração estética dos sonetos de *Mármores*. Uma compreensão à flor da pele, elementar, sem as delicadezas dos *enjambements* de que ela era mestre.

As diferenças sociais desse relativo confinamento foram por ela compreendidas e expostas, em perspectiva histórica, já na poesia "As duas bonecas", do livro *Alma infantil*, colaboração com o irmão, publicada em 1912, em que, na vitrina de uma loja, uma rica boneca de cera e uma pobre boneca de louça travam um duro diálogo sobre as desigualdades sociais:

> Uso cabelo postiço,
> Fecho os olhos e adormeço,
> Só as bonecas de preço
> É que sabem fazer isso.
>
> A indústria elegante e nobre
> Que na Europa nos fabrica
> Nos destina à gente rica.
> Somos a inveja do pobre.
>
> Tu és o tipo, tal qual,
> Da boneca baratinha,
> Indústria reles, mesquinha,
> De fabrico nacional.
>
> Gênero de pouco peso,
> Artigo que vale nada...
> Aí tens agora explicada
> A causa do meu desprezo.[20]

---

20 Cf. Silva; Silva, *Alma infantil*, op. cit., p.155-9.

Muito pouco tempo depois do *boom* do Encilhamento e do nosso primeiro surto industrialista, essa poesia expressa um aspecto da consciência nacional que não foi levado em conta pelos que entre nós analisaram o processo de industrialização. Foi ele aqui marcado pela substituição de importações não como algo genérico nem como propósito político, mas como processo possibilitado pelos salários restritos de trabalhadores pobres. Aqueles que não tinham acesso aos produtos importados, o que pode ser considerado um traço muito peculiar e *sui generis* da acumulação primitiva de capital entre nós.

O produto pobre para os pobres da economia interna paralela, de salários inferiores, era expressão de uma técnica de acumulação originária possibilitada pela limitação do salário do trabalhador brasileiro em relação ao valor do trabalho contido nos produtos importados. Era esse o segredo da industrialização brasileira, numa sociedade mal saída da escravidão, com um mercado interno reduzido. Era também o segredo da formação da consciência das diferenças sociais dos humilhados e ofendidos deste lado do Atlântico.

Embora sejam vários os indícios que separavam socialmente Francisca Júlia e sua família das condições sociais da intelectualidade paulistana de sua época, a diferença social pode ser visualizada de maneira mais objetiva recorrendo-se a fotografias, como a do distrito da Liberdade, em que ela e o marido moravam, na travessa Conselheiro Furtado, n.12 (hoje rua Santa Luzia), próxima à rua Tamandaré. E sua mãe que, quando faleceu em 1924, morava na rua Bonita, n.16, atual rua Tomás Ribeiro de Lima. Ou uma foto panorâmica do Lajeado de pouco depois do casamento, quando ela lá morou. Comparando-as com as fotos de casas de alguns dos participantes do seu funeral, em 1920, vários dos quais lhe fizeram a elegia, tem-se um retrato da enorme distância social que a separava da elite culta de então.

É o caso de René Thiollier, que morava num palacete da avenida Paulista, e do senador Freitas Valle, que morava na luxuosa Vila Kyrial, na Vila Mariana. Ambos conhecidos pelos saraus literários e artísticos de luxo e refinamento. Além do palacete de saraus emblemáticos que foi o de dona Veridiana Valéria da Silva Prado.

No soneto "A um velho", publicado em *A Cigarra*, em 1916, ela não só mostra que os enigmas da riqueza continuavam presentes em suas preocupações, como sugere um modo de ver a unidade e a contradição de riqueza e pobreza, e na valorização da pobreza uma perspectiva mais rica na experiência do mundo e na compreensão das diferenças sociais:

> Por suas próprias mãos armado cavaleiro,
> Na cruzada em que entrou, com fé e mão segura,
> Fez um cerco tenaz ao redor do Dinheiro,
> E o colheu, a cuidar que colhia a Ventura.
>
> Moço, no seu viver errante e aventureiro,
> O peito abroquelou dentro de uma armadura;
> Velho, a paz vê chegar do dia derradeiro
> Entre a abundância do ouro e o tédio da fartura.
>
> No amor, de que é rodeado, adivinha e pressente
> O interesse que o move, o anima e o faz ardente;
> Foge por isso ao mundo e busca a solidão.

O passado feliz o presente lhe invade,
E vive de gozar a pungente saudade
Das noites sem abrigo e dos dias sem pão.[21]

Um segundo aspecto da biografia de Francisca Júlia que se reflete em sua obra está presente na reedição de *Mármores*, de 1895, com o título de *Esfinges*, em 1903. No segundo livro, como assinalei antes, a autora faz uma depuração que claramente suprime poemas dominados pela impessoalidade mítica da narrativa.

Péricles Eugênio da Silva Ramos, que em 1961 publicou a bem cuidada coletânea de poemas de Francisca Júlia, uma obra definitiva, descobriu no conjunto de sua poesia nexos e separações, reclassificando-a e agrupando os poemas de maneira a ressaltar o que é, de certo modo, uma mudança de estilo e de visão de mundo.[22]

Vejo numa ordenação como essa a introdução do pressuposto de uma evolução, de um estilo a outro, quando a cronologia é outra, a da simultaneidade de poemas de estilos diversos.

Na primeira parte, sob o título de "Musa impassível", agrupou os poemas parnasianos; na segunda, sob o título de "Musa mística", os poemas simbolistas, e nas partes restantes, os poemas que se distinguem por razões que não são propriamente de estilo, como os didáticos.

Os poemas da segunda parte são basicamente os de um momento em que Francisca Júlia de algum modo se separa do

---

21 Cf. Silva, *Poesias*, op. cit., p.125-6.
22 Cf. Ramos, A poesia de Francisca Júlia, in: Silva, *Poesias*, op. cit., p.25-41.

formalismo, tão marcante em *Mármores*, porque o atenua. Se é correta minha hipótese de que foi de seu pai, Miguel Luso da Silva, que recebeu a influência decisiva do pétreo rigor no respeito aos formalismos da língua portuguesa, eu diria que essa transição na obra de Francisca Júlia é um momento em que ela se distancia imaginariamente da figura do pai, que ainda vive e sobreviverá a ela, envelhecido e doente desde há muito.

Nessa ruptura, um visível desamparo toma conta de sua vida. Pode-se entender, com base na entrevista que deu a Corrêa Júnior, em 1916, que é quando passa do que se considerava parasita do pai à condição de parasita do marido.[23] Mergulha em indagações místicas, quando acentua seu espírito religioso e dedica um poema – "De joelhos" – à grande mística Santa Teresa de Ávila.[24]

Mas é, também, em 29 de junho de 1908 que expressa uma busca em terreno novo, quando faz no salão do edifício da Câmara Municipal, de Itu, a conferência sobre "A feitiçaria sob o ponto de vista científico". Compareceram aproximadamente oitenta pessoas, "pertencentes à classe intelectual" da cidade. Foi poucos meses antes de seu casamento, que se daria no início de 1909.[25] Explicou ela que aquela era a primeira conferência que fazia, "início da série de conferências que pretendia realizar". Escolhera Itu, esclareceu, porque cidade culta. Compareceu acompanhada do pai.

---

23 Cf. [Côrrea Júnior], Recordações de uma noite..., op. cit.
24 Cf. Silva, *Esphinges*, op. cit., p.105-7.
25 Cf. *Correio Paulistano*, n.16.121, 28 jun. 1908, p.3. Para um extenso sumário da conferência, cf. Conferencia literaria, *Republica*, Anno IX, n.702, Ytu, 3 jul. 1908, p.1.

As notas extensas e minuciosas que da conferência tomou o competente jornalista do *República*, jornal local, publicando-as em primeira página, constitui um dos pouquíssimos documentos sobre as inquietações intelectuais de Francisca Júlia, sobre seus dilemas interiores, sobre sua busca de sentido para um mundo cujos desencontros se refletiam no âmbito das crenças, como mistérios e incógnitas.

A conferência de Itu é uma proposta de reencontrar a unidade perdida na fragmentação e na diversificação do mundo, em face do qual estava dividida. Mulher culta, não podia fazer essa busca no terreno das chamadas crendices populares, porque acobertadoras do sentido mais profundo das dimensões ocultas e invisíveis da vida. Ela a faz no terreno da Filosofia e da Ciência.

Compreende-se: na cultura popular, o natural da vida está permeado por invisibilidades misteriosas e coletivamente reconhecidas; no mundo da razão, o de Francisca Júlia, as invisibilidades tinham que ser classificadas como não naturais para serem identificadas e subjetivamente conhecidas. Eram invisibilidades explicáveis.

Sua referência aos elementais, espíritos existentes nos elementos da natureza, é um bom indício de seu entendimento de que é necessário reconhecer objetivamente as revelações das conexões do senso comum, rompidas pelo advento da cultura fundada na ciência. O que sugere nela certa consciência da duplicidade dos seres vivos e do próprio homem.

Não era coisa propriamente nova em sua vida. Seu soneto "A Ondina", publicado no *Correio Paulistano*, de 19 de julho de 1894, e incluído em seu livro *Mármores*, já indicava que Francisca Júlia se reconhecia na concepção do duplo que essa referência contém. O duplo de sua pessoa, que será, no fim das contas, o seu tormento e a sua inspiração.

A Ondina[26]

Rente ao mar que soluça e lambe a praia, a Ondina,
Solto, às brisas da noite, o áureo cabelo, nua,
Pela praia passeia. A alvacenta neblina
Tem reflexos de prata à refração da luz.

Uma velha goleta encalhada, a bolina
Rota, pompeia no ar a vela, que flutua.
E, de onda em onda, o mar, soluçando em surdina
Empola-se espumante, à praia vem, recua...

E, surdindo da treva, um monstro fito
O olhar na ondina, avança, embargando-lhe o passo...
Ela tenta fugir, sufoca o choro, o grito...

Mas o mar, que, espreitando-a, as ondas avoluma,
Roja-se aos pés da ondina e esconde-a no regaço,
Envolvendo-lhe o corpo em turbilhões de espuma.

---

26 Este soneto foi publicado no *Correio Paulistano,* um ano antes da republicação no primeiro livro da autora (cf. Silva, *Mármores,* op. cit., p.27-8). Em relação àquela versão original, a republicação no livro contém algumas modificações, como "um monstro auricrínito, toma-lhe a frente, avança, embargando-lhe o passo" por "um monstro fito o olhar na ondina, avança, embargando-lhe o passo". Na versão do jornal, a Ondina é nome próprio. Na do livro, é nome comum. Cf. Silva, *Esphinges,* op. cit., p.31-2.

A Ondina é o espírito do mar, seu duplo, o seu elemental. Vendo sua própria Ondina em perigo, em face do brilho do sol que se levanta, o mar a acolhe e protege porque ela é dele, parte do seu ser: "Mas o mar, que, espreitando-a, as ondas avoluma / Roja-se aos pés da Ondina e esconde-a no regaço / Envolvendo-lhe o corpo em turbilhões de espuma". Esse é o poema que contém o essencial do mistério de Francisca Júlia, a certeza do invisível na incerteza do visível, o mistério do duplo e da conciliação do diverso, a vida como busca do reencontro de uma unidade suposta da condição humana. Uma característica, aliás, do pensamento conservador, o que tem sentido no legado ideológico do pai.[27]

A conferência de Itu foi para demonstrar a validade dessa concepção, com o socorro da ciência recorrendo a expositora ao primado da matéria para revelar e reconhecer o espírito que lhe é próprio. É chave do simbolismo que se evidenciara em *Esfinges*, de 1903.

É a chave, também, para compreender a confissão que fez na entrevista a Corrêa Júnior, em 1916, desdobramento das inquietações que lhe vinham de longe. Disse-lhe que estava sofrendo muito com o que passara a considerar "sua enfermidade". Tinha alucinações. *"Há ocasiões em que, de repente, saio da vida real e entro no sonho. Vejo pessoas e seres desconhecidos."* Achou que estava se tornando "médium".[28]

Se na conferência de Itu, em 1908, a crença se combinava com o racional da ciência, dando visibilidade e sentido ao duplo de sua personalidade, em 1916 a crença vencera a ciência e a

---

27 Cf. Mannheim, *Ensayos sobre Sociología y Psicología Social*, p.99-101.
28 Cf. [Côrrea Júnior], Recordações de uma noite..., op. cit.

unidade se rompera. A inclinação simbolista da segunda fase de sua obra, a de *Esfinges*, não foi suficiente para dar-lhe a segurança de que a poesia carece, para viabilizar a arte, de combinar a racionalidade da métrica e da rima com a irracionalidade do propriamente poético. Esse foi um dos fatores do seu progressivo silêncio, a poesia fugindo de sua alma na penumbra dos dias até o último alento.[29]

Não foi um processo mecânico, de rupturas explícitas. Sendo Francisca Júlia uma pessoa mergulhada no cotidiano de dona de casa, lembro que no arrabalde em que vivia com o marido, no fim da vida já tuberculoso, e em rua próxima à de sua casa, o imigrante português Antonio Gonçalves da Silva (1839-1909), o famoso Batuíra, há anos instalara um centro de espiritismo, na rua Lavapés, numa travessa hoje chamada de rua Espírita. Era paralela à rua Conselheiro Furtado, em uma

---

29 Nesse sentido, considero improvável a interpretação de Margaret Anne Clarke, de que, em 1916, "a carreira de Francisca Júlia efetivamente cessou quando ela se casou e se dedicou ao marido, à família e ao lar até sua morte em 1920". [Cf. Clarke, Death and Muses - The poetry of Francisca Júlia, in: Davis; Kumaraswami; Williams (eds.), *Making Waves: Women in Spanish, Portuguese and Latin American Studies*, p.171.] A hipótese de que o declínio da produção poética de Francisca Júlia se deveu ao casamento é improvável, por várias razões: Francisca Júlia casou-se no início de 1909 e não em 1916. Antes de se casar, como mostro neste livro, sua atitude em relação à poesia já estava mudando. Ela abrira espaço em sua vida para conferências sobre temas que desconstruíam a rigidez formal de *Mármores*, seu primeiro livro. Era um projeto de vida. Mudando também na abertura para o simbolismo e relativizando o parnasianismo. Sua crise pessoal sequer estava na enfermidade que ela não via. Suas visões e pesadelos ela própria interpretava na perspectiva do espiritismo. Francisca Júlia vivia um dilema intelectual.

travessa na qual moravam Francisca Júlia e o marido. Não era longe dali o Círculo Esotérico da Comunhão do Pensamento.

No espaço cotidiano de Francisca Júlia havia vizinhanças que davam rumo e sentido a intuições como essa, de que pudesse ela estar se tornando "médium". Sua referência à sua provável mediunidade sugere que poderia ter algum contato com o grupo espírita de Batuíra, cujo jornal, de que ele era editor, publicara um dos seus poemas em 1907, quando ela aparentemente já não vivia em Cabreúva.

Uma subcultura urbana, muito perto do centro da cidade e da dele completamente diversa, a confirmar que a distância social que confinava seus moradores, era também uma distância religiosa e cultural. A cidade de São Paulo sociologicamente se diversificava na disseminação de nichos culturais que abriam distâncias entre moradores de distintas identidades.

Por esse tempo, um grafologista interpretou a letra e a escrita de Francisca Júlia, traçando-lhe um interessantíssimo perfil, uma definição de personalidade, que na verdade confirma, com abundância de detalhes, os indícios que, antes e depois de sua morte, constam de pronunciamentos e textos de vários de seus amigos e admiradores.

Talvez mais completo porque ainda não desfigurado pelas deformações que a morte introduz na biografia dos que deram acabamento a sua história pessoal. Um texto de admirador que, na transcendência das informações de uma leitura mágica da letra da poeta, ali encontra a confirmação de que a personalidade e o talento nasceram com ela, eram-lhe inatos.[30]

---

30 Cf. Yodiram, Graphologia e psychometria, *A Cigarra*, Anno III, n.42, São Paulo, 20 maio 1916, p.21.

Muito curiosamente, o pseudônimo utilizado pelo grafólogo, Yodiram, invertido é Marido-Y, o que me levou a levantar a suspeita de que a abundância de detalhes na definição da personalidade de Francisca Júlia só podia ser expressão do que nela via o próprio Philadelpho Münster, seu marido. Ainda que, em 1919, em Ribeirão Preto (SP), tivesse sido devidamente identificado um adivinho que se assinava Yodiram. Tinha ele feito previsões, não confirmadas, sobre a vitória eleitoral de Ruy Barbosa (1849-1923) na campanha para a Presidência da República.[31]

A suspeita proximidade do grafólogo em relação à vida e ao temperamento de Francisca Júlia ganha sentido em face dos detalhes da carta, que não são encontrados normalmente na leitura de grafólogos, que tendem a definições genéricas na interpretação da letra de seus analisados. Aqui a análise detalha, vasculha com intimidade o mundo doméstico de Francisca Júlia. Coisa de alguém que tinha acesso a manuscritos da poeta, mas que, sobretudo, a conhecia bem, na vida do dia a dia, como se vê neste trecho da análise:

> Será capaz de grande devotamento. Coração de elite. Sensibilidade. Constância, fidelidade. Tem o espírito dedutivo, que vai do conhecido ao inconhecido. Assimila admiravelmente e com prontidão e presteza. Tem o grande desejo da perfeição. Tem a ponderação, tem a reserva, tem a calma refletida, tem o amor da

---

31 Conforme notícia relativa à repercussão, em Ribeirão Preto, de uma previsão de que Ruy Barbosa venceria as eleições para a Presidência da República, esse Yodiram, na verdade Yo-Diram, era o pseudônimo do paulista Henrique Silva, dado a estudos esotéricos e à cartomancia. Portanto, não era o marido de Francisca Júlia. Cf. *Jornal do Brasil*, Anno XXIX, n.22, Rio de Janeiro, 22 jan. 1919, p.4.

forma, as aptidões artísticas devidamente desenvolvidas. Tem o senso estético na generalidade das suas manifestações. A vontade não é definida, mais é uma pequena vontade, que não cessa, e é cheia de esforço, não diminui como não aumenta. Tem iniciativa. Tem a sensibilidade como apanágio do coração. Tem a natureza vibrante e de impressionabilidade moral. Sentimentos profundos, calmos em sua demonstração. Habilidade. Ausência de egoismo e vaidade. Tem o senso crítico e, em criticando, procura adocicar pela benevolência de que é dotada. Tem a amabilidade natural e não adquirida. Ligeiramente desconfiada.

Um pouco de diplomacia, não sendo isso natural, porque não sabe dissimular; tem a franqueza e a alma inteiramente aberta, que não ocultam seus pensamentos. Admirável intuição e inteligência. Tem gênio impetuoso quando zangada, o que raramente acontece.

Acabei descartando a suspeita de autoria de Philadelpho Münster, sem descartar a eventual contribuição. Todas as tentativas que fiz para descobrir se a hipótese era plausível indicaram-me que sim. Mas não tão plausível quanto se espera da busca objetiva de evidências. Por isso descartei-a. Havia muita gente fascinada por esses assuntos na época. Balzac ganhou certa fama como grafólogo e isso consta dos jornais brasileiros da época.

Philadelpho e Francisca Júlia se casaram em 1909, quando ela já estava muito interessada nos mistérios e nas ocultações da vida e do mundo, como se vê na mencionada conferência, do ano anterior, sobre feitiçaria.

Em relação ao que é próprio da vida cotidiana, a feitiçaria é um modo de lidar com aquilo que é invisível, o apenas pressentido através das perturbações que no cotidiano se manifestam. Em termos seculares, é uma técnica de manipulação dessas invisibilidades perturbadoras.[32]

O que nela parecia distúrbio de personalidade encontrava alívio e sentido na busca de compreensão do lado oculto de sua pessoa, mesmo no simbolismo que de algum modo modifica a estética de sua poesia.

A reedição modificada de *Mármores*, em 1903, com o título de *Esfinges*, já é uma decisão que, no enigmático do "decifra-me ou devoro-te", sugere aos leitores um lado misterioso da obra da autora, indicativa de sua nova inclinação poética, simbolista, mas também da dimensão oculta de sua obra e de sua vida.

Por esse meio, sua própria poesia dos últimos anos da vida caminhou na direção de um reconhecimento formal da cisão e da elaboração da via de saída para o dilema. Como se vê, aliás, nos sonetos "A uma santa" e "A um velho", suas obras quase terminais, publicadas em *A Cigarra*, em 1915 e 1916.

É verdade que, na fase mais acentuada de seus arrebatamentos, a visibilidade pública de Francisca Júlia como poetisa já perdera o fulgor do tempo da publicação de *Esfinges*, pouco mais de dez anos antes. No entanto, pela época da entrevista a Corrêa Júnior, fazia ela um esforço de retornar à cena cultural, tornando-se colaboradora da revista *A Cigarra*, na qual publicará poemas novos, em 1915 e 1916.

Mesmo assim, seu distanciamento da agitação cultural, que em sua vida foi limitada e discreta, fica significativamente claro nas celebrações do lançamento da terceira edição do livro de Vicente de Carvalho, *Poemas e canções*, em 1917, a primeira edi-

---

32 Cf. Martins, *Uma arqueologia da memória social*, p.263-6.

ção prefaciada em 1908 por Euclides da Cunha. Sendo Vicente de Carvalho seu padrinho e muito seu amigo, limitou-se ela, no entanto, a enviar-lhe um telegrama:

> Incomparável mestre e grande amigo sr. Vicente de Carvalho. Associo-me entusiasticamente às homenagens que os seus admiradores lhe vão hoje prestar. E pode ficar certo de que a minha admiração, só ela, de tão ardente que é, vale por toda a admiração que o rodeia. – Francisca Júlia[33]

No mesmo dia, a própria revista *A Cigarra* promovia um sarau em homenagem ao poeta no Consertório Dramático e Musical de São Paulo. Sete escritores homens recitaram versos do homenageado. Não há nenhuma indicação de que Francisca Júlia tenha estado presente.

Ela também recebeu homenagens em 1917. Era um reconhecimento público de sua obra e de seu talento. Tinha, porém, certo tom de despedida.

Seu próprio irmão, em entrevista a *O Pirralho*, de 1913, já se referia ao fato de que ela estava distante do prestígio da época do lançamento de *Mármores*, pouco menos de vinte anos antes: "[...] minha irmã Francisca Júlia, cujo nome, em certa época de nossa literatura, já hoje histórica, teve a sua consagração".[34]

O recolhimento de Francisca Júlia e o encolhimento de sua visibilidade como poeta tinha uma dimensão que não dependia

---

33 Cf. Vicente de Carvalho - Justas homenagens ao grande poeta, *Correio Paulistano*, n.19.368, São Paulo, 11 jun. 1917, p.2.
34 Cf. Silva, A nossa enquete literária, *O Pirralho*, n.118, São Paulo, 22 nov. 1913, p.9.

dela, a do declínio dos estilos e das escolas literárias. As mudanças sociais e políticas, que na Europa mudavam concepções literárias e artísticas, chegavam até nós, copiadores e consumidores de formas e estilos, sem dúvida. Mas aqui vivia-se, de modo próprio, o efeito corrosivo da Guerra Mundial e o consequente estímulo à invenção e à criação. Para nós, aquela era a oportunidade e a necessidade de ruptura e inovação.

Em abril de 1917, o impacto que tiveram os torpedeamentos de navios brasileiros por submarinos alemães revelou-se nas manifestações de multidões que foram às ruas da cidade para expressar difusa consciência, que assim nascia, apesar da admiração pelos franceses, de que, em relação aos europeus, nós éramos nós e "eles" eram eles.

Além do que, a cidade de São Paulo passaria, em julho de 1917, pela convulsão da greve geral, que abalou a concepção de ordem e anunciou o nascimento de um novo protagonista social, a classe operária. Também aí o "eles" estava presente: a greve geral foi motivada pela carestia decorrente da escassez dos gêneros de primeira necessidade devido à lucrativa exportação de alimentos em face de problemas de abastecimento, especialmente na Europa em conflito.

Os preços da alimentação tornaram-se aqui especulativos, o que na economia moral dos trabalhadores foi interpretado como falta de caráter dos industriais, cuja moralidade limitada se manifestava tanto na ostentação escandalosa da riqueza quanto na fome manipulada imposta à classe trabalhadora. E, também, na exploração do trabalho de mulheres e de crianças. Toda ordenação iníqua do mundo industrial que nascia ficou sob o foco da insatisfação popular.

As elites cultas e os empresários retrógrados temeram a revolução social que já abalava a Rússia e lá se consumaria poucos meses depois.

A greve geral mostrou-lhes que a riqueza não pode tudo, que o capitalismo tem funções sociais que não dependem de mando e prepotência, que o operariado é nele uma força social, um sujeito de direitos, força que nasce das próprias contradições do capital. Força do operariado não só como vendedor de força de trabalho, mas também como parte da massa de consumidores e compradores daquilo que produz.

O boicote às mercadorias dos industriais mais reacionários, como Matarazzo, foi decisivo para destroçar a mentalidade escravista persistente mesmo na indústria. A ideologia escravista entrou em colapso na resistência operária de 1917, enquanto resistência de famílias de trabalhadores e não só como resistência de operários.

Os empresários foram forçados a rever sua concepção das relações de trabalho e das relações sociais. A greve desconstruiu legitimidades sociais, certezas políticas, belezas artísticas, métrica e rimas, inaugurando um mundo que, para muitos, era o da desordem.

Nascia um mundo sem métrica nem rima, sem as conformistas harmonias reconhecidas, as da ordem, regulado agora por uma concepção deformada e dodecafônica do belo. O mundo desafinava, retorcia-se. A Semana de Arte Moderna será um episódio de sublimação em meio às convulsões sociais e políticas entre a Primeira Guerra Mundial e a Revolução de Outubro de 1930, que liquidará o republicanismo oligárquico. Uma etapa significativa na formulação de nossa consciência social das mudanças.

As duas mortes de Francisca Júlia

A Semana de Arte Moderna ocorreu na antevéspera da Revolução de 1924, que arrasou a cidade de São Paulo, casas e fábricas destruídas pelos bombardeios e pelos combates de rua, 513 mortes de combatentes e de inocentes, nas trincheiras e dentro de casa. Completou a obra de demolição de cenários, de concepções e de valores já abalados pela Guerra Mundial e pela Greve Geral. A evacuação de mais de um terço dos moradores, os saques praticados pelos famintos, os acampamentos de refugiados no subúrbio, médicos dos hospitais de campanha remendando corpos mutilados, tudo anulava o já visto e o já sabido. O belo se tornara feio.[35]

O poeta modernista Blaise Cendrars (1887-1961), tratado como um ícone da Semana, chegará a São Paulo às vésperas do conflito. Significativamente, subirá a Serra do Mar num luxuoso carro "art nouveau" da SPR – São Paulo Railway Company, um *pub* londrino sobre rodas, em que tomará o primeiro café paulista, para pouco tempo depois defrontar-se com as ruínas do Lavapés, da Mooca, do Brás, da Água Branca e do próprio centro da cidade.

---

35 O poeta e romancista Paulo Lício Rizzo, que foi missionário protestante no bairro da Mooca, alguns anos depois da Revolução, onde conheceu muitos moradores do bairro que viveram os horrores da guerra, escreveu um romance sobre o tema, ambientado nas ruas que percorreu. Cf. Rizzo, *Pedro Maneta*. Um esclarecedor estudo sobre esse romance e seu autor é o de Adriano Luiz Duarte, *Pedro Maneta* e o Concurso Literário promovido pelo Ministério do Trabalho, Indústria e Comércio em 1942, *Estudos Históricos*, v.29, n.59, Rio de Janeiro, CPDOC/FGV, 2016, p.687-706. Disponível em: <http://bibliotecadigital.fgv.br/ojs/index.php/reh/issue/view/3113>. Acesso em: 6 set. 2020.

A Semana seria de ruptura mais por implicação, em decorrência das inovações e das orientações estéticas e formais adotadas por seus participantes. Menos por imediata intenção de abrir um fosso com o que significativamente Mário de Andrade definiu como "passado", em 1921. Marcia Camargos, referindo-se a Menotti Del Picchia, um admirador da obra de Francisca Júlia, diz que "provou a impossibilidade de fundar uma estética inédita desconectada da tradição e do passado".[36] Menos persistência e mais busca de uma referência identitária sem ruptura com o passado histórico, como já havia percebido e proposto o arquiteto português Ricardo Severo (1869-1940), sócio de Ramos de Azevedo (1851-1928), radicado em São Paulo, em conferência no Grêmio Politécnico, em 1917:

> [...] surge também no Brasil uma nova reação popular de nacionalismo, movimento centrípeto de concentração que procura equilibrar o efeito dispersivo e desnacionalizante do moderno e utilitário cosmopolitismo. É impulsionado este movimento por intelectuais brasileiros de talento e prestígio, e fundamenta-se no estudo etnográfico do povo brasileiro, na revivescência do seu "folclore", no renascimento da tradição que é a alma da nacionalidade, o laço invisível que reúne em torno do lar sagrado da pátria, que é uma só, toda a família brasileira que deverá ser sempre uma e inseparável sobre a terra e através do tempo.[37]

---

36 Cf. Camargos, *Semana de 22 entre vaias e aplausos*, p.101.
37 Cf. Severo, A arte tradicional no Brasil - Da Architectura, *O Estado de S. Paulo*, Anno XLIII, n.13.975, 1 abr. 1917, p.4.

Tem-se difundido, indevidamente, que foi a Semana de Arte Moderna que sepultou a obra de Francisca Júlia.[38] Já antes da Semana, sua obra fora ficando à margem de uma atualidade dinâmica e vibrante em que se exprimiam as inquietações sociais e políticas do momento. Tanto as inovações da Semana quanto as concepções tradicionalistas e conservadoras de Ricardo Severo (que se plasmariam em obras como o novo edifício da Faculdade de Direito, o palacete de Numa de Oliveira, na avenida Paulista, e a residência de Júlio Mesquita) expressavam as mesmas tensões da busca de uma identidade brasileira em reação às influências culturais que nos afastavam do que historicamente éramos. A crise de valores sociais e estéticos que define esse momento e de vários modos alcança a obra e a biografia de Francisca Júlia expressa uma polarização decisiva na definição de nossa identidade nacional.

Com a República, queríamos ser brasileiros como os franceses eram franceses. Mas ao nosso modo híbrido, imitando-os em nome da Pátria. O lema "Ordem e Progresso", positivista e francês, inserido no que fora a bandeira do Império, removido apenas o brasão monárquico, indica uma mentalidade e uma visão de mundo.

Para nós, a proclamação da República era a nossa Revolução Francesa, como ficou evidente na página de rosto do jornal *A Província de São Paulo* do dia 16 de novembro de 1889, ador-

---

38 Cf. Silvio Profirio da Silva, Aline Adriana da Silva, Edna Carla Lima da Silva e Salete Paiva da Silva, Francisca Júlia e a inserção da mulher no campo literário: Um intermédio entre o Parnasianismo e o Simbolismo, *Raído*, v.V, n.10, Universidade Federal da Grande Dourados, Dourados (MS), jul.-dez. 2011, p.421ss.

nada pelo barrete frígio e por um editorial que fala em Liberdade, Igualdade e Fraternidade. Quando a República em curto tempo envelhece, passa a ser tratada como República Velha e se decompõe com as crises sociais e políticas, passamos a querer ser brasileiros como o brasileiro imaginário e macunaímico dos modernistas. Uma busca do caráter do herói no herói sem nenhum caráter, uma construção e não uma cópia.

Na verdade, o encolhimento do prestígio da autora, como mostro aqui, e de outros autores que não ganhariam relevo no espírito e na estética da Semana, deveu-se ao afastamento da poetisa dos meios literários paulistanos, já nos anos dez. Coisa que aconteceu, também, com outras escritoras paulistas. O que teve a ver menos com as limitações do estilo próprio das autoras e sua filiação literária e mais com uma sociabilidade de intelectuais propriamente masculina e pouco favorável à participação e à visibilidade da mulher.

Examinada a questão em "câmara lenta", nota-se que bem antes da Semana a marginalização de Francisca Júlia já era um fato reconhecido e que, justamente, eminentes nomes do que viria a ser o acontecimento artístico e literário de 1922 eram os que lhe devotavam público apreço e incontida admiração. A suposição de que Francisca Júlia foi uma vítima da Semana de Arte Moderna não se confirma. Ela foi vítima mais do descompasso de sua própria arte em face das mudanças sociais e históricas que se aceleraram no seu tempo.

Para tomar como referência um autor emblemático da Semana, o próprio Oswald de Andrade, apreciador da obra de Francisca Júlia, que a abrigou nas páginas de *O Pirralho*, teve percurso completamente diferente do dela. Parnasiano, como

As duas mortes de Francisca Júlia

ela, místico, de certo modo como ela, católico, como ela e o irmão, tendo passado pelo crivo da Semana, tornou-se o oposto do que fora.[39] Como, no geral, os outros modernistas, "modernizou-se" depois da Semana. No fundo, a Semana foi uma convergência de possibilidades, ainda que referidas a grandes diferenças entre eles. O todo era uma suposição retrospectiva: estava lá atrás e ganhou sentido lá adiante para voltar lá atrás e lá recuperar os componentes que se juntarão para dar sentido ao que ganhou espaço na história da arte e da literatura brasileira com a Semana de Arte Moderna.

O respeito e a admiração por sua obra, pelos escritores paulistas já em busca de variantes modernas da expressão literária, talvez se expliquem pelo fato de que ela própria também buscava e inovava, como mencionei, apesar do rigor formal que predomina em sua poesia. Não posso deixar de assinalar que Nuto Sant'Anna, em livro de poesias de 1914, lido e aplaudido por Francisca Júlia, acrescentou-lhe o posfácio de uma nota extensa sobre a questão dos chamados versos livres, de variante rítmica que, ainda que ordenadamente, escapam da organização convencional dos versos. Nesse texto crítico, o poeta ressalva:

> Resta-me, ainda, todavia, dizer que há admiráveis poesias em versos ímpares e pares, como se nota em Francisca Júlia e Olavo Bilac. Versos, porém, de mestre, uniformemente simétricos, cuja arte pura lhes empresta uma variante original e procurada, que é, em verdade, de agradável efeito. O mais é intolerável.[40]

---

39 Cf., entre outros, Candido, *Brigada ligeira*, p.18.
40 Cf. Sant'Anna, *Miserere*, p.163.

No preâmbulo da Semana, em agosto de 1921, menos de um ano após a morte de Francisca Júlia, Mário de Andrade publicava no *Jornal do Commercio*, de São Paulo, uma série de artigos sobre "Os mestres do passado", os da geração da poetisa paulista, a quem dedicou um dos artigos. Série que foi uma espécie de marco divisório entre gerações e entre escolas.

No que diz respeito à postura pessoal e ao distanciamento dos valores literários que separariam a geração de 22 da dos que a antecederam, Mário foi provavelmente o mais consciente. "De todos os cinco grandes nomes que escolhi – diz ele –, pertencentes à geração parnasiana, Francisca Júlia foi a de menor inspiração." Ao expor suas impressões sobre Raimundo Corrêa, acrescentou:

> Raimundo teve certamente um pouco mais de inspiração que Francisca Júlia, mas nem por isso prefiro-o à escritora paulista. Foi mais poeta. Mas sob o ponto de vista estritamente parnasiano, não tem poemas que se comparem com a perfeição de forma impoluta ao "Dança de centauros" [de Francisca Júlia] e ainda outros.[41]

A ruptura que separou Francisca Júlia da literatura que ganhará perfil em decorrência da Semana só terá sentido depois, não antes. Antes, os futuros nomes da Semana eram seus amigos e admiradores, respeitavam sua extraordinária competência para cinzelar os versos. Mas uma coisa é o cotidiano, outra coisa é

---

41 Cf. Brito, *História do Modernismo Brasileiro: antecedentes da Semana de Arte Moderna*, p.259, apud Kimori, *Os mestres do passado: Mário de Andrade e os parnasianos brasileiros*, p.42.

As duas mortes de Francisca Júlia

o texto que no cotidiano se escreve. Tudo sugere que a Semana foi mais um acaso e uma convergência de inovações do que um plano, mais uma busca do que uma consequência, o encontro dos desencontros. Só depois de sua realização emergiu a consciência do fato novo, o da consolidação de uma perspectiva literária e artisticamente nova e inovadora. Um ponto de vista cristalizado.

O artigo de Mário de Andrade de 1921 sobre a poesia de Francisca Júlia, compreensivelmente ranheta, numa série que foi um marco na consolidação das divergências, é um texto analítico e desconstrutivo que põe a nu as diferenças estéticas entre o que era de agora e o que era de antes. Uma datação separadora, não por acaso, intitulada "mestres do passado", passado que ainda não passara, apenas passava. Aí, sim, um programa, porque nova concepção da poesia e do poético.

Um mês depois do suicídio de Francisca Júlia, Mário de Andrade escrevia, em *Pauliceia desvairada*, sobre o grande parnasiano que foi Olavo Bilac:

> As decadências não vêm depois dos apogeus. O apogeu já é decadência, porque sendo estagnação não pode conter em si um progresso, uma evolução ascensional. [...] porque toda perfeição em arte significa destruição.[42]

Não é improvável que Francisca Júlia, que personificou essa perfeição, tivesse aguda e fatal consciência dessa finitude, dessa morte em vida.

---

42 Cf. Andrade, *Pauliceia desvairada*, p.29.

Mário de Andrade dirá, ainda, em 1928, nas linhas finais de *Macunaíma*, livro sobre "o herói sem nenhum caráter", o tudo e o todo descosido: "Nas épocas de transição social como a de agora é duro o compromisso com o que tem de vir e quase ninguém não sabe. Eu não sei".[43]

Mais medo e incerteza lhe causava o depois do que o antes. Portanto, a objeção estética à poesia de Francisca Júlia ganha sentido na função desconstrutiva da temporalidade que vai depositando no passado os grandes momentos e as obras de um presente que vacila.

No "Prefácio interessantíssimo", de *Pauliceia desvairada*, diz ele, num dos mais significativos elogios literários recebidos por Francisca Júlia: "Os srs. Laurindo de Brito, Martins Fontes, Paulo Setúbal, embora não tenham a envergadura de Vicente de Carvalho ou de Francisca Júlia, publicam seus versos. E fazem muito bem. Podia, como eles, publicar meus versos metrificados".[44]

Apesar desses amigos, Francisca Júlia já não estava aqui para acompanhá-los nas superações que se concretizariam em 1922. O mundo de Francisca Júlia ficou aquém dessas barreiras que alteraram profundamente o modo de vida, a mentalidade, os valores sociais, o gosto artístico dos paulistanos e dos brasileiros. Os protagonistas da Semana darão forma artística a essa ruptura. Uma nova visão de mundo estava sendo gestada. O envelhecimento precoce dos poetas e prosadores terá um reconhecimento, de certo modo brutal, num fato literário que ocorreria pouco depois da planejada homenagem de 1917 à poetisa.

---

43 Cf. Andrade, *Macunaíma*, p.190.
44 Cf. Andrade, *Paulicea desvairada*, op. cit., p.12.

As duas mortes de Francisca Júlia

Em 1918, por meio das páginas do *Correio Paulistano*, durante meses, entre março e agosto, travou-se a já mencionada polêmica, entre os poetas Nuto Sant'Anna e Aristêo Seixas, sobre a obra de Francisca Júlia. O duelo escondia sutis desqualificações recíprocas dos contendores, coisa fina que exibia o talento de ambos, pois o que depreciavam aparecia como elogio.

A polêmica erudita, refinada, culta, pode ter contribuído para abater ainda mais a poetisa. Foi uma polêmica sobre a superação e o fim ou não da poesia de autores como ela e de vários poetas do seu círculo de relacionamentos, citados nominalmente.

A discussão surgiu em consequência de uma série de artigos de Aristêo Seixas sobre o poeta Luís Pistarini (1877-1918), seu amigo e seu conterrâneo de Resende (RJ), opiômano, que morrera vitimado pelo vício. Seixas faz o elogio literário do amigo e nele exalta o parnasianismo, com algum desdém pelo simbolismo.

No dia 14 de março de 1918, contudo, Nuto Sant'Anna, poeta, romancista e historiador, de uma geração posterior à de Francisca Júlia, a quem ela dirigira palavras de apreço por um livro de poesias, publica sua reação aos artigos de Aristêo Seixas:

> [...] toda uma copiosa massa de intelectuais eminentes – intelectuais que assistem, em vida, ao melancólico desmoronamento do seu prestígio literário. Esses artistas dignos, que admirávamos e admiramos, já não vivem incensados como viveram, as gazetas raramente lhes reproduzem as obras-primas, não vergam a cerviz augusta ao peso olímpico de uma coroa de louros. E por que não? Quem é hoje mais poeta, entre antigos e modernos, do que Júlio

César? Quem possui aquela potencialidade genial de Francisca Júlia? E ambos (pesa-me dizê-lo) passaram, como passou Luís Pistarini, como passamos todos os que não somos Vicente de Carvalho ou Bilac.[45]

Aristêo Seixas estendeu sua argumentação em defesa do parnasianismo e da poesia de Francisca Júlia por dezoito capítulos, centrada em mostrar não os parnasianos enquanto autores de uma poesia superada como, de certo modo, entendia Nuto Sant'Anna, mas protagonistas inovadores da reação ao romantismo. Via neles a inovação e a superação e não a decadência. Era mais realista em relação aos momentos de relevo na biografia dos poetas. Via seu começo e não seu fim. Diz ele:

> D. Francisca Júlia ocupa lugar de exceção na literatura do país; e, porventura, não tem rival, mesmo considerados ambos os sexos, na escola que sucedeu à do romantismo nacional. Os seus versos são colunas primorosamente trabalhadas, a sustentar uma admirável criação de alevantado engenho, com que se há de perpetuar gloriosamente o seu nome, e a sua fama.[46]

No sábado, dia 3 de agosto de 1918, em artigo de primeira página do *Correio Paulistano*, Nuto Sant'Anna deu por encerrada a polêmica com esta peroração:

---

45 Cf. Sant'Anna, Os que passam..., *Correio Paulistano*, n.19.641, 13 mar. 1918, p.1.
46 Cf. Seixas, D. Francisca Júlia da Silva, a sua produção literaria, e o seu prestigio nas letras nacionaes, *Correio Paulistano*, n.19.645, 17 mar. 1918, p.1.

Ora, Aristêo Seixas realizou em verdade uma obra amável e valiosa. Porque, além de discretear com segura mestria sobre múltiplos problemas poéticos, relembrou vários nomes do tempo, evidenciando-os com a oportuna generosidade de adjetivos fortes. Todo mundo foi lembrado – e a escritora modelar que lhe inspirou tão beneméritas palavras, recebeu, com essa entusiástica ovação que ecoou por três meses e ocupou para mais de cinquenta colunas de tipo miúdo e cerrado, o prêmio justamente devido ao seu peregrino talento de parnasiana sem rival. Tanto basta para que Aristeo Seixas mereça os aplausos e os hurras mais calorosos. E esses hosanas, ainda que tardiamente, aqui lhos expresso, de minha parte, sob a forma gráfica desta prosa descolorida e vulgar.[47]

À beira do fim, Francisca Júlia viu o seu morrer traduzido e explicado como morte da poesia que ela personificara mais do que ninguém. Desse modo, em sua biografia intelectual, o ser tramou a impiedosa trama do duplo, do estar em dois mundos e não estar em nenhum, o que Everett Stonequist (1901-1979) definiu como a pessoa marginal.[48]

Os aspectos que destaco na biografia e na obra da autora paulista, e também na crítica de que essa obra foi objeto, mostram o cenário tormentoso em que ela viveu e o enorme esforço que fez para ser poeta e ver o mundo com o lirismo que o mundo deveria ter e que em relação a ela, não teve.

---

47 Cf. Sant'Anna, Fim de polemica, *Correio Paulistano*, n.19.783, 3 ago. 1918, p.1.
48 Cf. Stonequist, *O homem marginal – Estudo de personalidade e conflito cultural*.

A São Paulo de Francisca Júlia

Bairro de Santa Ifigênia, 1887. Vinda de São Luiz do Paraitinga, para rua Aurora, 16. Para esse bairro, mudou-se a família de Francisca Júlia em julho de 1878, quando ela escrevia poesia com 17 anos. Na casa 319 dessa mesma rua, nasceria Mário de Andrade, em 1893: "Na rua Aurora nasci/ Na aurora da minha vida/ E numa aurora cresci". Foto de Militão Augusto de Azevedo. Acervo J. S. Martins.

Rua da Estação, 1903. É a atual rua Mauá, ao lado da estação da Luz, na parte voltada para o bairro de Santa Ifigênia. A rua Aurora, na qual morava a família de Francisca Júlia, desde que viera para São Paulo, continuava na rua Bom Retiro, que terminava nessa rua, bem na frente da estação da Luz. Foto de autor não identificado. Acervo J. S. Martins.

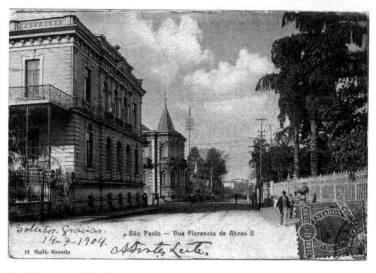

Rua Florêncio de Abreu, 1904. Nessa época, a família de Francisca Júlia ainda morava no bairro de Santa Ifigênia, onde sua mãe tinha uma escola particular. Em 1906, a família se mudaria para Cabreúva, na região de Itu. Nas detalhadas narrativas da viagem de quatro dias à cidade de São Paulo, em janeiro de 1907, do governador da Bahia, José Marcelino, lê-se que, após sua visita à estação da Luz e ao Jardim Público, ele e a comitiva partiram "em confortáveis carruagens, pelo largo da Luz, rua Florêncio de Abreu, largo de São Bento, retornando à Rotisserie Sportman" (*Correio Paulistano*, sábado, 12 de janeiro de 1907, p.2). A rua Florêncio de Abreu era rua de passagem entre a estação e o novo centro da cidade. Foto de Guilherme Gaensly. Acervo J. S. Martins.

11 Guilh. Gaensly

Largo do Rosário, atual praça Antônio Prado, 1904, acentua as temporalidades desencontradas da época: a montaria, a carroça, a charrete, que indicam, ao mesmo tempo, a coexistência dos tempos nesse desencontro, própria da nossa modernidade. A pluralidade espacial das funções comerciais dos estabelecimentos da época. A Confeitaria Castelões, das empadinhas famosas e, do outro lado do largo, a concorrente Brasserie Paulista. Bem ao lado da Castelões, "Au Bom Marché – Casa Mathias", que anunciava fazendas e modas. Junto com resquícios da São Paulo caipira, os indícios da São Paulo francesa. Foto de Guilherme Gaensly. Acervo J. S. Martins.

Rua de São Bento, 1905. O bonde elétrico da modernidade disputando o espaço da rua estreita com a carroça e os cavalos do arcaísmo persistente. Os pedestres paulistanos de então acompanhavam esse desencontro. Foto de Guiherme Gaensly. Acervo J. S. Martins.

Demolições na São Paulo em transe, para ampliação da rua Líbero Badaró, 1912. Nesse detalhe da foto, Aurélio Becherini criou uma representação fotográfica da diversidade do arrabalde, que se expandia sobre o Anhangabaú em direção ao lado de lá, a cidade nova, onde já fora inaugurado o Theatro Municipal. Nessa foto, os opostos estão juntos: o bonde elétrico da sociedade moderna e a carroça de entrega, da sociedade de transição; o almofadinha atravessando a rua e o descalço sentado na calçada, como se estivesse na soleira da porta de uma casa de pau a pique, na roça; novos e velhos costumes; a sociedade centrada nos cuidados da apresentação pessoal e a sociedade do descuido dos que são o que são; a rua dos que passam, dos que trabalham e dos que contemplam. A função transitiva da janela, a de estar fora e estar dentro ao mesmo tempo, ser ou não ser. Foto de Aurélio Becherini. Acervo da Casa da Imagem (PMSP).

Rua Líbero Badaró, c. 1920. Seis anos depois de seu alargamento e modernização, a revelação do moderno como esvaziamento, como lugar de ninguém e mediação da coisificação nulificante. O moderno como expulsão para os espaços da vida privada, dos segredos e ocultações. Nessa rua, ficava, em 1918-1919, a *garçonnière* de Oswald de Andrade, que ele denominava "retiro da Líbero street". Lugar de sua convivência com Daysi, a Normalista, da Escola Caetano de Campos. Vitimada por um aborto malsucedido, ele se casará com ela *"in extremis"*, sepultando-a no túmulo de sua família, no Cemitério da Consolação. Foto de autor não identificado. Edição de Rothschild & Co., São Paulo. Acervo J. S. Martins.

O primeiro Viaduto do Chá, inaugurado em 1892. Na cabeceira, o Grande Hotel e Rotisserie Sportman, o edifício encimado pela propaganda da Goodyear. Esse edifício seria demolido no final dos anos 1930 e ali construído o prédio das Indústrias Reunidas F. Matarazzo, hoje Prefeitura Municipal de São Paulo. Adiante do prédio, a atual praça do Patriarca e, nela, a Igreja de Santo Antônio. Foto de autor não identificado, c. 1920. Acervo J. S. Martins.

Rua XV de Novembro, 1900. Centro da cidade. Veículos ainda de tração animal. A demografia visual da rua a indicar que não é ela, ainda, lugar de mulher. E só muito recentemente passara a ser lugar de homem. Na cultura tradicional brasileira, os espaços públicos eram lugares das pessoas ínfimas, escravos e serviçais. A modernização econômica trouxe os outros homens para as ruas e, só mais tarde, as mulheres. Foto de Guilherme Gaensly. Acervo J. S. Martins.

Largo da Sé, 1912. Quase vazio, contrasta com a movimento na outra ponta da rua Direita. Na época desta foto de Aurélio Becherini, a velha catedral do século XVIII já havia sido demolida para abertura da praça da Sé. A nova catedral seria construída no terreno atrás da antiga, em que existira o Theatro de São José, que tinha frente para o largo de São Gonçalo, atual praça João Mendes. No da Sé, um indício de novo item da disputa pela modernidade, o automóvel acrescentando-se aos tílburis e carroças puxados a cavalo. Na esquina do largo, da rua XV de Novembro e da rua Direita, a imponente e precursora Casa Baruel, de produtos farmacêuticos, que, entre outros produtos, vendia o Calicida Baruel, "extirpador infalível dos calos". O prédio ainda existia nos anos 1950.

Academia de Direito (1912). Prédio da Faculdade, no largo de São Francisco, de frontispício modificado em 1886. Nela, fez o curso de Direito Júlio César da Silva, poeta, irmão de Francisca Júlia, seu mestre de poesia. Ambos foram iniciados na poesia por Raimundo Corrêa e Teófilo Dias, maranhenses, alunos da Academia entre 1877 e 1882. Amigos do pai de Francisca Júlia, frequentavam sua casa no bairro de Santa Ifigênia. Ao lado da Academia, a Igreja de São Francisco de Assis e a de São Francisco das Chagas, esta do século XVIII. O prédio da foto seria demolido para construção do edifício atual, em 1937, projeto de Ricardo Severo. Foto de autor desconhecido. Edição de Rothschild & Co., São Paulo. Acervo J. S. Martins.

Referências bibliográficas

A Cigarra, São Paulo, Anno IV, n.72, p.33-4, 10 ago. 1917.
A Cigarra, São Paulo, Anno IV, n.80, p.2, 29 nov. 1917.
A Cigarra, São Paulo, Anno VI, n.115, p.5, 1º jul. 1919.
A propósito da exposição Malfatti. *O Estado de S. Paulo*, 20 dez. 1917. Estadinho, p.4.
A Provincia de São Paulo, 26 jul. 1878. Anno IV, n.1.027, p.2.
A Semana, Rio de Janeiro, Anno V, Tomo V, n.40, p.315, 5 maio 1894.
A Semana, Rio de Janeiro, Anno VI, Tomo VI, n.72, p.20, sábado, 16 fev. 1895.
Acta da Reunião Popular Monarchista realizada a 20 do corrente n'esta Capital. *Auctoridade: Orgam do Centro dos Estudantes Monarchistas*, São Paulo, Anno I, número 36, p.4, 27 de setembro de 1896.
Advogado às direitas. *A Provincia de São Paulo*, 7 dez. 1886. Anno XII, n.3.511, p.2.
AGUIAR, Leonor de. *Jornal – De 1º de Julho a 31 de Agosto de 1904*, manuscrito.
ALMEIDA, Guilherme de. *Pela cidade*. São Paulo: WMF Martins Fontes, 2004, p.55.
ALMEIDA, Presciliana Duarte. Duas palavras. *A Mensageira*, São Paulo, Anno I, número 1, p.1-2, 15 out. 1897.
ANDRADE, Mário de. "O Movimento Modernista", Conferência na Casa do Estudante do Brasil, Rio de Janeiro, 1942. In: MILLIET,

Maria Alice et al. *Mestres do Modernismo*. São Paulo: Pinacoteca/Imprensa Oficial do Estado de São Paulo, 2005, p.237.

ANDRADE, Mário de. *Macunaíma*, 2.ed. Rio de Janeiro: Nova Fronteira, 2013, p.228.

ANDRADE, Mário de. *Paulicea desvairada*. São Paulo: Casa Mayença, 1922, p.29.

ANDRADE, Oswald de. *Um homem sem profissão* [1.ed. 1954]. São Paulo: Editora Globo, 2002.

ARARIPE JUNIOR, T. A. *Movimento de 1893*. Rio de Janeiro: Typographia da Empreza Democratica Editora, 1896, p.87.

ARAUJO, Adolpho de. Os gafanhotos (Chronica escandalosa). *O Democrata Federal*, São Paulo, 26 out. 1895. Anno I, n.179, p.1.

ARAUJO, Adolpho de. Chronica. *O Commercio de S. Paulo*, 9 fev. 1896. Anno IV, n.880, p.1.

Artes e Artistas. *O Estado de S. Paulo*, 14 fev. 1922. Anno XLVIII, n.15.736, p.2.

ASSIS, Machado de. *A Semana*, Rio de Janeiro, Anno VI, Tomo VI, n.94, 14 jul. 1895.

AZEVEDO, Álvares. *Cartas de Álvares de Azevedo*. Comentários de Vicente Azevedo. São Paulo: Academia Paulista de Letras, 1976.

BALDUS, Herbert. *Ensaios de etnologia brasileira*. São Paulo: Companhia Editora Nacional, p.92-107.

BARROS, Maria Paes de. *No tempo de dantes*. São Paulo: Paz e Terra, 1998, p.5.

BASTIDE, Roger. *A poesia afro-brasileira*. São Paulo: Livraria Martins Editora, 1943, p.7-8.

BASTIDE, Roger. Sociologia do sonho. Trad. Júlio Castañon Guimarães. In: CAILLOIS, Roger; GRUNEBAUM, G. E. von (orgs.). *O sonho e as sociedades humanas*. Rio de Janeiro: Livraria Francisco Alves Editora, 1978, p.137-48.

BASTIDE, Roger. *Sociologia e Psicanálise*. Trad. Lavínia Costa Vilela. São Paulo: Instituto Progresso Editorial, 1948.

BERGER, Peter. *Perspectivas sociológicas*. Trad. Donaldson M. Garschagen. São Paulo: Editora Vozes, 1972, p.65-77.

Berlinda: Francisca Júlia da Silva. *Correio Paulistano*, São Paulo, 4 jun. 1893. Anno XXXIX, n.10.988, p.1.

BOSI, Alfredo. *História concisa da Literatura Brasileira*, 43.ed. São Paulo: Cultrix, 2006, p.230.

BRITO, Mário da Silva. *História do Modernismo Brasileiro: antecedentes da Semana de Arte Moderna*. Rio de Janeiro: Editora Civilização Brasileira, 1971, p.259.

CAMARGOS, Marcia. *Musa Impassível – A poetisa Francisca Júlia no cinzel de Victor Brecheret*. São Paulo: Imprensa Oficial do Estado de São Paulo/Emurb, 2007, p.90ss.

CAMARGOS, Marcia. *Semana de 22 entre vaias e aplausos*. São Paulo: Boitempo Editorial, 2002, p.101.

CAMARGOS, Marcia. *Villa Kyrial – Crônica da* Belle Époque *Paulistana*. 2.ed. São Paulo: Editora Senac, 2001, p.115-20.

CAMPOS, Amasilia. Francisca Júlia. *A Cigarra*, São Paulo, Anno VIII, n.155, p.8, 1 de março de 1921.

CAMPOS, Milton de Godoy. Cartas inéditas de Francisca Júlia. *O Estado de S. Paulo*, 24 ago. 1959. Suplemento Literário, ano III, n.145, p.4.

CANCLINI, Néstor García. *Culturas híbridas (Estrategias para entrar y salir de la modernidad)*. México: Grijalbo, 1990.

CANDIDO, Antonio. A vida em resumo. *O Estado de S. Paulo*, 10 de janeiro de 1959. *Suplemento Literário*, n.115, ano LXXX, n.25.673, p.4.

CANDIDO, Antonio. *Brigada ligeira*. 4.ed. Rio de Janeiro: Ouro sobre azul, 2011, p.18.

CANDIDO, Antonio. Entrevista, Flipoços, 2012. Disponível em: https://www.youtube.com/watch?v=I_3flaRAkrg. Acesso em: 14 de outubro de 2018.

CANDIDO, Antonio. *Formação da Literatura Brasileira*. 8.ed., v.2. Belo Horizonte: Itatiaia, 1997, passim.

CANDIDO, Antonio. *Literatura e sociedade (Estudos de teoria e história literária)*. São Paulo: Companhia Editora Nacional, 1965, p.96 e 190.

CANDIDO, Antonio. *O discurso e a cidade*. São Paulo/Rio de Janeiro: Duas Cidades/Ouro sobre azul, 2004.

CARDOSO, Fernando Henrique. *As ideias e seu lugar*. Petrópolis: Editora Vozes, 1980, p.17.
CARVALHO, Vicente de. *Poemas e canções*, s.e., s.l., 1908, p.11.
CARVALHO, Vicente de. *Verso e Proza*. São Paulo: Cardoso Filho & Comp., 1909, p.V.
CASTRO, Consuelo de. *À prova de fogo*. São Paulo: Hucitec, 1977.
CELESTINO, Pedro. "Ave Maria", de Erotides de Campos, gravação de 1926. Disponível em: https://www.youtube.com/watch?v=JHUkNcmtx-M. Acesso em: 31 de agosto de 2020.
Cenaculo – Periodico Litterario. São Paulo, Anno I, n.1, p.1, 2 jun. 1898.
CEPELLOS, Baptista. *O vil metal*. Rio de Janeiro: Livraria Cruz Coutinho, 1910, p.181.
Chronica. *A Cigarra*, São Paulo, Anno XI, n.220, p.1, 15 nov. 1923.
CLARKE, Margaret Anne. Death and Muses – The poetry of Francisca Júlia. In: DAVIS, Ann; KUMARASWAMI, Par; WILLIAMS, Claire (eds.). *Making Waves: Women in Spanish, Portuguese and Latin American Studies*, Cambridge Scholars Publishing, s. l., p.171, fev. 2008.
Conferência literária. *Republica*, Itu, 3 jul. 1908. Anno IX, n.702, p.1.
CORRÊA JÚNIOR. Recordações de uma noite – Uma entrevista com a poetisa Francisca Júlia da Silva. *A Epoca*, Rio de Janeiro. Anno V, n.1.629, p.3, 26 dez. 1916.
Correio Paulistano, São Paulo, 1º mar. 1909, n.16.365, p.3.
Correio Paulistano, São Paulo, 11 nov. 1920, n.20.605, p.3.
Correio Paulistano, São Paulo, 11 out. 1878. Anno XXV, n.6.574, p.2.
Correio Paulistano, São Paulo, 12 jun. 1892. Anno XXXVIII, n.10.712, p.1.
Correio Paulistano, São Paulo, 14 jun. 1892. Anno XXXVIII, n.10.712, p.1.
Correio Paulistano, São Paulo, 15 abr. 1895. Anno XLI, n.11.533, p.1.
Correio Paulistano, São Paulo, 17 dez. 1913, n.18.108, p.2.
Correio Paulistano, São Paulo, 2 dez. 1882. Anno XXIX, n.7.850, p.2.
Correio Paulistano, São Paulo, 28 jun. 1908, n.16.121, p.3.
Correio Paulistano, São Paulo, 3 nov. 1920, n.20.597, p.3.
Correio Paulistano, São Paulo, 4 out. 1885. Anno XXXII, n.8.735, p.1.

Correio Paulistano, São Paulo, 5 maio 1887. Anno XXXIII, n.9.203, p.2.
Correio Paulistano, São Paulo, 7 ago. 1907, n.15.797, p.4.
Correio Paulistano, São Paulo, 8 jul. 1899. Anno XLVI, n.12.875, p.1.
Correio Paulistano, São Paulo, 9 jun. 1907, n.15.738, p.3.
Correio Paulistano, São Paulo, 9 nov. 1920, n.20.603, p.2.
D. Zalina Rolim: A sua lira emudeceu faz muitos anos. *A Gazeta,* São Paulo, 20 jul. 1918. Anno XIII, n.3.752, "Nomes do Dia", p.1.
Diario de S. Paulo, 13 jan. 1878, Anno XIII, n.3.628, p.1.
Diario de S. Paulo, 20 jul. 1875. Anno X, n.2.900, p.3.
Diario de S. Paulo, 6 nov. 1877, Anno XIII, n.3.564, p.3.
Diario Oficial do Estado de São Paulo, 18 out. 1905. Ano 15, n.229, p.1.
Diario Oficial do Estado de São Paulo, 24 maio 1949. Ano 59, n.115, p.14.
DUARTE, Adriano Luiz. *Pedro Maneta* e o Concurso Literário promovido pelo Ministério do Trabalho, Indústria e Comércio em 1942. *Estudos Históricos*. Rio de Janeiro: CPDOC/FGV, v.29, n.59, 2016, p.687-706. Disponível em: http://bibliotecadigital.fgv.br/ojs/index.php/reh/issue/view/3113. Acesso em: 6 de setembro de 2020.
DUARTE, Paulo. Dialeto caipira e língua brasileira. In: AMARAL, Amadeu. *O dialeto caipira*. São Paulo: Editora Anhembi, 1955, p.13.
DURKHEIM, Émile. *As regras do método sociológico*. Trad. Maria Isaura Pereira de Queiroz. 2.ed. São Paulo: Companhia Editora Nacional, 1960.
DURKHEIM, Émile. *De la Division du Travail Social*. 7.ed. Paris: Presses Universitaires de France, 1960.
EIRÓ, Paulo. *Sangue limpo* [1.ed.: 1863] 2.ed. Departamento de Cultura/Divisão do Arquivo Histórico, São Paulo, 1949, p.43-60 [Separata da *Revista do Arquivo Municipal*, número CXIX].
EROTIDES DE CAMPOS. *Dicionário Cravo Albin da Música Popular Brasileira*. Disponível em: http://dicionariompb.com.br/erotides-de-campos/biografia. Acesso em: 31 de agosto de 2020.
Escola particular. *A Provincia de São Paulo*, 26 jul. 1878. n.1.027, p.2.
FANTASIO [Olavo Bilac]. Chronica. *A Cigarra*, Rio de Janeiro, Anno I, número 10, p.2, 11 jul. 1895.

FERNANDES, Florestan. *A integração do negro na sociedade de classes*, v.1. São Paulo: Dominus/Editora da Universidade de São Paulo, 1965, p.12-7, 41.

FERNANDES, Florestan. *A integração social do negro à sociedade de classes*. São Paulo: Secção Gráfica da Faculdade de Filosofia, Ciências e Letras da Universidade de São Paulo, 1964.

FERNANDES, Florestan. Tiago Marques Aipobureu: um bororo marginal. In: *Mudanças sociais no Brasil*. São Paulo: Difusão Europeia do Livro, 1960, p.311-43.

Francisca Júlia – O inesperado trespasse da grande poetisa brasileira. *A Cigarra*, São Paulo, Anno VII, n.147, p.6-7, 1 nov. 1920.

Francisca Júlia da Silva – Uma homenagem à notável poetisa paulista!. *Correio Paulistano*, São Paulo, sábado, 4 ago. 1917, n.19.422, p.2.

Francisca Júlia fala ao "Pirralho". *O Pirralho*, São Paulo, n.114, p.3, 25 out. 1913.

Francisca Júlia. *O Pirralho*, São Paulo, n.243, p.1, segunda quinzena set. 1917.

FREHSE, Fraya. *Ô da rua – O transeunte e o advento da modernidade em São Paulo*. São Paulo: Edusp, 2011.

FREHSE, Fraya. *O tempo da rua na São Paulo de fins do Império*. São Paulo: Edusp, 2005.

GALVEZ, Raphael. *Autobiografia*. São Paulo, 1988 (inédito). Coleção "Raphael Galvez", acervo de Orandi Momesso.

GAMA, Luiz. *Trovas burlescas e escritos em prosa*. São Paulo: Edições Cultura, 1944, p.129.

Gazeta da Tarde, Rio de Janeiro, 3 jul. 1882. Anno XII, n.149, p.2.

GOFFMAN, Erving. *La Presentación de la Persona en la Vida Cotidiana*. Trad. Hildegarde B. Torres Perrén e Flora Setaro. Buenos Aires: Amorrortu Editores, 1971, passim.

Grande catastrophe: O incendio da barca *Terceira*. *Jornal do Brasil*, Rio de Janeiro, 7 jan. 1895. Anno V, n.7, p.1.

GUIMARÃES, Ruth. *Os filhos do medo*. Porto Alegre: Editora Globo, 1950.

HADDAD, Jamil Almansur. Francisca Júlia e o Parnasianismo brasileiro. *O Estado de S. Paulo*, 18 jun. 1941. Ano LXVII, n.22.018, p.4.

HÉLIOS [Menotti Del Picchia]. Chronica Social: "Esphinges". *Correio Paulistano*, São Paulo, 1º mar. 1921, n.20.713, p.3.

HELLER, Agnes. *La théorie des besoins chez Marx.* Trad. Martine Morales. Paris: Union Générale d'Éditions, 1978.

Jornal da Tarde, São Paulo, 29 nov. 1878. Anno I, n.24, p.3.

Jornal do Brasil, Rio de Janeiro, 22 jan. 1919. Anno XXIX, n.22, p.4.

Júlio Cesar da Silva. *Correio de S. Paulo*, 15 jul. 1926. Anno V, n.1.252, p.3.

KIMORI, Ligia Rivello Baranda. *Os mestres do passado: Mário de Andrade e os parnasianos brasileiros.* São Paulo, 2014. Dissertação (Mestrado em Letras Clássicas e Vernáculas) – Faculdade de Filosofia, Letras e Ciências Humanas, Universidade de São Paulo.

KUBLER-ROSS, Elisabeth. *On Death and Dying.* Nova York: MacMillan Publishing Co., Inc., 1970.

KUBLER-ROSS, Elisabeth. *Questions and Answers on Death and Dying.* Nova York: MacMillan Publishing Co., Inc., 1979.

LAUDANNA, Mayra. *Raphael Galvez, 1907/1998.* São Paulo: Momesso – Edições de Arte, 1999, passim.

LEFEBVRE, Henri. *La Proclamation de la Commune.* Paris: Gallimard, 1965, p.20.

LEFEBVRE, Henri. *La Revolución Urbana.* Trad. Mario Nolla. Madri: Alianza Editorial, 1972, p.11.

LEFEBVRE, Henri. Perspectives de Sociologie Rurale. In: *Cahiers Internationaux de Sociologie*, v.14. Paris: Aux Éditions du Seuil, 1953, p.122-40.

LEFEBVRE, Henri. Problèmes de Sociologie Rurale. In: *Cahiers Internationaux de Sociologie*, v.6. Paris: Aux Éditions du Seuil, 1949, p.78-100.

LÉVI-STRAUSS, Claude. *Tristes trópicos.* Trad. Wilson Martins. São Paulo: Editora Anhembi Limitada, 1957, p.25.

LISBOA, Rosalina Coelho. A página de Eva. *Revista da Semana*, Rio de Janeiro, Anno XXIV, n.25, p.14, 16 jun. 1923.

Lista geral dos cidadãos da Parochia de Santa Iphigenia qualificados votantes pela Junta Municipal em sua primeira reunião em Novembro de 1880. *Correio Paulistano*, 11 dez. 1880. Anno XXVII, n.7.211, p.3.

LUNÉ, Antonio José Baptista de; FONSECA, Paulo Delfino da (orgs.), op. cit., p.180ss.

LUSO, João. Mármores. *O Estado de S. Paulo*, 10 jul. 1895. Anno XXI, n.6.094, p.1.

MANNHEIM, Karl. *Ensayos de Sociología de la Cultura*. Trad. Manuel Suarez. Madri: Aguilar, 1963, p.150, 152.

MANNHEIM, Karl. *Ensayos sobre Sociología y Psicología Social*. Trad. Florentino M. Torner. México: Fondo de Cultura Económica, 1963, p.99-101.

MANNHEIM, Karl. *Ideología y Utopía (Introducción a la sociología del conocimiento)*. Trad. Salvador Echavarría. México: Fondo de Cultura Económica, 1941, p.136-7.

MARTINS, Ana Luiza. *Imprensa e práticas culturais, 1890-1822*. São Paulo: Edusp, 2001.

MARTINS, José de Souza. *A sociabilidade do homem simples (Cotidiano e história na modernidade anômala)*. 3.ed. São Paulo: Contexto, 2015, cap.5.

MARTINS, José de Souza. Anatole em São Paulo. *O Estado de S. Paulo*, 24 set. 2012. Metrópole, p.C6.

MARTINS, José de Souza. As flores da Rua Joly. *O Estado de S. Paulo*, 4 mar. 2013. Metrópole, p.C8.

MARTINS, José de Souza. *Capitalismo e Tradicionalismo*. São Paulo: Livraria Pioneira Editora, p.129-47.

MARTINS, José de Souza. *Diário de uma terra lontana (Os "faits divers" na história do Núcleo Colonial de São Caetano)*. São Caetano do Sul: Fundação Pró-Memória, 2015, p.249-50.

MARTINS, José de Souza. *O coração da pauliceia ainda bate*. São Paulo: Editora Unesp/Imprensa Oficial do Estado de São Paulo, 2017, passim.

MARTINS, José de Souza. O nascimento da vida cotidiana paulistana. In: FERNANDES JUNIOR, Rubens (ed.). *Aurélio Becherini*. São Paulo: Cosac Naify, 2009, p.43-83.

MARTINS, José de Souza. Os clubes de leitura no tempo de dantes. In: CLEMENTIN, Antonio (org.). *Literatura nos Clubes Paulistas*. São Paulo: Fenaclubes/Sindiclube, 2016, p.159-62.

MARTINS, José de Souza. Os embates da língua e da linguagem. In: *Uma sociologia da vida cotidiana*. São Paulo: Editora Contexto, 2014, esp. p.150-1.

MARTINS, José de Souza. Seios de aluguel. *O Estado de S. Paulo*, 30 jul. 2012. Metrópole, p.C8.

MARTINS, José de Souza. *Uma arqueologia da memória social*. São Paulo: Ateliê Editorial, 2011, p.263-6.

MARTINS, José de Souza. Viola caipira. *O Estado de S. Paulo*, segunda-feira, 1º abr. 2013. Metrópole, p.C6.

MAURY, Adriano (ed.). *Anuário administrativo, agrícola, profissional, mercantil e industrial do Rio de Janeiro e indicador para 1908*. Rio de Janeiro: Adriano Maury & C., 1908, p.1.354.

MENEZES, Raimundo de. Francisca Júlia, *O Estado de S. Paulo*, 9 abr. 1948. Ano LXIX, n.22.360, p.6.

MERTON, Robert K. Aportaciones a la teoria de la conducta del grupo de referencia. In: *Teoria y Estructura Sociales*. Trad. Florentino M. Torner. México: Fondo de Cultura Económica, 1964, p.230-83.

NISBET, Robert A. *Tradition and Revolt (Historical and Sociological Essays)*. Nova York: Vintage Books, 1970, p.73-89.

NOGUEIRA, José Luiz de Almeida. *A Academia de São Paulo – Tradições e Reminiscências*. São Paulo/Lisboa: Typographia Vanorden/Typographia A Editora Limitada, 1907-1910.

NOGUEIRA, Paulo de Almeida. *Minha vida (Diário de 1893 a 1951)*. São Paulo: Empresa Gráfica da Revista dos Tribunais, 1955, passim.

Novo Almanach de São Paulo para o Anno de 1883. São Paulo: Editores Proprietários Jorge Seckler & Cia., São Paulo, 1882, p.208.

Núpcias. *Correio Paulistano*, São Paulo, 16 fev. 1909, n.16.352, p.3.

O Commercio de São Paulo, 22 jan. 1896. Anno IV, n.864, p.1.

O Estado de S. Paulo, 15 jul. 1899. Anno XXV, n.7.541, p.2.

O Estado de S. Paulo, 16 fev. 1895. Anno XXI, n.5.952, p.2.

O Estado de S. Paulo, 6 set. 1891. Anno XVII, n.4.955, p.1.
O momento literário XVII – Júlio Cesar da Silva. *A Gazeta*, São Paulo, 3 out. 1931. Anno XXVI, n.7.699, p.2.
O Paiz, Rio de Janeiro, 24 maio 1892. Anno VIII, n.3.675, p.1.
O Sr. Ribeiro de Lima. *Correio Paulistano*, São Paulo, 15 dez. 1886. Anno XXXIII, n.9.091.
O VALE (filme). Direção de João Salles.
OLIVEIRA NETO, Godofredo de. Posfácio. In: Ramos, GRACILIANO. *S. Bernardo*, 99.ed. Rio de Janeiro: Editora Record, 2017, p.223.
PINTO, Alfredo Moreira. *A cidade de São Paulo em 1900 – Impressões de viagem*. Rio de Janeiro: Imprensa Nacional, 1900, p.10 e 237.
Planta Cadastral da Cidade de São Paulo – Sta. Ephigenia, Levantada sob a direção do Engenheiro V. Huet de Bacellar, Relatório de Inspecção da Commissão de exame e inspecção das habitações operarias e cortiços no districto de Sta. Ephigenia (1893), Arquivo Público do Estado de São Paulo.
PRADO, Paulo. *Retrato do Brasil:* Ensaio sobre a tristeza brasileira. Rio de Janeiro: Livraria José Olympio Editora, 1962.
RAMOS, Péricles Eugênio da Silva. A poesia de Francisca Júlia. In: JÚLIA, Francisca. *Poesias*. São Paulo: Conselho Estadual de Cultura, 1961, p.25-41.
RAMOS, Péricles Eugênio da Silva. Achegas à biografia de Francisca Júlia. *O Estado de S. Paulo*, 24 ago. 1963. Suplemento Literário, Ano VII, número 344, p.4.
RAMOS, Péricles Eugênio da Silva. Origem e evolução do soneto brasileiro. *O Estado de S. Paulo*, 1º out. 1988. Ano 109, n.34.848. Caderno *Cultura*, ano VII, n.428, p.6.
REDONDO, Garcia. O sarau do dia 18. *Correio Paulistano*, São Paulo, 25 fev. 1895. Anno XLI, n.11.488, p.2.
Reuniões literárias. *Correio Paulistano*, São Paulo, 12 abr. 1898. Anno XLIV, n.2.482, p.1.
RIZZO, Paulo Lício. *Pedro Maneta*. Rio de Janeiro: Imprensa Nacional, 1942.
SANT'ANNA, Nuto. Fim de polemica, *Correio Paulistano*, São Paulo, 3 ago. 1918, n.19.783, p.1.

SANT'ANNA, Nuto. Os que passam..., *Correio Paulistano*, São Paulo, 13 mar. 1918, n.19.641.
SANT'ANNA, Nuto. *Miserere*. São Paulo: Romero & C. Editores, 1914, p.163.
SANT'ANNA, Nuto. *São Paulo Histórico*, v.3. São Paulo: Departamento de Cultura, 1939, p.129-37.
Sarau artístico. *Correio Paulistano*, São Paulo, 20 fev. 1895. Anno LXI, n.11.483, p.1.
Sarau artístico. *Correio Paulistano*, São Paulo, 26 jun. 1916, n.19.021, p.2.
SARTRE, Jean-Paul. *Crítica de la Razón Dialéctica*. Trad. Manuel Lamana. 2.ed., tomo I. Buenos Aires: Losada, 1963, p.49-50.
SCHUMAHER, Maria Aparecida; BRAZIL, Érico Vital (orgs.). *Dicionário Mulheres do Brasil: De 1500 até a atualidade – Biográfico e ilustrado*, 2.ed. Rio de Janeiro: Zahar, s.d., p.244.
SCHUTZ, Alfred. *El Problema de la Realidad Social*. Trad. Néstor Míguez. Buenos Aires: Amorrortu Editores, 1974, passim.
SCHUTZ, Alfred; LUCKMANN, Thomas. *Las Estructuras del Mundo de la Vida*. Trad. Néstor Míguez. Buenos Aires: Amorrortu Editores, 1973, p.25-108.
SEIXAS, Aristêo. D. Francisca Júlia da Silva, a sua producção literaria, e o seu prestigio nas letras nacionaes – VIII. *Correio Paulistano*, São Paulo, 21 de abril de 1918, n.19.679, p.1.
SEIXAS, Aristêo. D. Francisca Júlia da Silva, a sua producção literaria, e o seu prestigio nas letras nacionais. *Correio Paulistano*, São Paulo, 17 de março de 1918, n.19.645, p.1.
SEIXAS, Aristêo. Homens e livros. *Correio Paulistano*, São Paulo, 12 dez. 1915, n.18.827, p.4.
SEVERO, Ricardo. A arte tradicional no Brasil – Da Architectura. *O Estado de S. Paulo*, 1º abr. 1917, Anno XLIII, n.13.975, p.4.
SILVA, Francisca Júlia da. Conferencia literária. *Republica*, Ytú, Anno IX, n.702, p.1, 3 jul. 1908.
SILVA, Francisca Júlia da. *Esphinges*, 2.ed. [1.ed.: 1903]. São Paulo: Monteiro Lobato & Cia., Editores, 1921, p.35-6, 105-7, 131-2, 153-5, 161-2.

SILVA, Francisca Júlia da. *Livro da infância*. São Paulo: Typographia do "Diario Official", 1899, p.92.

SILVA, Francisca Júlia da. *Mármores*. São Paulo: Horacio Belfort Sabino, Editor [1895], p.15-6.

SILVA, Francisca Júlia da. Outra vida. *A Cigarra*, São Paulo, Anno VI, n.5, São Paulo, p.5, 1º jul. 1919.

SILVA, Francisca Júlia da. *Poesias*. Introdução e notas por Péricles Eugênio da Silva Ramos. São Paulo: Conselho Estadual de Cultura, 1961, p.19, 125-6.

SILVA, Francisca Júlia da. Redempção da Humanidade. *Correio Paulistano*, São Paulo, domingo, 25 dez. 1904, n.14.862, p.2.

SILVA, Francisca Júlia da. Vênus. *A Semana*, Rio de Janeiro, Anno V, Tomo V, n.40, p.315, sábado, 5 maio 1894.

SILVA, Francisca Júlia da. Vidas anteriores. *Verdade e luz*, São Paulo, Anno XVII, n.408, p.20, 31 maio 1907.

SILVA, Francisca Júlia da; SILVA, Júlio da. *Alma infantil*. São Paulo/Rio de Janeiro: Editora Livraria Magalhães, 1912, p.8, 155-9.

SILVA, Júlio César da. *A morte de Pierrot*. São Paulo: Officinas Typographicas de Pocai Weiss & Comp., 1915.

SILVA, Júlio Cesar da. A nossa enquete literária. *O Pirralho*, São Paulo, n.118, p.9, 22 nov. 1913.

SILVA, Júlio Cesar da. *Arte de amar*. São Paulo: Monteiro Lobato & Cia. Editores, 1921, p.89.

SILVA, Júlio Cesar da. *Stalactites – 1891-1892*. São Paulo: Typographia de Hennies & Winiger, 1892, p.6.

SILVA, Miguel Luso da. O "Correio Paulistano". *A Provincia de São Paulo*, 19 dez. 1886. Ano XII, n.3.521, p.1; *A Provincia de São Paulo*, 22 dez. 1886. Anno XII, n.3.523, p.1.

SILVA, Silvio Profirio da; SILVA, Aline Adriana da; SILVA, Edna Carla Lima da; SILVA, Salete Paiva da. Francisca Júlia e a inserção da mulher no campo literário: Um intermédio entre o Parnasianismo e o Simbolismo. *Raído*, v.5, n.10, Universidade Federal da Grande Dourados, Dourados (MS), p.421ss., jul.-dez. 2011.

SOBRINHO, Alves Motta. *A civilização do café (1820-1920)*. São Paulo: Editora Brasiliense, s.d., p.109.

SOUZA, Conselheiro Paula. Valioso testemunho. *A Provincia de São Paulo*, 8 abr. 1886. Anno XIV, n.3.906, p.1.

SOUZA, Leal de. Francisca Júlia da Silva. *Careta*, Rio de Janeiro, Anno VIII, n.391, p.4, 18 dez. 1915, p.4.

STONEQUIST, Everett V. *O homem marginal – Estudo de personalidade e conflito cultural*. Trad. Asdrubal Mendes Gonçalves. São Paulo: Livraria Martins Editora, 1948.

TARASANTCHI, Ruth Sprung. *Artistas de Taubaté*. Museu de Arte Sacra, São Paulo, 2018, catálogo da exposição realizada de 15 set. a 16 dez. 2018.

TEIXEIRA, Maria de Lourdes. *A carruagem alada*. São Paulo: Livraria Pioneira Editora, 1986, p.256-7.

THIOLLIER, René. Francisca Júlia (De volta do cemitério 2.XI.1920) apud CAMARGOS, Marcia. *Musa Impassível – A poetisa Francisca Júlia no cinzel de Victor Brecheret*. São Paulo: Imprensa Oficial do Estado de São Paulo/Emurb, 2007, p.96.

TORRES, Alberto. *O problema nacional brasileiro (Introdução a um programa de organização nacional)*. Rio de Janeiro: Imprensa Nacional, 1914, p.11.

Uma carta de Vicente de Carvalho. *A Cigarra*, São Paulo, Anno VI, n.115, p.4-5, 1º julho 1919.

Uma poetisa. *A Cigarra*, São Paulo, Anno XL, n.209, p.25, 1º jun. 1923.

VALLE, José de Freitas. D. Veridiana e a vida em plenitude (Conferência). *Revista da Academia Paulista de Letras*. Ano XII, n.46, p.139-45, 12 jun. 1949.

VAMPRÉ, Spencer. *Memorias para a Historia da Academia de São Paulo*, v.2. São Paulo: Livraria Academica Saraiva & Cia. – Editores, 1924, p.382.

Vicente de Carvalho – Justas homenagens ao grande poeta. *Correio Paulistano*, São Paulo, 11 jun. 1917, n.19.368, p.2.

VICENTE, João. Rigidez escultórica e busca temática clássica: o rigor formal na poesia de Francisca Júlia. *Universitas Humanas,* Brasília, v.11, n.1, p.29, jan./jun. 2014.

YODIRAM. Graphologia e psychometria. *A Cigarra,* São Paulo, Anno III, n.42, p.21, 20 maio 1916.

Índice onomástico

A
Abreu, *João* Capistrano *Honório* de 137
Aguiar, Leonor de 131-2
Aguiar, Rafael Tobias de 137
Aipobureu, Tiago Marques 71, 72n
Albuquerque, Georgina *Moura Andrade* de 46, 46-7n
Almeida, Guilherme *de Andrade* de 17, 46-7n, 55, 68, 236
Almeida, Presciliana Duarte de 51, 133
Almeida, Sílvio Tibiriçá de 123, 144
Almeida, Sylvio de 143
Álvares de Azevedo, *Manoel Antônio* 141, 198, 203
Amaral Filho, José Estanislau do 193, 196
Amaral *Leite Penteado*, Amadeu *Ataliba Arruda* 106, 149, 169, 177
Amaral, Tarsila do 24, 41, 43-4, 46-7n, 54, 57, 63, 117, 193, 196
Andrade, Mário *Raul Morais* de 12, 18, 26, 37, 40, 46-7n, 55, 57, 64, 106, 109, 117, 126, 129, 148, 155, 174, 199, 203, 234, 262, 266-8, 275
Andrade, Oswald de 15, 17, 41, 45, 46-7n, 49, 51, 54, 57, 69, 82, 100, 107, 148, 172, 175, 177, 236, 264, 280
Araripe Júnior, *Tristão de Alencar* 95
Araújo, Adolfo 142, 144
Araújo, João Gomes de 187
Ávila, Santa Teresa de 172, 249
Azevedo, Ramos de 262

B
Baldus, Herbert 72
Bananére, Juó 198
   ver também Machado, Alexandre Ribeiro Marcondes
Barbosa, Clímaco 128
Barbosa, Ruy 255, 255n

Barreto, Plínio 177
Barros, Maria Paes de 135
Bastide, Roger 91-5, 98
Becherini, Aurélio 239, 279, 283
Berger, Peter Ludwig 90
Bilac, Olavo 10, 62, 74, 81, 114, 166, 167, 204, 265, 267, 270
Blaise Cendrars [Sauser, Frédéric Louis] 261
Bocage, Manuel Maria Barbosa du 37, 112
Bosi, Alfredo 179, 225, 227
Brecheret, Victor 9, 57, 76, 77, 129, 135, 168, 222, 222n
Brito, Laurindo de 268

C
Camargos, Marcia *Mascarenhas de Rezende* 11, 262
Camões, Luís Vaz de 37, 112
Campos, Amasília 235
Candido *de Mello e Souza*, Antonio 12-3, 15, 23, 35n, 37, 100, 112, 185-6
Cardim, *Pedro Augusto* Gomes 177
Carlos, Manoel 226, 234, 239
Carvalho, Teodureto de 135
Carvalho, Vicente de 10, 62, 77, 81, 83-4, 114, 124, 176-7, 210, 221, 226-7, 229, 257-8, 268, 270
Castro Alves, *Antônio Frederico de* 203
Cepelos, *Manuel* Batista 83, 122, 138
César, Osório 54
Chiaffarelli, Luigi 129, 197, 197n

Coelho Lisboa, Rosalina 22, 172
Conselheiro Antônio Prado *ver* Prado, Antônio da Silva
Corrêa Júnior [José Corrêa da Silva Júnior] 39, 67, 86, 108, 209, 249, 252, 257
Corrêa, Raimundo 81, 146-7, 266, 284
Costa, Cyro 234-5, 237
Cruz e Sousa, *João da* 93

D
D'Avray, Jacques 198
    ver também Freitas Valle, José de
Dantas, Júlio 103
Di Cavalcanti [Emiliano Augusto Cavalcanti de Albuquerque Melo] 17, 236
Dias, Teófilo 146-7, 284
Duarte, Paulo 201

E
Eiró, Paulo 70-2, 138, 203

F
Faria, Alberto 177
Fernandes, Florestan 72, 207n
Figueiredo, Armando Erse de 218
    ver também Luso, João
Filinto de Almeida, Francisco 187
Fleiuss, Max 80
Fontes, Martins 177, 236, 268
France, Anatole [Jacques Anatole François Thibault] 196-7

Freitas Valle, José de 17, 129, 139n, 198, 234, 247
    ver também D'Avray, Jacques

G
Gama, Luiz *Gonzaga Pinto* 93
Godoy Campos, Milton de 217
Goethe, Johann Wolfgang von 212
Goffman, Erving 185
Gomide, *Francisco de Assis* Peixoto 122
Gonçalves, José 177
Guimarães Rosa, João 155, 232

H
Haddad, Jamil Almansur 81
Heine, *Christian Johann* Heinrich 212
Heredia, José Maria de 37, 112

J
Joly, Jules 195

K
Kemeny, Adalberto 52

L
Lévi-Strauss, Claude 197
Levy, Alexandre 101, 107, 202
Lobato, Monteiro 33, 38, 46, 46-7n, 63, 63n, 74, 129
Luso da Silva, Miguel [Miguel Fidelis da Silva] 61, 121n, 122, 125, 147, 189-90, 211-3, 215-6, 220, 249
Luso, João 143-4, 164, 165, 169, 218-20

ver também Figueiredo, Armando Erse de
Lustig, Rodopho Rex 52

M
Macedo, Felicidade Perpétua de 216
Machado, Alexandre Ribeiro Marcondes 198
    ver também Bananére, Juó
Machado de Assis, *Joaquim Maria* 42, 62, 70, 114
Magalhães, Valentim 80
Malfatti, Anita *Catarina* 33, 34, 38, 41, 46, 46-7n, 63
Marx, Karl 232-3
Melo, Domitila de Castro Canto e [Marquesa de Santos] 136, 137
Menotti Del Picchia, Paulo [Hélios] 17, 27, 46-7n, 55, 62, 111, 112, 236-7, 262
Mesquita Filho, Júlio César Ferreira de 170
Mesquita, Júlio 263
Mota, Otoniel 61, 106, 149
Münster, Philadelpho Edmundo 220, 234, 239, 240n, 255-6

N
Nogueira, *José Luis de* Almeida 203
Nogueira, Paulo de Almeida 30, 56, 186, 193

O
Oliveira, *Antônio Mariano* Alberto de 81
Oliveira, Numa de 263

P

Pastore, Vincenzo 52, 55
Penteado, Olívia Guedes 57, 117
Pimenta, Gelásio 88, 177, 238
Pinto, Alfredo Moreira 126
Pinto, Simões 177
Piratininga, Nicolau Tolentino 103
Pires, Cornélio 68, 101, 106, 148, 149, 198
Piza, Moacyr *de Toledo* 135
Prado, Antônio da Silva 194, 203
Prado, Armando 177
Prado, Eduardo *Paulo da Silva* 57, 137
Prado, Paulo 22, 117, 151n
Prado, Veridiana Valéria da Silva 39, 85, 134, 136, 137, 139n, 144, 193, 247
Pujol, Alfredo *Gustavo* 177, 197

Q

Queiroz, Wenceslau de 142, 143, 177

R

Ramos, Graciliano 109
Ramos, Péricles Eugênio da Silva 11, 27, 73, 78-9, 179, 218, 219, 225n, 227, 243, 248
Redondo, *Manuel Ferreira* Garcia 81
Ricardo *Leite*, Cassiano 177
Rocha, Ester 204, 216, 217, 221
Rolim, Zalina [Maria Zalina Rolim Xavier de Toledo] 31, 51, 83, 143, 169
Romano, Nenê 135

S

Saint-Saëns, Camille 197
Sales, Casimiro Antonio de Matos 70
Salles, Virgínia de Souza 177
Sampaio, Teodoro *Fernandes* 137
Sant'Anna, Nuto 50, 62, 64, 114, 120n, 230, 265, 269-70
Sauser, Frédéric Louis *ver* Blaise Cendrars
Segall, Lasar 64
Seixas, Aristêo 50, 62, 64, 114, 145, 218n, 225, 230, 269-71
Setúbal, Paulo 268
Severo, Ricardo 262-3, 284
Silva, Antonio Gonçalves da 183-4n, 253
Silva, Cecília Isabel da 31, 190-2, 206, 217, 220
Silva, Francisca Júlia da [Francisca Júlia César da Silva Münster] 9, 29, 31, 77, 84, 97, 110, 126, 183-4n, 217, 220, 221, 226, 234, 239-40, 240n, 246, 253-6
Silva, Francisco Leopoldo e 46-7n, 135
Silva, José Bonifácio de Andrada e 131
Silva, Júlio César da 10, 32, 58, 75, 84, 105-6, 110-1, 113, 123, 124, 125, 142-4, 145-7, 163, 169, 173, 210-2, 284
Silva, Victor 76, 76n
Silveira, Alarico *da* 244

Silveira, Valdomiro 61, 106, 149, 177, 236-7
Souza, Paulo Nathanael Pereira de 5, 11
Staden, Hans 232
Stonequist, Everett Verner 271

T
Teixeira, Maria de Lourdes 238
Thiollier, René 17, 46-7n, 209, 236, 238, 247
Tigre, *Manuel* Bastos 73

Torres, Alberto *de Seixas Martins* 98
Torres, Raul 101

V
Varella, Fagundes 107, 203
Vaz, Pedro 107, 149
Villa-Lobos, Heitor 101, 107
Voltaire [François-Marie Arouet] 197

Y
Yodiram 255, 255n

SOBRE O LIVRO

Formato: 14 x 21 cm
Mancha: 23 x 44 paicas
Tipologia: Venetian 301 12,5/16
Papel: Off-white 80 g/m² (miolo)
Cartão Supremo 250 g/m² (capa)

1ª edição Editora Unesp: 2022

EQUIPE DE REALIZAÇÃO

Edição de texto
Andressa Veronesi (Copidesque)
Carmen T. S. Costa (Revisão)

Capa
Marcelo Girard

Imagem de capa
Francisca Júlia da Silva, 1903.
O Archivo Illustrado, Anno V, n.XXXVI,
São Paulo, 1903, p.277.

Editoração eletrônica
Eduardo Seiji Seki

Assistência editorial
Alberto Bononi
Gabriel Joppert

Rua Xavier Curado, 388 • Ipiranga - SP • 04210 100
Tel.: (11) 2063 7000 • Fax: (11) 2061 8709
rettec@rettec.com.br • www.rettec.com.br